新觀點
新思維
新眼界

絕望死與
資本主義的未來
DEATHS OF DESPAIR
AND THE FUTURE OF CAPITALISM

安·凱思 Anne Case & 安格斯·迪頓 Angus Deaton

許瑞宋 譯

Star 星出版

本書獻給Julian、Celestine、Lark、Andrew、
Ryan、James、John、Marie和Will
願他們活在一個比較公平、沒那麼多人絕望的世界

目錄

序文

前景猶可期？

在 2013 年出版的《財富大逃亡》（*The Great Escape*）*
中，本書作者迪頓講了一個關於人類在過去兩百五十年裡
如何進步的美好故事。那是一個有關以前無法想像的物質
進步、貧困和匱乏減少，以及人類壽命延長的故事。人類
產生和應用有用的知識，使這種進步得以發生。資本主義
是這個故事中的明星，它在全球化積極力量的支持下，將
數以百萬計的人從赤貧中解放出來。民主制度傳到世界各
地，使愈來愈多人得以參與塑造他們的社區和社會。

我們這本書遠沒有《財富大逃亡》那麼樂觀，記錄了
絕望與死亡，批判資本主義的各方面，質疑全球化和技術
變革目前在美國的運作方式。儘管如此，我們仍舊保持樂
觀，認為資本主義大有價值，我們仍然相信人類可以駕馭
全球化和技術變革以造福全世界。資本主義不必像它目前

---

* 更貼近書籍概念「脫離貧窮與疾病」的繁體中文譯名或許是《大解脫》。

在美國那樣運作。我們不必廢除資本體制，但應該改變其運作方式以造福大眾。自由市場競爭可以成就很多事，但也有很多領域是它無法發揮良好作用的，包括提供醫療照護服務這件事——過高的醫療成本正對美國人的健康和福祉造成巨大傷害。如果政府不願意像許多富裕國家那樣在健康保險方面採取強制手段，並且動用權力控制成本，悲劇就無法避免。絕望死的問題與美國未能吸取這個教訓有很大關係，這是美國獨特的一項失敗。

資本主義以前也曾辜負多數人，例如在十九世紀初的工業革命時期，以及 1930 年代的大蕭條期間。但野獸每一次都被馴服、而非殺死，而它也帶給人類《財富大逃亡》一書所陳述的巨大利益。如果我們能夠制定正確的政策，就能確保現在所發生的並不是另一場大災難的前奏，而只是暫時的挫折，我們還是可以回到繁榮和健康的美好狀態。本書雖然沒有《財富大逃亡》那麼鼓舞人心，但我們希望它將幫助我們回歸正軌，在本世紀延續過去兩百多年的進步趨勢。資本主義的未來，應該是充滿希望的未來，不該是絕望的未來。

我們寫這本書時，希望可以做到讀者閱讀時不必看注釋，有聲書的讀者則不必看圖表。本書正文內容完備，對書中圖表的描述也夠仔細，不看注釋和圖表也能理解我們的論點。我們提供注釋有兩個目的——絕大多數注釋交代我們引用的文獻，為我們的觀點提供數據或記錄了那些觀點；少數注釋說明一些比較技術性的問題，學術圈的讀者可能會有興趣，但它們不是我們的故事所需要的。

　　書中的絕望故事寫起來常使我們感到痛苦，可能也會使一些讀者感到痛苦。受抑鬱或我們描述的成癮問題困擾的人，可以尋求協助。美國的讀者若有自殺的念頭，可以撥打全美預防自殺熱線1-800-273-8255（TALK），**也可以在SpeakingOfSuicide.com/resources找到其他可用資源。如果你、你的家人或你認識的人正受毒癮或酗酒問題困擾，找一名可信賴的家庭醫師或精神導師討論，是不錯的第一步。我們也推薦戒酒無名會（aa.org）和戒酒無名會家屬團體（al-anon.org），***後者協助受影響者的家屬。這些組織在美國和世界各地許多地方都有聚會，為許多人提供協助，提供友善、安全、有效的支援社群，有需要的人可以利用它們的網站尋找在地團體。

安‧凱思&安格斯‧迪頓
紐澤西州普林斯頓，2019年10月

** 台灣衛福部安心專線1925、生命線1995、男性關懷專線0800-013-999，皆為
　免付費電話。
*** 台灣分會網址：aataiwan.org。

絕望死與資本主義的未來

Deaths of Despair and the Future of Capitalism

引言

午後之死

　　這本書在2014年夏天誕生於蒙大拿州的一間小屋裡。每年8月，我們都在麥迪遜河瓦尼橋村度過，該村俯瞰麥迪遜山脈群峰。我們之前答應調查幸福與自殺的關係，希望了解不幸福的地方——當地人表示生活變得很糟的郡、城市或國家——是否也是自殺率較高的地方。過去十年裡，蒙大拿州麥迪遜郡的自殺率是紐澤西州默瑟郡的四倍，而我們一年裡的其他時間是在默瑟郡度過的。我們很好奇，尤其是因為我們住在蒙大拿州時通常很開心，那裡的其他人似乎也很開心。

　　在此過程中，我們發現美國中年白人的自殺率迅速上升。我們還發現了另一個令我們困惑的現象：美國中年白人還在其他方面受到傷害。他們聲稱自己出現更多疼痛，整體健康狀況也惡化，情況雖然沒有美國老年人那麼差（畢竟人的健康狀況會隨著年齡增長而惡化），但是差距正在縮小。多年來，老年人的健康狀況有所改善，中年人的健康狀況卻在惡化。我們知道疼痛可能驅使當事人自殺，所以這兩個發現可能互有關聯？

那就是我們的研究起點。我們在思考如何寫出研究結果時，希望賦予自殺問題脈絡。相對於所有其他死亡，相對於癌症或心臟病等重大死因，自殺問題有多嚴重？我們回到美國疾病控制和預防中心（Centers for Disease Control and Prevention, CDC），下載相關數據並加以計算。令我們驚訝的是，美國中年白人並非只是自殺率上升，而是整體死亡率也上升。雖然升幅不大，但照理說，死亡率應該逐年降低，因此死亡率哪怕只是停止下跌也已是重要新聞，死亡率上升就更不用說了。

我們以為自己一定是算錯了，死亡率持續降低是二十世紀最好、最確定的特徵之一。照理說，任何一個大群體的全因死亡率（all-cause mortality rate）都不應該上升。偶爾會有例外，例如第一次世界大戰末期的大流感就曾推高全因死亡率，而三十年前愛滋病也曾導致年輕男性的全因死亡率上升。但死亡率穩步下跌，尤其是中年人的死亡率穩步下跌，一直是二十世紀最重大（和最確定）的成就之一，在美國和世界各地其他富裕國家推高了出生時的預期壽命。

到底發生了什麼事？自殺人數不足以解釋總死亡率的逆轉。我們追查或許可以解釋這現象的其他死因，令我們驚訝的是，「意外中毒」是這個故事的一個重要部分。

怎麼會這樣？難道有許多美國人不知怎的不小心喝下

了水管疏通劑或除草劑？我們當時太無知，不知道「意外中毒」這個類別包含濫藥致死，也不知道鴉片類藥物氾濫導致很多美國人死亡——當時該問題已牢牢確立，而且仍在迅速蔓延。死於酒精性肝病的人數也正迅速上升，死亡率上升因此主要有三個原因：自殺、藥物過量，以及酒精性肝病。這三類死亡都是當事人自己造成的：開槍自殺最快，吸毒比較慢（也比較不確定），酗酒則比吸毒更慢。我們開始將它們稱為「絕望死」（deaths of despair），主要是因為這可以作為這三種死因的一個方便統稱。究竟是什麼類型的絕望，是經濟、社會還是心理層面的絕望？我們當時不知道，也不做假設。但「絕望死」這個標籤延用至今，本書正是對那種絕望的深入探究。

本書講述這些死亡以及正在死去的人。我們記錄了我們最初的發現，以及我們和其他人後來的發現。其他作家在報刊文章和一系列的傑出著作中，告訴我們什麼人絕望致死，並講述了背後的故事，我們將借用這些敘事。我們之前的文章主要是記錄正在發生的事，在本書我們更進一步，致力探究絕望死的經濟和社會根源。

死者何人？在美國，人死之後，當局會發出死亡證，當中一欄資料是死者的教育程度。這是令我們驚訝的另一項發現：絕望死案例增加，幾乎全部來自沒有學士學位的人。那些念完四年大學、取得學位的人對絕望死近乎完全免疫，受威脅的是沒有大學學位的人。就自殺而言，這種現象尤其令人驚訝，因為逾一個世紀以來，高教育程度者的自殺率通常比較高，[1]但在目前的絕望死疫情中卻不是這樣。

　　四年制大學學位眼下正使美國出現日益嚴重的分化，本書將一再談到這種學位帶給其持有人的非凡好處。有學士學位者與沒有學士學位者之間的差距擴大，不僅呈現在死亡率上，還反映在生活品質上；沒有學位的人不但疼痛增加、健康不佳、承受嚴重的精神痛苦，工作和社交能力也都衰退。收入、家庭穩定性和社群聯繫方面的差距也在擴大。[2]四年制大學學位已成為社會地位的關鍵標誌，彷彿非大學畢業生必須佩戴一個圓形猩紅徽章，上面是被一條紅色對角線劃過的「學士學位」。

　　過去半個世紀裡，美國（像英國和其他富裕國家那樣）建立了一種功績制度（meritocracy），而我們正確視為一項重大成就。但是，英國經濟學家暨社會科學家麥克·楊格（Michael Young）早就預料到這種制度的陰暗面。楊格1958年創造「功績制度」一詞，他認為這種制度會製造出社會災難。[3]任何人只要未能通過考試、躋身國際精英階層，就無法生活在快速發展、高科技和繁榮的城市裡，只能做那些受全球化和自動化趨勢威脅的工作。那些精英有時對自己的成就沾沾自喜，將它們歸功於自己的功績；他們蔑視沒有學位的人，認為這些人曾有機會，但自己搞砸了。教育程度較低的人會被貶低，甚至不受尊重；社會鼓勵他們視自己為失敗者，而他們可能會覺得體制被操控了，變得對他們不利。[4]當成功的報酬像現在這麼豐厚時，未能通過功績制度的考驗，就會受到相應的巨大懲罰。楊格很有先見之明地將被甩在後頭的人稱為「民粹者」（the populists），並將精英階層稱為「偽善者」（the hypocrisy）。

我們所講的故事不僅是關於死亡，還關於痛苦、成癮，以及已經失去結構和意義的破碎生活。沒有學士學位的美國人結婚率下降，同居和非婚生子女的比例則繼續上升。許多中年男人不認識自己的孩子。他們已經與曾經同居的女性分手，而那段關係所生的孩子現在與並非他們父親的男人一起生活。宗教組織，尤其是傳統教會，帶給許多人安慰，但如今許多人在生活中已經失去這種慰藉。人們對工作的情感也淡了許多，許多人已經完全脫離了勞動市場，而決心長期替一名雇主效力的人也減少了；相對之下，如今也沒有什麼雇主決心長期雇用和照顧員工──那種類似終身雇用的關係曾經賦予許多人社會地位，是支撐他們過有意義生活的基礎之一。

加入工會的勞工減少了。工會幫助勞工維持較高的工資，也幫助勞工對他們的工作場所和工作條件保持一定的控制權。在美國許多城鎮，工會會堂是民眾社交生活的中心。曾經支撐藍領貴族的高薪基本上消失了，大量的製造業工作被服務業工作取代了，後者的例子包括醫療照護、煮食與餐飲服務、門警與清潔，以及維修方面的工作。

我們所講的有關絕望死、疼痛、濫藥、酗酒、自殺，以及工作變差、工資減少、婚姻和宗教衰落的故事，主要是沒有四年制大學學位的非西班牙語裔美國白人的故事。美國普查局估計，2018年美國約有1.71億人年齡介於25歲至64歲之間。這些人當中62％為非西班牙語裔白人，而他們當中62％沒有四年制大學學位；教育程度較低、受絕望死威脅的美國白人占勞動年齡人口的38％。傷害勞工的經濟力量是美國全體勞工階級、無論種族和族群共同面對的，但美國黑人與白人的故事卻大不相同。

在1970年代和1980年代，在美國各地的舊城區工作的黑人曾經飽受打擊，而回想起來，他們的經歷與三十年後美國白人勞工的遭遇有一些共同點。第一波全球化對黑人的打擊尤其沉重，這個長期屈居弱勢的群體在舊城區的工作機會大幅減少。教育程度較高、才能較佳的黑人捨棄舊城區，遷往比較安全的城市社區或郊區。隨著許多曾有條件結婚的男性失去工作，結婚率下跌。[5]犯罪率上升，死於暴力、快克古柯鹼氾濫和愛滋病的人數也大增——愛滋病對黑人的影響特別嚴重。黑人在美國一直是處境最艱難的群體，而因為美國和全球經濟的變遷，導致美國愈來愈多低技能勞工失業，黑人首當其衝，他們的弱勢地位因此更加鞏固。

長期以來，美國黑人的生活一直都比白人艱難。黑人的壽命較短，今昔皆然。黑人上大學或找到工作的比例都比較低。有工作的黑人，平均收入低於白人。黑人的財富比較少，擁有房子的比例較低，被監禁和生活貧困的可能性都比較高。但在此處提到的許多方面，黑人的生活已經有所改善；自1970年以來，黑人的教育程度、工資、所得和財富都有所提升。1970年至2000年間，黑人死亡率的下降幅度大於白人，而在二十一世紀的頭十五年裡，黑人的死亡率繼續下跌，白人勞工階級的死亡率卻上升。

　　相對於1970年，現在已經沒有那麼多公然的歧視。美國已經有過一位黑人總統。以前多數人認為異族通婚是不對的，現在多數人認為這沒有問題。有些白人對失去他們長期享有的白人特權無疑深感不滿，而這種不滿傷害了他們，而非黑人。[6]長期以來一直有人說，主要針對黑人的種族主義制度也傷害了貧窮的白人。貧窮的白人被有錢人收編了，有錢人告訴他們，你們即使貧窮，但至少是白人。正如馬丁‧路德‧金恩（Martin Luther King, Jr.）總結道：「南方貴族奪取了世界，然後給了貧窮的白人種族隔離法律」，以便貧窮的白人沒錢買食物時，「可以從種族隔離法律得到心理慰藉，因為那些法律告訴他，無論他多貧困，至少他是白人，總好過黑人。」[7]隨著種族隔離法律遭削弱，其他形式的歧視也減少，白人勞工階級失去了他們從歧視中得到的所有好處。美國白人勞工階級超過一半的人認為，針對白人的歧視已經成為與針對黑人和其他少數族群的歧視一樣嚴重的問題，但受過大學教育的美國白人只有30％認為是這樣。[8]歷史學家卡羅爾‧安德森（Carol Anderson）指出：「一直享有特權的人，會覺得平等待遇是對他們的壓迫。」[9]

　　黑人的死亡率仍高於白人，但在過去三十年裡，沒有學士學位的黑人與白人之間的死亡率差距顯著縮小。直到1990年代初，黑人死亡率仍高達白人死亡率的兩倍以上，但隨後因為前者下跌而後者上升，兩者的差距已縮小至20％。自2013年起，鴉片類藥物氾濫的問題蔓延到黑人社區，但在此之前，絕望死流行是白人的問題。

在接下來的章節裡，我們記錄了白人勞工階級的生活在過去半個世紀裡如何走向衰敗。因為非西班牙語裔白人占美國勞動年齡人口62％，了解他們的死亡率本身就很重要。學術界對1970年代和1980年代美國黑人的遭遇已有廣泛的研究和辯論，[10]我們除了指出當年黑人的遭遇與現今白人的遭遇有一些相似之處，沒有什麼可以補充。西班牙語裔美國人則是一個內部異質性很大的群體，僅以他們的共同語言作為群體的定義。他們可能是來自墨西哥、古巴或薩爾瓦多的移民，而這些外來移民的成分一旦顯著改變，西班牙語裔美國人的死亡率趨勢也會改變；我們並不試圖針對這個群體講一個連貫的故事。

我們將闡述一些社會和經濟力量，它們緩慢地使美國勞工階級的生活變得遠比以往艱難，論點之一著眼於白人勞工階級自身的價值觀衰落或文化日益失調的問題。[11]以前的社會規範認為非婚生子是不對的，這種規範瓦解起初似乎解放了很多人，但長期而言無疑使相關人士承受了沉重的代價。許多人年輕時以為自己可以過一種不必承擔什麼義務的自由生活，到了中年卻發現自己孤獨漂泊。人們離棄宗教或許是一股類似的力量，但我們也可以視為有組織的宗教未能適應政治和經濟變遷，因此無法繼續在變動不居的世界裡為人們提供意義和慰藉。這些關於社會規範的論點顯然是正確的，但我們所講的故事主要是關於外部力量如何侵蝕半個世紀前支撐典型勞工階級生活的基礎。非常有力的事實證據顯示，勞工並非如某些人所講的那樣，因為對工作失去興趣而自製災難。

在經通膨調整的基礎上，美國男性的工資中位數已經停滯了半個世紀；至於沒有四年制大學學位的男性白人，他們的收入中位數以購買力衡量在1979年至2017年間萎縮了13％。同一時期，美國人均所得增加了85％。雖然教育程度較低者的收入在2013年至2017年間出現可喜的好轉，但相對於長期的衰退趨勢有點微不足道。全球金融危機引發的經濟大衰退結束之後，在2010年1月至2019年1月之間，美國創造出近1,600萬個新職位，但其中只有不到300萬個適合沒有四年制大學學位的人，適合只有高中學歷者的新增職位更是只有5.5萬個。[12]

工資長期衰退，是傷害低教育程度美國人的基本因素之一。但是，僅僅將物質生活水準降低與絕望聯繫起來，本身無法說明美國最近數十年發生的事。首先，工資衰退與就業衰退同時發生：大量的好工作消失了，取之代之的是比較差的工作；許多人完全脫離勞動市場，原因包括可以找到的工作毫無吸引力、市場上根本沒有什麼合適的工作，以及他們很難遷居以配合新工作，也可能同時受到多種因素影響。就業品質惡化和勞工脫離勞動市場，造成的不幸遠非只是損失收入。

　　許多人即使只是做低階工作，也能以身為成功企業的一分子而感到自豪，但如今在低薪趨勢中出現的許多工作，已經無法帶給勞工這種自豪感。清潔工、門警、司機和客服人員直接受雇於一家大公司時，他們是公司的一分子，但如果這家大公司將這些工作外包給一家商業服務公司，這些人就不再是公司的一分子，而且往往還面臨薪資偏低和缺乏晉升機會的問題。雖然這些勞工所做的工作與業務外包之前相同，但他們已經不再是這家知名企業的員工。正如經濟學家尼可拉斯・布魯姆（Nicholas Bloom）令人難忘地指出，公司不再邀請他們參加節日派對。[13]柯達公司曾有門警一路晉升，最終出任一家關係企業的執行長，但那個年代已經過去了。[14]現在有些職位的工作條件受軟體密切監控，勞工的控制權或主動權遭到剝奪，情況甚至比以前令人憎恨的裝配線工作還要糟糕。[15]而勞工即使是做一些危險、骯髒的工作（例如採煤），或在知名企業做低階工作，也有可能為自己的角色感到自豪。

　　沒有前途的男人不是結婚的好對象。教育程度較低的白人結婚率降低了，因此更多人無法得到婚姻的好處，當然也不會得到看著自己的孩子長大和認識孫輩的好處。教育程度較低的白人母親目前多數至少有一名非婚生子女。前途黯淡使許多人很難建立像自己父母那樣的生活；他們難以擁有自己的房子，也很難存錢送孩子上大學。缺少高薪工作危及社區，學校、公園和圖書館等設施未必能夠維持正常服務。

工作並非只是收入的來源;工作還是勞工階級生活的儀式、習俗和常規的基礎。摧毀工作最終必將摧毀勞工階級的生活。許多人之所以絕望,是因為失去婚姻和社群的支持,導致他們喪失意義、尊嚴、榮耀和自尊;失去收入不是絕望的唯一原因,甚至不是主要原因。

我們的說法呼應社會學奠基者艾彌爾·涂爾幹(Emile Durkheim)有關自殺的論述;涂爾幹指出,社會如果無法為它的一些成員提供一個框架,使他們能夠過有尊嚴和有意義的生活,就會有人自殺。[16]

我們並不聚焦於經濟困難,雖然經濟困難無疑存在。沒有大學學位的白人並不是美國最窮的群體;他們的貧窮率遠低於美國黑人。我們看到的是工資衰退緩慢地損害人們生活的所有方面。

為什麼美國經濟辜負了勞工階級?如果我們想提出變革構想,就必須知道發生了什麼事、從哪裡著手,以及怎樣的政策有望奏效。

我們可以再次著眼於人們自身的過失,聲稱在現代經濟體中,沒有學士學位根本不可能有好前途,因此人們應該提高自己的教育程度。我們完全不反對加強教育,隨著時間的推移,教育無疑已經變得更有價值。我們希望看到這樣的世界:可以受惠於大學教育、也有意願上大學的人,全都可以上大學。但我們不接受這個基本假設:沒有學士學位的人對經濟沒有價值。我們當然也不認為沒有學士學位的人不受尊重或被當成二等公民是合理的。

全球化和技術變革常被視為罪魁禍首，因為它們降低了低教育程度勞工的價值，以成本較低的外國勞動力或機器取代這種勞工。但是，歐洲和其他地方的富裕國家同樣面對全球化和技術變革，卻並未像美國那樣出現工資長期停滯的問題，也並未出現絕望死流行的現象。美國顯然發生了一些與其他國家不同的事，而這些事對勞工階級特別有害，本書大部分內容就是在追查這些獨特的美國因素。

我們認為醫療體系失敗是美國獨有的災難，而這場災難正在損害美國人的生活。我們也將指出，在美國，市場和政治力量已經從勞工大幅流向資本，情況比其他國家更嚴重。全球化助長了這種轉變，一方面是削弱工會，另一方面是壯大雇主的勢力，[17] 而美國的體制使美國的這種轉變比其他國家更劇烈。隨著工會勢力衰退，加上政治局勢變得對企業更有利，企業的勢力顯著增強。這有一部分是拜高科技公司的驚人成長所賜，例如蘋果和Google等公司；相對於它們的業務規模，這些公司雇用的員工相當少，而每一名員工貢獻的盈利非常高。這對生產力和國民所得是好事，但這種成果只有很少是勞工可以分享的，低教育程度的勞工尤其難以分享到這種好處。另一方面，美國某些產業經歷整合之後，市場力量高度集中在少數業者手上（醫院和航空業是眾多例子當中的兩個），業者因此得以將產品價格提升至自由競爭的市場不容許的水準。企業的經濟和政治力量壯大，以及勞工的經濟和政治力量衰落，使得企業能夠藉由損害普通民眾、消費者和勞工（尤其是勞工）的利益獲利。這種力量肆虐最惡劣的例子之一是，一些藥廠在政府許可的保護下，把會上癮的鴉片類藥物說成是安全的，藉由販賣這種藥物賺取以十億美元計的盈利，不惜為此傷害美國人的生命。較廣泛而言，醫療體系是美國體制敗壞的一個絕佳例子：在政治勢力保護下，美國的醫療體系將國民所得向上重新分配，圖利醫院、醫師、醫療設備製造商和製藥公司，同時交出富裕國家當中最差的國民健康結果。

我們在 2019 年 8 月撰寫這本書時，美國的法院正要求鴉片類藥物廠商承擔責任；一名法官命令嬌生（Johnson & Johnson）向奧克拉荷馬州支付超過 5 億美元。嬌生集團一家子公司在澳洲塔斯馬尼亞州種植罌粟，為美國生產的幾乎所有鴉片類藥物提供原料。生產止痛藥奧施康定（OxyContin）的普渡製藥（Purdue）是鴉片類藥物氾濫的罪魁禍首，初步消息顯示，擁有該公司的薩克勒（Sackler）家族可能敗訴，將被迫吐回他們之前賺到的數十億美元盈利。但是，相關業者如今仍然非常積極地向醫師和病人推銷一些危險藥物，而美國食品藥物管理局核准等同合法海洛因的藥物所依據的規定也仍未改變。許多追蹤鴉片類藥物醜聞的人認為，這些合法藥廠的行為與非法販賣海洛因和古柯鹼的毒販沒什麼差別，而後者廣受鄙視和譴責。[18]

醫療產業的問題遠非僅限於鴉片類藥物醜聞，美國耗費巨資在醫療上，但某些方面的國民健康結果卻是西方國家當中最差的。我們將指出，醫療產業是美國經濟核心的一種惡性腫瘤，而且癌細胞已經廣泛擴散，不但壓低工資和摧毀好工作，還使各州政府和聯邦政府愈來愈負擔不起滿足民眾需求所涉及的支出。如今體制優先照顧的是有錢人的私利，而不是公共目的和普通民眾的福祉。如果沒有從政者的默許（他們有時甚至熱情參與），這一切全都不可能發生，而照理說，從政者應該致力維護大眾的利益。

傳說中，羅賓漢劫富濟貧；如今美國發生的事則與羅賓漢所做的事相反，是劫貧濟富，或許可稱為「諾丁漢治安官再分配」（Sheriff of Nottingham redistribution）。政治勢力被用來掩護謀取私利的行為，替有錢人從窮人身上巧取豪奪，這就是經濟學家和政治學家所講的「尋租」（rent-seeking）。在某種意義上，尋租與自由市場資本主義截然對立，而且左派和右派都反對──左派反對是因為尋租對所得分配有不良影響，右派反對是因為尋租損害自由和真正的自由市場。尋租的歷史與資本主義本身一樣久遠，亞當‧斯密（Adam Smith）早在1776年就已經非常清楚。在常被視為資本主義聖經的《國富論》中，亞當‧斯密指出，雖然稅法可能相當殘忍，但相對於「我們的商人和製造商強迫立法機關制定來支持他們荒謬和壓迫的壟斷事業的法律」，稅法是「溫和仁慈的」。他認為「這些法律可說全都是用血寫成的。」[19] 尋租是美國勞工階級工資停滯的一大原因，與絕望死流行大有關係。有關尋租，我們將有很多話要說。

對於教育程度較低的美國人生活水準下降，最常見的解釋是全球化導致工廠關閉並遷往墨西哥或中國，以及自動化技術取代勞工。這些力量十分真實，是支持本書議論的重要基礎。但是，全球化和自動化是所有國家面對的問題，而其他富裕國家的經驗顯示，全球化和自動化導致工資停滯或萎縮（像美國那樣）並非必然，遑論導致絕望死流行。問題很大程度上要歸咎於美國醫療業，以及政府的政策，尤其是當局未能利用反壟斷手段有效對付濫用市場力量的行為（勞動市場的問題可能比商品市場更嚴重），也未能約束各界的尋租行為——包括藥廠以至整個醫療照護業，銀行和許多中小企業主，例如醫師、對沖基金經理人、職業球隊的老闆、房地產商人，以及汽車經銷商等。這些人全都靠「壓迫性的壟斷」、特殊交易、租稅減免和「強迫立法機關制定」的法規發財。在美國所得分配的頂層，也就是收入最高的1%或0.1%的人當中，企業高層沒有經營自身事業的企業家那麼多，[20]而這些企業家當中有很多人受尋租庇護。

不平等因為產生有害的影響，常有人提起。在本書，我們認為不平等既是果，也是因，兩者同樣重要；如果我們容許有錢人利用不公平的手段壓低工資、提高商品的價格，藉此圖利自己，則不平等必將加劇。但並不是人人都以這種方式致富，有些人發明了新的工具、藥物、小器具或新的做事方式，嘉惠很多人而非只是圖利自己。他們賺

錢是靠改善別人的生活或延長別人的壽命。偉大的創新者
致富是好事。創造與掠奪不同。不公平的並非不平等本
身,而是產生不平等的過程。

被社會甩在後頭的人,關注的是自身生活水準下降和
喪失社群(loss of community)的問題,而不是亞馬遜貝
佐斯(Jeff Bezos)或蘋果庫克(Tim Cook)極其富有。但
是,如果他們認為不平等是源自欺騙或特權,情況就會變
得不可忍受。大眾變得憤怒,與2008年的金融危機有很
大的關係。在此之前,許多人認為銀行業者知道自己在做
什麼,而他們的高薪是靠服務大眾賺取的。但金融危機爆
發後,許多人失去了工作和房子,而銀行業者卻繼續賺取
高薪,不必為他們製造的這場災難負責,此時美國資本主
義看起來就像一場向上再分配的騙局,而不是一具為大眾
創造繁榮的引擎。

我們不認為課稅是解決尋租問題的辦法;制止盜賊的
正確方法是制止他們盜竊,不是針對他們加稅。[21] 我們必
須制止濫用和過度處方鴉片類藥物,而不是對這種藥物產
生的利潤課稅。我們必須糾正過程,而不是試圖善後。我
們必須使外國醫師比較容易取得在美國執業的資格。我們
必須阻止銀行業者和房地產交易商基於自身利益制定法規
和稅法。教育程度較低的人面對的問題是工資停滯和萎
縮,而不是不平等本身,而事實上,不平等很大程度上源
自我們的體制壓低大眾的工資以圖利少數人。減少尋租將
大大有助於減少不平等。製藥業者雇用說客,說服政府容

許藥廠定出高昂的藥價、核准新藥並授予漫長的專利期，同時維持寬鬆的法規；藥廠老闆因此腰纏萬貫，並且導致不平等顯著加劇——一方面是壓低了必須為藥物埋單者的實質所得，另一方面是推高了金字塔頂層的所得。銀行業者推動修法，使破產法變得對他們非常有利、對債務人非常不利，也造成了類似結果；正如一名評論者指出：「在我國歷史上，以前從不曾有人為了改變債權人與債務人之間的勢力均衡，發起這樣一場組織有方、精心策劃、資金充裕的運動。」[22]

正如常有人指出，即使對有錢人課以形同沒收財產的重稅，也無法為窮人提供多大的救濟，因為窮人太多而有錢人太少。但是，在現今的世界，我們必須關注的是反向而行的一種操作：有錢人從大量勞工身上榨取金錢，哪怕只是每人榨取一點點，也足以帶給他們巨額財富。這其實就是目前正在發生的事，我們應該加以制止。

我們可以做些什麼，改善廣大勞工而非只是精英階層的生活？我們很容易對此感到悲觀。一旦政治與經濟勢力開始愈來愈集中，趨勢看來就不會自我糾正。在這種情況下，川普當選美國總統是可以理解的，但這只是許多選民發洩他們的沮喪和憤怒的結果，只會使情況變得更糟。白人勞工階級不相信民主制度能夠幫助他們；在2016年，超過三分之二的美國白人勞工階級認為，選舉被有錢人和大企業控制了，他們是否投票因此無關緊要。政治學家對美國國會議員投票形態的分析證實這種懷疑是有道理的；

無論是民主黨籍還是共和黨籍的議員,在國會投票時都一貫地選擇照顧比較富裕的選民的利益,很少關注其他人的利益。[23]

　　路易士・布蘭戴斯法官(Louis Brandeis)在十九世紀末積極推動反對企業壟斷集團不當行為的運動,後來獲威爾遜總統(Woodrow Wilson)任命為最高法院大法官,成為首位猶太裔最高法院大法官。他認為極端的不平等與維護民主不相容,「好」「壞」不平等皆然──即使是以正當方式致富的人利用他們的財富損害一般人的權利和利益,那麼人們以什麼方式致富就無關緊要。在我們看來,處理這個問題的最好辦法是制止尋租、政治遊說和濫用市場權力,也就是制止造成極端不平等的不公平操作。如果這不可能做到,我們可以利用很高的邊際所得稅率削弱金錢對政治的影響;課徵財富稅是更好的辦法,但實踐難度高得多。要保持樂觀,有時真的不容易。一名歷史學家就指出,嚴重的不平等一旦確立,就只能靠重大暴力事件打破,自石器時代以來一直就是這樣。[24]我們認為這種想法太悲觀了,但如果產生現今如此嚴重不平等的過程和體制不改革,則當前的不平等問題確實很難改善。

　　我們仍有一些理由保持樂觀。即使在我們目前這種有缺陷的民主制度下,也有一些政策或許是可行的,而且有望改善情況。體制是可以改變的,知識界對這些問題有諸多熱議,也提出了很多非常好的新構想,我們稍後將在本書加以討論。我們想以比較樂觀的另一個歷史事例結束這篇引言。

　　在十九世紀初的英國，不平等比我們今天所見的一切嚴重得多。當時的世襲地主不但富有，還藉由嚴厲限制選舉權的制度控制了國會。1815年之後，惡名昭彰的《穀物法》禁止進口小麥，直到英國本地糧價變得非常高昂，民眾面臨挨餓的危險；小麥價格高昂即使會傷害普通民眾，但非常符合地主貴族的利益，因為他們靠地租生活，而限制小麥進口可以撐起地租──這是典型的尋租行為，在這個例子中還真的是尋求豐厚的租金收入，而且這種尋租為達目的不惜殺人；那些法律是「用血寫成的」。工業革命當時已經開始，創新發明潮蠢蠢欲動，國民所得正在成長。但是，勞動民眾並未得益。隨著人們從相對健康的鄉村遷到發臭、衛生條件惡劣的城市，英國人的死亡率上升了。新兵一代比一代矮，反映他們兒童時期的營養不良問題愈來愈嚴重──可能是因為食物不足，也可能與衛生條件惡劣有關。民眾的宗教活動減少，原因很簡單：教堂幾乎都在鄉村，還沒出現在新興工業城市。工資停滯不前，而且停滯了半個世紀那麼久。企業盈利增加，占國民所得的比例上升，勞工的收入占國民所得的比例則萎縮。當時要預料到這種局勢會有好結果，還真的不容易。

　　但在十九世紀結束之前，《穀物法》已經廢除，地主貴族的租金收入和財富隨著小麥的國際市場價格下跌而萎縮，尤其是在美洲大草原出產的小麥1870年大量湧入英國之後。一系列的改革法案擴大了選舉權，享有選舉權的男性從世紀初的十分之一增加至世紀末的一半以上，但女性要等到1918年才獲得選舉權。[25]1850年，工資開始上漲，而死亡率也展開長達一個多世紀的下跌趨勢。[26]這一切都發生在國家沒有崩潰、並未發生戰爭或疾病大流行的情況下，一切有賴逐步改變制度，緩慢地對弱勢困苦者的要求讓步。即使我們不清楚這個歷史經驗為何適用或是否適用於我們這個時代，但這些事實本身無疑賦予我們保持審慎樂觀的理由。

第一部

歷史脈絡

1
暴風雨前的寧靜

自1990年以來，美國人民的壽命每六年就增加約一年。今天出生的孩子預計平均將有78歲的壽命，比1900年出生的人多了將近30年。自我出生以來，心臟病死亡率降低了逾70%。愛滋病逾三十年前出現，而拜治療和預防技術進步所賜，我們有望迎來第一個沒有愛滋病的世代。過去十五年裡，癌症死亡率每年降低約1%。
——法蘭西斯·柯林斯（Francis Collins），
美國國家衛生院院長，參議院證詞，
2014年4月28日

　　美國人的健康在二十世紀大幅改善，進步之大史無前例。到了2000年，健康持續改善已是人們所預期的常態。孩子們比父母那一代長壽，父母那一代又比上一代長壽。每隔十年，死亡風險總是有所降低，健康改善的原因包括生活水準提高、醫療技術進步，以及有關行為（尤其是吸菸）如何影響健康的知識普及，促使人們改變行為。其他富裕國家也因為類似的原因，經歷了類似的進步。窮國的進步更為顯著，尤其是在二十世紀下半葉。在2000年，所有這些進步看來勢將持續，而且似乎應該是無止境的。

經濟方面的進步也十分可觀。在2000年，世上幾乎所有人都比他們的祖父母（或曾祖父母或再上一代）在1901年時富有──那是維多利亞女王去世、路易・阿姆斯壯（Louis Armstrong）出生的一年，而人類經歷了1800年至1900年的進步之後，到2000年時又經歷了一個世紀的進步。在西歐和北美的富裕國家，在法國稱為「輝煌三十年」的那段時期，也就是二戰結束後的三十年裡，國民所得成長率達到史上最高水準。在那段時期，美國人均所得不但空前快速成長，還普遍惠及有錢人、窮人和中產階級。

教育同樣大有進步。在1900年，只有四分之一的美國人高中畢業；到了二十世紀中，高中畢業的美國人已經超過四分之三。擁有大學學位的美國人則從二十分之一增至五分之一。雖然教育程度較高者通常比教育程度較低者賺得多，但戰後二十世紀中期的勞動市場也為只有高中學歷的人提供好工作。鋼鐵廠和汽車廠之類的工廠工作為勞工提供相當好的生計，有晉升機會者尤其如此。男性跟隨他們的父親從事有工會組織的工作，而且勞資雙方往往互有承諾，希望維持一種終身關係。工資高到足以支持男性成家、購屋，大有希望過一種美好的生活，在許多方面好過他們的父母親相同年紀時所過的生活。父母可以考慮送孩子上大學，使他們有條件過更好的生活。那段日子被稱為藍領貴族的年代。

但我們絕不是想說二十世紀是我們在二十一世紀失落的天堂，因為事實絕非如此。

二十世紀也發生了許多空前嚴重的大災難，奪走了數千萬以至數億人的性命。以死亡人數衡量，兩次世界大戰以及希特勒、史達林和毛澤東的殘暴政權是人類最嚴重的災難，但除此之外還有致命的流行病，包括第一次世界大戰結束時的大流感和世紀末的愛滋病。全球數以百萬計的孩子死於常見的兒童疾病，即使人類早就知道如何防止兒童死於那些疾病。戰爭、大屠殺、流行病和可防止的兒童死亡導致人類的預期壽命降低，有時甚至急跌。二十世紀也有經濟大災難，而繁榮遠非普遍共享。1930年代的大蕭條，使得數以百萬計的人陷入貧窮痛苦的困境。種族隔離制度仍健在，美國黑人在教育、經濟和社會方面的權利因此遭受制度化的剝奪。

我們也並非宣稱人類持續穩定地進步；我們只是說，在經歷了一段很長的時間（例如從1900年到2000年）之後，人們的死亡風險降低了，而且致富的可能性提高了。某些方面的進步比其他方面穩定，而某些國家的表現比其他國家好。但是，因為人類健康和生活水準的進步在二十世紀足夠持久，到了世紀末，人們可以合理期待這種進步會持續下去，並且像造福這一代人那樣造福下一代。對世上多數人來說，二十世紀末是人類在歷史上最富裕和最長壽的時候。不僅如此，二戰之後的進步速度穩定，而且足夠持久，因此在二十世紀結束時，未來世代的生活將會更美好，似乎是顯而易見的事。

為了理解過去的這些變化，以及本書將闡述的遠沒有那麼美好的變化，我們必須釐清進步是如何衡量的。

壽命與死亡率統計

本書將經常談到死亡率和預期壽命，兩者在某種意義上是對立的：死亡率測量死亡，預期壽命則測量人類生命的長度。死亡率反映死亡風險，預期壽命則是指新生兒預計可以活多少年。某地或某段時期的死亡率如果相當高，當地人的預期壽命就會比較低，反之亦然。不同年齡的人有不同的死亡率：嬰兒和幼兒的死亡率比較高，年齡較大的兒童、青少年和年輕成年人的死亡率顯著較低。到了中年，死亡的威脅開始變得真實；30歲之後，死亡風險逐年增加。2017年在美國，死於30歲至31歲之間的機率為千分之1.3，40歲時的機率為千分之2.0，50歲時為千分之4.1，60歲時為千分之9.2。在美國人的中年階段，死亡風險每十年增加約一倍。其他富裕國家的死亡率稍低一些，但在沒有流行病或戰爭的情況下，所有地方無論何時都呈現類似的死亡率形態。

我們可以把新生兒的生命視為一場跨欄比賽，每一個生日必須跨過一道欄。死亡率就是在每一道欄摔倒的機率，起初相當高；新生兒掌握了跨欄技術之後，死亡率顯著降低；隨著新生兒變成經驗豐富的跨欄選手，輕鬆跨越一道又一道欄，死亡率將保持在相當低的水準，而選手進入中老年階段之後疲態漸露，死亡率將持續上升。本書將一再談到預期壽命，它代表新生兒平均料將跨過多少道欄；我們也將一再談到死亡率，它代表人們在每一道欄摔倒的機率。這兩個概念缺一不可，因為我們將闡述的事件對不同的欄有不同的影響，可能在老人死亡風險降低之際導致中年死亡風險上升，而如果兩者的影響互相抵銷，我們就不會從預期壽命中看到這些變化。

在這場生命跨欄賽中，如果起初的欄難以跨越，那就不會有很多選手可以跨過很多道欄。在二十世紀初的美國，兒童面臨很高的死亡風險，不是所有孩子都吃得飽或吃得夠好，麻疹之類的兒童疾病往往足以致命，疫苗接種遠非普及。當時美國還有許多其他問題，例如很多地方還無法提供安全飲用水，汙水排放與飲用水的供應未能妥善分隔。上游的居民利用河流排放廁所汙水，下游的人從同一條河裡取水飲用，這種情況不但令人厭惡，還非常危險。即使相關的基礎科學（解釋疾病的微生物理論）已經確立，提供安全的飲用水和良好的衛生條件仍必須耗費巨資，而公共衛生當局花了很長時間才普及了良好的衛生條件。

除了在生命剛開始的階段，死亡風險隨著年齡增長而上升。嬰兒和老人的死亡風險最高。在富裕國家，嬰幼兒時期是安全的：美國一千名嬰兒只有六個活不到一歲，其他國家的情況甚至更好，例如在瑞典和新加坡，一千名嬰兒只有兩個活不到一歲。在某些窮國，風險高得多，但即使這些國家也在快速進步。目前全球沒有一個國家的嬰兒死亡率高於五十年前。

在二十世紀的美國，整體的出生時預期壽命從世紀初的49歲延長至世紀末的77歲。在這個世紀的最後三十年裡，也就是1970年至2000年間，美國人的預期壽命從70.8歲延長至76.8歲，每十年增加兩年的壽命。自1933年美國開始有全面的數據以來，壽命趨勢幾乎一直向好，預期壽命的跌勢最多僅維持一至兩年。雖然1933年之前的數據並不完整（因為不是每一州都有紀錄），但從這些不完整的數據看來，在第一次世界大戰和當年的大流感期間，美國人的預期壽命在1915年至1918年間曾經下跌三年。

如果延續二十世紀的成長速度，到2100年時，美國人的預期壽命料將超過90歲，而且將有頗大一部分人活到100歲。西歐國家、日本、澳洲、紐西蘭和加拿大也都可以這麼說。

死亡的面貌變化

在1900年，美國人的三大死亡原因全都是傳染病——肺炎、結核病，以及胃腸道感染。到了二十世紀中葉，隨著公共衛生和疫苗接種方面的重要工作基本完成，而抗生素也已經面世，而且即將廣泛應用，傳染病作為死因的重要性已經下降。早夭的風險降低了，死神變得與中老年人更親近。死神本身變老了，從兒童的腸胃轉移到中老年人的肺部和動脈。這種情況一旦發生，延長預期壽命將變得困難得多。早夭風險降低對延長國民預期壽命大有幫助，但一旦幾乎人人都能活到中老年，拯救老人的性命對延長國民壽命的作用就小得多。

到了二十世紀末，美國的主要死亡原因變成了心臟病和癌症。人們戒菸有助減少心臟病和肺癌，吸菸人口比例大幅降低對死亡率降低大有幫助。針對心臟病的預防治療對死亡率降低也有貢獻。降血壓藥價格低廉、容易服用，有助控制血壓，降低心臟病發作的可能性；他汀類藥物可以降低膽固醇，有助減少心臟病發作和中風。心臟病死亡率降低是二十世紀最後二十五年最重大的成就之一。此外，針對某些癌症（包括乳癌），人類在檢測技術和藥物方面也有重要成就。

就降低死亡率而言，新藥可能不如人們的行為那麼重要，但它們確實往往能夠救命。本書稍後將談到製藥業的一些惡行，屆時讀者應謹記，藥物確實救了很多人。如果沒有抗生素，沒有治糖尿病的胰島素，沒有阿斯匹靈或布洛芬，沒有麻醉劑，沒有降血壓藥，沒有抗反轉錄病毒藥物，又或者沒有避孕藥，世界將會糟得多。公共政策的關鍵難題，是設法使大眾活得更久、更好，同時避免出現社會無法接受的後果（包括但不限於經濟成本）。

隨著人類消滅某些疾病和減少另一些疾病，其他死因成為新的主要死因。它們多數一直存在，只是早年相對於主要死因殺人的規模顯得不重要。有些死因，例如阿茲海默症或老年癌症，以前之所以不常見，只是因為以前沒有很多人活到會生那種病的年紀。但是，意外事故、自殺、糖尿病之類的其他死因一直存在，只是在天花或霍亂盛行的年代，甚至是較接近現在的結核病或小兒腹瀉流行的年代，它們只是次要殺手。隨著我們有效控制許多傳染病，人類死因的性質也改變了。傳染病靠細菌或病毒等病原體傳播，因此只要掌握這些疾病在人體內或它們的傳播方式（靠髒水、蚊子、跳蚤或老鼠傳播）的生物機制，我們就能了解病因，有望找到療法，甚至可能找到消滅這些疾病的方法。

　　但是，生物學從來都不是萬能的——人們在哪裡生活以及如何生活，一直都是重要因素。我們將在本書一再看到，就吸菸相關疾病或自殺、中毒或意外等死因而言，生物學往往沒有人們的行為或所處的經濟和社會環境那麼重要。

生物學與行為

　　偉大的病理學家魏修（Rudolf Virchow）認為，1848年斑疹傷寒流行的根本原因是貧窮，以及窮人欠缺政治代表。微生物學創立者羅伯・柯霍（Robert Koch）發現了導致霍亂、結核病和炭疽病的細菌，他曾得意洋洋地寫道：「迄今為止，人們一直慣於將結核病視為社會苦難的結果，希望藉由救濟窮人減少這種疾病。但是，在對抗這種可怕的人類疾病的最後鬥爭中，我們將不再需要對付一種不確定的東西,而是可以對付一種確實存在的病菌。」[1]
生物學與人類行為的二分法是個老問題,經常引起爭論。
在我們將討論的死亡中,關鍵往往在於行為,我們將不
會聚焦於「確實存在的病菌」。我們不需要很多生物學知
識,就能明白槍械如何殺人、交通事故如何致殘,但生物
學決定飲食和運動如何影響肥胖程度,壓力如何導致疼
痛,酒精如何損害肝臟,以及吸菸如何導致心臟病。我們
必須將社會科學與醫學結合起來。

圖 1.1 說明了這些見解,呈現 1900 年至 2000 年間美國
中年白人的死亡率,圖中那條線代表 45 歲至 54 歲的男女
白人每一年的死亡率。在後面的章節裡,我們將探討其他
年齡組的死亡率,但我們會經常強調這個中年年齡組的情
況。死亡率上升始於中年,它往往是觀察死亡率變化趨勢
的最佳年齡組。中年死亡並不常見,死亡率通常以每年每
十萬人有多少人死亡表達。在圖 1.1 中,1900 年的死亡率為
每十萬人約 1,500 人死亡(每年 1.5%),到 2000 年時跌至
約 400 人(每年 0.4%)。中年白人的死亡率在這一百年間
下跌逾三分之二,是這張圖揭示的重點。我們將看到,其
他年齡、族群和種族群體的死亡率,也經歷了類似的跌勢。

我們也可以從圖中看到其他重大事件。1918 年死亡
率激增,是反映第一次世界大戰結束時席捲美國和全球的
大流感。在大蕭條和 1930 年代期間,進步(死亡率降低)
的速度有所放緩,但在經濟興旺的 1920 年代,進步速度
同樣緩慢;死亡率與經濟狀況沒有明顯的關係。事實上,

圖1.1　美國45–54歲白人男女在二十世紀的死亡率（每十萬人死亡人數）。本書作者利用美國疾病控制和預防中心的數據計算得出。

回溯至1920年代的研究，產生了一些有點令人驚訝的結果：經濟狀況良好時，死亡率反而往往高一些。[2]死亡率在1960年前後停止下跌數年之久，當時有很多人因為在二十至四十歲期間大量吸菸而死於肺癌和心臟病。1970年之後，死亡率恢復快速下降，主要是因為心臟病死亡率降低。1970年之後的死亡率趨勢也出現在其他富裕國家，主要是因為有關吸菸危害健康的知識廣為傳播，以及醫師開始為民眾處方控制高血壓和高膽固醇的藥物。

　　圖1.1呈現所有的主要死亡原因。流行病以大流感為代表，而大流感本身則以第一次世界大戰對經濟、社會和人命的嚴重傷害為背景條件。行為則反映在吸菸、有關吸菸

如何影響健康的醫學知識，以及控制高血壓的醫療系統上。

　　圖1.1僅呈現45-54歲美國白人的情況，但其他群體也受惠於二十世紀死亡率下降的趨勢。在美國，黑人的死亡風險高於白人，預期壽命短於白人，這是一直以來的事實，至今仍是這樣。但在二十世紀，黑人男女也有進步（死亡率降低、壽命延長），而且進步速度快於白人，黑人與白人之間的死亡率差距因此持續縮小。老人的死亡率也降低了。在1900年，60歲的美國女性預期可再活15年，60歲的男性則預期可再活14年；到了二十世紀末，這兩個數字已經增加至女性23年和男性20年。

　　相對於死亡率，我們對人們生病（但沒死）的情況有何變化所知甚少。不過，我們可以確定的是，人們不但變得比較長壽，還活得比以前好，身體也比較健康。在過去四分之一個世紀裡，有一些調查詢問受訪者有關殘疾、疼痛和他們承擔日常事務的能力，我們從中得到一些直接反映相關情況的指標。曾經有人擔心，隨著很多人活到老年，他們的晚年將受殘疾和疼痛折磨，雖然沒死但長期病懨懨；不過，這種情況沒有發生。醫學進步不但降低了死亡率，還幫助人們在生時活得更好。關節置換手術幫助許多人減少疼痛和維持正常生活；如果沒有這種技術，這是不可能的。白內障手術使許多原本會失去視力的人得以恢復視力。此外，藥物有時能夠有效減輕疼痛、舒緩抑鬱和其他精神痛苦。

　　美國人也變高了，這是他們童年時營養和公共衛生條件改善的有力證據。1980年出生的美國人成年後比一個世紀前出生的人高1.5吋（3.8 cm）左右。其他富裕國家的表現甚至更好，美國人曾是世上最高的，如今已被德國人、挪威人和荷蘭人超越了（尤其是荷蘭人）──這或許是美國並非一切盡如人意的一個跡象。[3]

2
美夢破碎

　　二十世紀走到盡頭時，期間的許多樂觀情緒已經消退。美國心臟地帶的許多城鎮曾經生產鋼鐵、玻璃、家具或鞋子，現在七十幾歲的美國人對它們有美好的回憶，記得它們是孩子成長的好地方，但如今它們已被掏空，當地的工廠都已關閉，許多商店也被木板封了起來。在這些已經沒落的城鎮，酒精和毒品的誘惑使許多人失去性命。他們的故事多數不曾為人所知，如果死因是自殺、濫藥或酗酒，為免留下汙名，訃聞通常不會提及死因。成癮被視為道德軟弱的表現，而不是一種疾病，人們認為成癮的影響最好是掩蓋起來。

　　偶爾會有例外，例如在這些情況下：某個著名的廚師自殺，某個樂壇偶像死於芬太尼過量，又或者死亡事件震撼了整個社區，譬如聯邦眾議員安‧麥克蘭恩‧卡斯特（Ann McLane Kuster）所講的這一件：「在新罕布夏州基恩（Keene）這個小鎮，一個堪稱世上最安靜的地方，一名受人愛戴的高中教師、三個孩子的母親，死於過量吸食海洛因。」[1]這些故事每一個都是真實和悲慘的，我們必須顧及脈絡，以便真正掌握問題。當我們檢視統計數據、所有的數據，我們就看到一個更大、更可怕、更悲慘的故事。

媒體基於新聞價值選擇報導什麼，名人受人注意，而成癮或企圖自殺的親身敘述往往來自那些習慣記述自身經歷的人。引人注目和不尋常的死亡，例如上流社會的自殺和濫藥致死事件，媒體會鉅細靡遺報導；普通人因為這些原因死去則很少成為新聞，雖然他們同樣留下大受打擊的的家人和朋友。今日的事件是新聞，長期趨勢是以前的新聞——這通常意味著根本不是新聞。死於肺癌、心臟病或糖尿病本身不是新聞，我們只會因為看訃聞而偶爾注意到這些事——肺癌不像伊波拉病毒感染或愛滋病，雖然它奪走的人命多得多。如果沒有數據可以比較，我們就不知道我們面對的是一起事件（像飛機失事或恐怖攻擊那樣，死亡人數不多，但令人震驚，具有新聞價值）、一種流行病（像伊波拉病毒感染或SARS那樣，嚇壞了很多人，但奪走的人命不多），還是一種嚴重得多的情況（大眾健康受到實質威脅，人類健康長達一個世紀的進步正被顛覆）。

在美國，人死之後當局會接到報告，亞特蘭大的疾病控制和預防中心（CDC）負責整合所有資料。美國的死亡證蒐集大量資料，包括從三十年前起蒐集死者的最高教育程度資料。CDC有個名字相當可愛的網站CDC Wonder，在那裡可以輕鬆取得許多這些資料。死亡證本身也可以下載和檢視,但不包括保密的資料,例如死者姓名和社會安全號碼等。我們的研究始於這些資料。

　　相對於那些死亡故事,這些資料令人悲痛的程度有過之而無不及。

有關美國與眾不同和今昔不同的事實

　　上一章提到,美國中年白人的死亡率1900年為每十萬人死1,500人,到2000年時已大幅降至每十萬人死400人。我們現在來看這個群體在二十一世紀的死亡率走勢。

　　我們也可以檢視世界各地類似美國的其他富裕國家的情況;它們的人均所得全都相當高,而且科學與醫學發達。這些國家的中年死亡率在1945年之後迅速下降,一如美國,1970年之後降得特別快。在幾乎所有富裕國家,從1970年代末到2000年,45歲至54歲者的死亡率平均每年下降2%。

　　圖2.1告訴我們發生了什麼事,我們稱為「美夢破碎」圖。法國、英國和瑞典的中年死亡率均持續下降,未出現在圖中的其他富裕國家也經歷了類似進步。美國非西班牙語裔中年白人的死亡率則呈現截然不同的形態:這個群體的死亡率不但未能跟上其他富裕國家的中年人死亡率下降步伐,還完全停止下降,並開始轉為上升。

　　在圖2.1中,粗虛線代表如果美國中年白人[2]的死亡率延續二十世紀後期的走勢,情況將會如何。我們可以看到,近二十年來,美國中年白人的死亡率與其他富裕國家

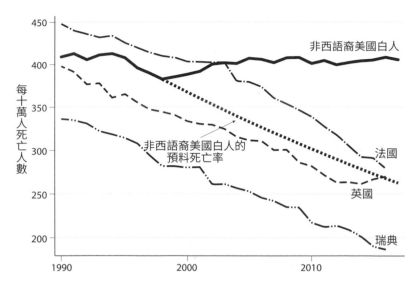

圖2.1　美國非西班牙語裔白人、法國、英國和瑞典45–54歲群體的年齡調整死亡率，以及非西語裔美國白人的預料死亡率（假設這個群體的死亡率在1998年之後，繼續以每年2％的速度下降）。本書作者利用美國疾病控制和預防中心和人類死亡率資料庫（Human Mortality Database）的數據計算得出。

背道而馳，差距愈來愈大，相對於基於二十世紀後期趨勢的美國中年白人預料死亡率也是這樣。

　　由此看來，美國應該是發生了一些重要、可怕和意想不到的事。許多問題有待解答：受影響的只是中年白人男女，抑或還有其他年齡組？受影響較多的是男性還是女性？其他群體情況如何？問題集中在美國某地區，抑或各地的情況都差不多？最重要的是：為什麼會發生這些事？正如我們將看到，酗酒、自殺和鴉片類藥物氾濫是這個故事根本的一部分，但在細述這一部分之前，我們必須先討論若干其他問題。

我們在第1章解釋呈現中年死亡率二十世紀下降趨勢的圖1.1時提到，其他年齡組也受惠於死亡率的下降趨勢。但圖2.1呈現的中年死亡率逆轉，並未普遍發生在其他年齡組。我們將看到，雖然比較年輕的年齡組的死亡率趨勢也經歷了類似變化，但老年人的死亡率繼續下降，延續二十世紀末的走勢。我們將會深入探討這個問題，看到死亡率趨勢逆轉也已經開始影響老年人當中最年輕的一群。

在圖2.1中，我們關注的對象從所有白人轉為非西語裔白人，這是範圍較窄的一個群體，在二十世紀大部分時間裡沒有相關數據。西語裔平均而言比非西語裔窮得多，死亡率則低於非西語裔；西語裔在二十一世紀的進步速度追得上其他國家，近二十年來的死亡率與英國相似。美國黑人的死亡率高於圖2.1中的任何一個群體或國家，但黑人的死亡率下降速度也快過圖中任何一個群體或國家。在1990年至2015年間，美國黑人與白人的中年死亡率差距快速縮小，而如我們將談到，黑人的中年死亡率隨後也停止下降，很可能與鴉片類藥物氾濫有關。關於死亡率種族差異的故事相當重要，而我們稍後將指出，只要仔細審視歷史，就能理解黑人與白人的死亡率差異。這種差異主要是與「何時」（when）而非「什麼」（what）有關。

我們遠未充分理解不同種族和族群之間的死亡率差異，但它們已存在多年。就美國黑人而言，人們普遍認為，黑人死亡率較高與他們長期受歧視有關（許多其他重要結果也是這樣），此外也是因為黑人較難得到優質的醫療照護。[3]西語裔比非西語裔白人長壽的現象已經有很多人研究過，但至今未能充分解釋。值得注意的是，有些群體（例如亞裔美國人）的表現更好，比西語裔或白人都更好。至於近年三大群體非常不同的死亡率趨勢，我們將在本書中一再談到，但我們先要承認，這當中有很多情況不容易解釋。

圖2.1呈現的死亡率是男女合計，這總是有可能誤導人。女性各年齡的死亡率都低於男性，她們比男性長壽，在美國一般可以多活約五年。男女所患的疾病各有不同，而同樣的疾病和行為對男女的傷害也有所不同：例如男性的自殺機率為女性的三至四倍。不過，死亡率趨勢的逆轉（從二十世紀後期的持續降低，到二十一世紀停止下降以至轉為上升）是中年男女皆然，雖然女性情況惡化的程度比男性嚴重一些。即使如此，圖2.1呈現的男女合計死亡率並不誤導，因為美國白人的死亡率與其他先進國家，以及美國白人的實際死亡率與「預料死亡率」，無論男女都有巨大的差異。[4]

衡量白人死亡率趨勢逆轉的影響有多大，方法之一是比較實際死亡率與粗虛線代表的預料死亡率。這兩條曲線之間的差距就是每一年的死亡率差異，我們可以根據它算出倘若二十世紀後期的進步趨勢持續下去，45歲至54歲每年死去的人有多少可以活下來。我們把1999年（死亡率趨勢開始逆轉的關鍵一年）至2017年的人數加起來，得出一個非常大的總數：如果二十世紀末的進步趨勢一直持續，這些年間美國將有60萬名死去的中年人可以活下來。我們立即想到的一個參照點，是愛滋病自1980年代初開始流行以來，約有67.5萬名美國人死於該病。隨後我們將改進我們的估計，將它擴展到其他年齡組，並提出具體的原因加以解釋，但60萬名中年人原本可以活下來將暫且作為一個粗略估計，幫助我們確定這件事：我們所面對的，確實是一場重大災難。

衡量此一現象有多重要的另一方式，是檢視出生時預期壽命的變化。因為預期壽命對年輕人的死亡比較敏感，中年死亡率必須大幅改變才會影響預期壽命。就白人而言，2013年至2014年間，出生時預期壽命降低了十分之一年。在接下來三年裡，也就是2014年至2015年、2015年至2016年和2016年至2017年間，美國人的整體預期壽命皆降低。預期壽命的這種跌勢反映所有年紀的死亡率，並非僅限於中年人，但事實上受中年白人的情況影響很大。人口整體預期壽命降低是極其罕見的事，連續三年下降更是異常至極；自從各州1933年建立完整的生死登記制度以來，美國人的預期壽命不曾連續三年降低。[5]有一些州在1933年之前就已經建立死亡登記制度，就這些州而言，唯一的先例發生在一個世紀前：1915年至1918年間，受當時的第一次世界大戰和隨後的大流感影響，預期壽命連續三年降低。這真的是一場大災難。

死亡的地理分布

我們若想開始了解這些死亡為何發生，可以先著眼於死亡發生在哪裡。如果我們看1999年至2017年間美國各州45歲至54歲白人的死亡率變化，我們會發現除了六個州，其他州的死亡率全都上升，升幅最大的是西維吉尼亞州、肯塔基州、阿肯色州和密西西比州，這些州的居民教育程度全都低於全美平均水準。中年白人死亡率顯著降低的州，只有加州、紐約州、紐澤西州和伊利諾州，全都是居民教育程度較高的州。

圖2.2呈現比較詳細的地理分布，上圖呈現2000年時美國約一千個地區的中年白人死亡率，下圖呈現2016年的情況。這些地區是郡，又或者數個人口較稀少的郡。深色區域代表死亡率較高，圖2.2因此顯示，2000年時美國西部（除了加州）、阿帕拉契（Appalachia；美國東部一個區域，幅員為紐約州南部至阿拉巴馬、密西西比和喬治亞州北部）和南部的死亡率較高，而到了2016年，這些地區的死亡率變得更高，而且死亡率顯著上升的問題已經蔓延至新的地區，例如緬因州、密西根上半島和德州部分地區。

本書將一再談到這兩幅地圖呈現的形態。

帶著煩惱終老：年齡效應 vs. 世代效應

圖2.1比較了多個國家的45歲至54歲這個年齡組的死

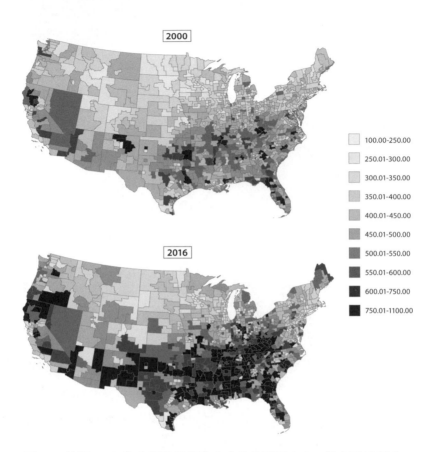

圖2.2　美國45–54歲非西班牙語裔白人的全因死亡率，按小區域劃分。
本書作者利用美國疾病控制和預防中心的數據計算得出。

亡率，但我們關注的並非僅限於此。白人死亡率改善的趨
勢逆轉是成年白人的普遍現象，這與其他富裕國家的情
況形成鮮明對比。我們特別重視45歲至54歲這個中年群
體，但一如我們將看到，死亡率上升並非只是嬰兒潮世代
的現象，較年輕美國白人的死亡風險也增加了。

今天的中年人未來如何也有疑慮。如果他們活下來，是否可以因為年老而擺脫中年死亡率上升的危機？抑或他們步入老年之後，仍將無法擺脫他們的煩惱，因此未來的老年人將像今天的中年人那樣受折磨？在美國，老年人享有中年人沒有的一些福利，例如聯邦醫療保險（Medicare）提供的醫療照護和社會安全計畫提供的養老金；因此，如果這些福利對健康有益，我們就有理由認為中年人的未來相對樂觀。但是，如果中年死亡發生在1950年左右出生的人身上，是因為他們生活的環境，或因為他們選擇的生活方式，我們就不能期望他們的情況將能在他們年老之後得以改善。不幸的是，最近的資料顯示，美國中年人的未來很可能相對黯淡。隨著二戰後出生的人開始步入老年，中年死亡率上升的問題，如今已經開始影響到老年人。從1990年代初到2012年，65歲至74歲美國白人的全因死亡率平均每年下降2％；自2012年以來，他們的死亡率已經停止下降。

社會科學家經常試圖區分兩種不同的現象：一種是「年齡效應」，也就是結果與年齡有關；另一種是「世代效應」（cohort effect），也就是結果專屬於約莫同一時期出生的人，即使他們年老也擺脫不了。當然，世代效應與年齡效應並不相互排斥，而且並未窮盡所有的可能。我們將主張以（某種）世代效應解釋美國中年白人的危機，而不幸的是，這是兩種解釋中比較悲觀的一種。這些人有一些問題使他們變得脆弱，而這些問題終身不變。本書餘下部分的任務，就是闡明這些問題的性質。

　　有關這些問題有兩種故事，它們往往被視為非此即彼，雖然事實未必如此。一種是「外部」或環境敘事，強調人們遇到什麼事、曾有什麼機會、受過什麼教育、做什麼工作，以及身處怎樣的社會環境。另一種是「內部」敘事，強調人們對自己做了什麼，強調他們自己的抉擇和偏好，而不是他們曾有什麼機會。在這場辯論中，一方強調機會每況愈下，另一方強調人們的偏好、價值觀以至品德每況愈下。

　　在我們細述故事之前，我們必須先回來關注二十一世紀初的美國中年人，進一步了解他們的死亡原因。並不令人意外的是，自殺、濫用鴉片類藥物和酗酒是他們的重要死因，但這些絕非僅有的問題。

3

絕望致死

貝琪・曼寧：因為我們的兒子吸毒，我先生深感愧
疚。然後他開始抑鬱，後來就自殺了。

保羅・索爾曼：他是怎麼自殺的？

貝琪・曼寧：他開槍打爆自己的頭，我回家時發
現的。

保羅・索爾曼：他的好朋友，瑪西・康納的丈
夫，也是死於自殺。

瑪西・康納：他很年輕就開始酗酒。

保羅・索爾曼：他與他的那些終身好友都有酒癮。

瑪西・康納：其中有一個死於心臟病發作，但他
一直都有吸毒和酗酒的問題。另一
個死於癌症，喝酒喝到生命的最後
一刻。到於我先生，他當時裝了胃造
口管，就是那種叫G管的餵食管，他
往管裡倒酒精，直到他死去。[1]

　　美國中年白人死於什麼原因？以上對話摘錄自美國公共電視網（PBS）在肯塔基州的一次採訪，短短幾句就已捕捉到我們稱為「絕望死」的三種不同死因：自殺、濫藥，以及酗酒。這些對話也告訴我們，這些死因往往密切相關。貝琪・曼寧（Becky Manning）的丈夫自殺，是因為兒子吸毒使他愧疚，導致他罹患抑鬱症。曼寧的丈夫和他的朋友們成年後一直都有酗酒和濫藥的問題，而瑪西・康納（Marcy Conner）的丈夫是死於把酒精直接倒進他的胃裡。其朋友中有一人死於心臟病發作，而酒精可能是間接因素，因為喝酒可能導致有長期心臟病的人心臟病發作。

　　我們第一次看到早年的一個「美夢破碎」圖時，很想知道人們的死因。這促使我們回頭分析美國疾病控制和預防中心的數據，以了解哪些類型的死亡自1999年以來增加得最快——1999年是白人死亡率開始上升的那一年。我們看到三個直接禍首，按重要性排序，它們是意外或意圖不明的中毒（幾乎全都是藥物過量的案例）、自殺，以及酒精性肝病和肝硬化。雖然死於藥物過量的人多過死於自殺或酒精相關疾病的人，但自殺和酗酒加起來比濫藥殺死更多白人。這三種死亡都很重要。死神繼續它的旅程：之前它從兒童的腸胃轉移到中老年人的肺部和動脈，現在又回到中年人的頭腦、肝臟和靜脈。

　　此類死亡迅速增加正在影響美國人，尤其是白人，但不怎麼影響其他富裕國家的人民。在其他英語國家，包括加拿大、愛爾蘭、英國（尤其是蘇格蘭）和澳洲，藥物過量致死人數近年有所增加,與酒精有關的死亡人數在英國和愛爾蘭也有所增加。(這些國家或其他富裕國家的數據,並不容許我們整理出按族群或種族區分的死亡人數。)其他國家的此類死亡增加,是對公共衛生的嚴重威脅,而且將來問題可能變得更嚴重。但是,除了蘇格蘭的濫藥致死問題,這些地方的相關死亡人數相對於美國是非常少。在美國,至少在致命的鴉片類藥物芬太尼於2013年變得容易買到之前,黑人和西班牙語裔的絕望死人數都沒有增加。

雖然美國的絕望死人數激增就像傳染病肆虐時可能出現的情況,一如1918年的大流感,但絕望死這種流行病並非靠病毒或細菌傳播,也不是某種外部媒介造成的,例如嚴重的空氣汙染或核事故的後果。絕望死源自人們自己的行為:他們酗酒至死,濫藥至死,又或者藉由開槍或上吊自殺。事實上,一如我們將一再看到,這三種死因密切相關,而驗屍官或法醫往往很難替死亡分類——自殺與意外的藥物過量有時並不容易區分。這些死亡全都反映當事人在生活中遇到極大的痛苦,無論問題是短暫或長久的。我們很想把它們都歸入自殺這個類別:開槍或上吊是快速的自殺,濫藥或酗酒是較為緩慢的自殺;即使如此,許多癮君子或酒徒並不想死,雖然他們知道毒癮或酒癮幾乎必將害死自己。

與藥物有關的死亡絕大多數被歸入「意外中毒」這個類別,但這些意外不是從梯子上摔下來或誤觸電線的那種意外。當然,有些人會搞錯劑量,意外替自己注射超過身體承受能力的海洛因,又或者低估了藥物與酒精混合使用的風險。但是,現實中就是有癮君子會在知道附近有人「意外死亡」之後去找毒販,因為他們也想取得強效毒品。此外,也有人特意尋求效果和危險程度比海洛因高很多倍的芬太尼。《華盛頓郵報》報導了巴爾的摩26歲居民雅曼達‧班奈特(Amanda Bennett)的故事,她在剖腹產子後對鴉片類藥物上癮,後來發展到吸食海洛因,再發展到吸食摻入芬太尼的海洛因。她說:「如果裡面沒有芬太尼,我根本就不想碰。」[2]

尋求此類藥物的人,只是希望獲得一種強烈的快感或暫時的解脫,並不是求死,但高死亡風險並未阻止他們濫用這些藥物。有些癮君子吸毒過量之後,靠那囉克松(naloxone)奇跡般起死回生,結果數小時後就再度吸毒過量。酒癮的即時危險低於鴉片類藥物成癮,有些酒徒可以工作和生活如常,一如某些嗑藥癮君子,但也有一些人因為酒癮而失去家庭、工作和正常生活。成癮是一座監獄,將受害者與值得過的生活隔開。

美國國家藥物濫用研究所首任所長羅伯特‧杜邦(Robert DuPont)認為,成癮的兩項基本特徵是:持續使用某種物質、不顧因此造成的嚴重後果,以及不誠實。[3]杜邦所講的「自私的大腦」控制了當事人,使他不顧一切,只求滿足自己的癮頭。[4]那些為了酗酒或濫藥而不惜冒死亡風險的人,已經失去使生活值得過下去的大部分東西,就像許多決定自殺的人那樣。

　　我們將這三種死亡稱為「絕望死」，這是個方便的標籤，指出這些死亡與當事人的痛苦、心理或行為健康的關係，以及這些死亡沒有任何傳染原的事實，但該標籤無意指出絕望的具體原因。關於那些背景原因，或「原因的原因」，我們隨後將大篇幅討論；「絕望死」暫時就只是個好用的標籤。美國45歲至54歲白人男女的絕望死人數，從1990年的每十萬人30人，激增至2017年的每十萬人92人。在1999-2000年至2016-2017年間，美國每一州的45歲至54歲白人自殺死亡率都上升了。除了兩個州，各州的酒精性肝病死亡率也全都上升。[5]藥物過量死亡率則是每一州都上升。

　　在我們之前，早就有人注意到濫藥人數增加的問題。當前的濫藥潮始於1990年代初，而美國食品藥物管理局1996年批准會上癮的處方止痛藥奧施康定推出市場，助長了這股濫藥潮。奧施康定由普渡製藥公司生產，實際上是一種合法的海洛因。研究酒精性肝病和自殺致死問題的學者，也注意到此類死亡增加的現象，其中以中年白人的問題特別嚴重，雖然這些死亡沒有濫藥致死那麼受大眾關注。我們的貢獻在於將濫藥、自殺和酗酒導致的死亡聯繫起來，指出三者全都增加，而且主要傷害白人，白人的總死亡率長期跌勢已經停止或逆轉。我們還選用了「絕望死」這個集體標籤，有助傳播有關這種綜合流行病的資訊。此外，我們也強調這種流行病，並非僅限於濫藥問題。

但一定還有其他原因

在對我們的研究的早期評論中,衛生經濟學家艾倫·米拉(Ellen Meara)和強納生·史金納(Jonathan Skinner)指出,雖然絕望死人數確實迅速增加,但本身不足以導致總死亡率停止下降或反轉上升。[6]相對於二十世紀的進步趨勢以及二十一世紀美國其他群體和其他富裕國家的情況,美國白人死亡率趨勢反轉肯定還有其他原因,我們必須找出那些「其他原因」。

1970年之後美國人的死亡率顯著降低,出生時預期壽命相應增加,很大程度上是因為心臟病和癌症死亡率迅速下降。心臟病和癌症是美國的兩大殺手,在75歲之前,死於癌症的風險高於死於心臟病;75歲之後,心臟病死亡率高於癌症。因為最高齡群體的死亡率最高,心臟病是美國的頭號殺手。癌症則是中年人的頭號殺手,對抗癌症的努力進入新世紀後繼續快速取得進展。連同絕望死導致中年死亡率停止下降的「其他原因」,原來是降低心臟病死亡率的進展顯著放緩;長期以來,心臟病死亡率降低一直是美國人健康改善和預期壽命增加的一個重要因素。之前的進步通常歸因於美國人戒菸(尤其是男性,他們比女性早戒菸,而他們死於心臟病的可能性高於女性),以及更多人服用降低血壓和膽固醇的預防性藥物(降血壓藥和他汀類藥物)。美國45歲至54歲白人死於心臟病的風險在1980年代以年均4%的幅度迅速降低,但降低的速度

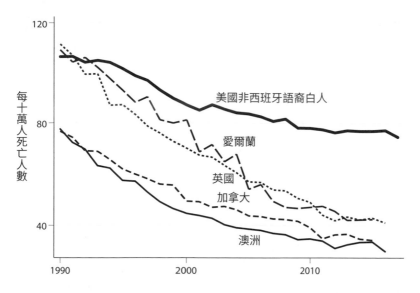

圖3.1　45–54歲男女的年齡調整心臟病死亡率。本書作者利用美國疾病控制和預防中心與世界衛生組織的數據計算得出。

在1990年代已縮減至年均2％，到了2000年代再降至年均1％，2010年之後甚至開始轉為上升。[7]

　　圖3.1顯示美國45歲至54歲白人的心臟病死亡率，以及英國和其他英語國家（加拿大、澳洲和愛爾蘭）的情況。1990年之後，在美國以外的英語國家，心臟病死亡率全都大幅降低，而且各國之間的差距大幅縮小；隨著反吸菸努力持續取得進展，加上預防性藥物普及（它們在所有富裕國家都很容易取得），這種情況符合預期。但美國是個例外，它在這方面再度與其他英語國家分道揚鑣。事實上，降低心臟病死亡率的進展顯著放緩，是圖2.1呈現的「美夢破碎」現象背後的一項重要因素。在第2章，我

們估計美國45歲至54歲白人本來可以少死60萬人，當中15％就是因為心臟病死亡率不再迅速降低；也就是說，問題並非僅限於絕望死。

在美國以外的英語國家，降低心臟病死亡率的努力直到2010年仍有可觀的進展。但是，這種進展到了2011年就戛然而止。類似形態也出現在美國的黑人和西班牙語裔身上，也就是心臟病死亡率穩步降低至2010年，隨後持平。這使得英語國家與其他富裕國家顯著不同，因為後者的中年人死於心臟病的風險在2010年之後繼續降低。或許在英語國家，預防工作已經很難再發揮顯著作用，又或者會想戒菸的人幾乎全都已經戒菸，但這無法解釋美國在心臟病死亡率方面的差劣表現——在1990年，美國的心臟病死亡率以國際標準而言相當高，因此進步空間應該是比較大，而非比較小。

我們著眼於藥物過量或自殺時，死因的歸類指向直接原因，但心臟病的情況大有不同，因為它有很多形式，也有很多潛在原因，因此要為圖3.1提出確定的解釋會困難得多。有一種可能是與絕望死有關的濫藥和酗酒，或許使人變得比較容易死於心臟病。雖然適量飲酒（女性每天一杯，男性兩杯），據稱可以增加「好」膽固醇（高密度脂蛋白膽固醇）和減少「壞」膽固醇（低密度脂蛋白膽固醇）的影響，長期大量飲酒可能增加高血壓的風險和導致心肌衰弱，使當事人罹患心臟病。暴飲（一至兩小時內喝三杯或更多），可能導致心律不整。濫藥與心臟病的關係比較複雜，因為不同的藥物對中樞神經系統有不同影響。甲基安非他命和古柯鹼（被稱為「引發心臟病的最佳毒品」）是會提高血壓和心率的興奮劑，會導致心臟病發作和心因性猝死的風險增加。濫用鴉片類藥物與心臟風險的關係，我們知道的比較少。近年的研究顯示，長效鴉片類藥物與心血管疾病致死很可能有關係，但這方面仍有很多研究必須做。[8]如果心臟衰竭或致命的心臟病發作是長期酗酒或濫藥造成的，此類死亡其實也可以歸入絕望死這個類別。

對中年心臟健康較普遍的威脅，看來是吸菸、高血壓和肥胖。美國的整體吸菸率過去二十年間雖然下降了，但某些地區的吸菸率居高不下（尤其是在中部東南普查區，也就是密西西比、肯塔基、阿拉巴馬和田納西四州），而且某些人口群體的吸菸率繼續上升，例如沒有學士學位的中年白人女性。堅持服用降血壓藥的人近年也有所減少。

迄今為止，關於心臟病致死最流行的說法是肥胖：美國人太胖了，在世界各國人民當中幾乎是最重的。許多學者早就預測肥胖率長期上升，將破壞國民健康進步的趨勢，而這種情況如今真的發生了。許多研究已經證明了肥胖的風險，包括容易罹患心臟病、高血壓和糖尿病。肥胖與糖尿病的關係尤其密切，如果當事人也患有心臟病，死於糖尿病可能常被記錄為死於心臟病。[9]暴食如同暴飲，是某些人承受壓力時的一種反應，也是他們面對生活中的困難和失望時的一種自我安慰方式；與肥胖有關的死亡，因此或許可以歸入絕望死這個類別。

　　我們在這裡並不採用這種說法，部分原因在於區分與暴食有關的心臟病致死案例非常困難。但肥胖的解釋遠非完整。肥胖悲觀論者高喊「狼來了！」已經很長一段時間，早在未有任何跡象之前，他們就預測美國人的預期壽命將開始降低。[10] 還有一種可能是肥胖相關風險近年有所降低，如今低於學者研究肥胖風險時的水準；那些研究必須追蹤研究對象很多年，而隨著新的療法和藥物面世，它們總是有可能還沒完成就已過時。肥胖增加心臟病風險的方式之一是藉由高血壓，降血壓藥普遍使用因此可能使肥胖變得比以前安全。

　　跨國比較也使我們發現，有關肥胖的影響還有許多未解之謎。1990年代中至2010年，英格蘭和澳洲45歲至54歲成年人的肥胖率上升情況幾乎與美國白人完全一樣，[11] 而在此期間，英國和澳洲的心臟病死亡率年均下降4％。2011年之後，美國黑人和西班牙語裔以及其他英語國家的中年人心臟病死亡率同時停止降低，我們因此不禁要問：是否還有其他因素在發揮作用？

　　無論最終原因是什麼，美國白人獨特的心臟病死亡率形態加上獨特的絕望死形態，導致中年白人死亡率1998年之後上升。我們可以把總死亡率的變化想像成一場拔河的結果：一方是心臟病防治進步拉低死亡率，另一方是絕望死增加拉高死亡率（起初力量微弱）。在1990年，心臟病防治進步占上風，總死亡率因此降低。隨著時間推移，心臟病防治進步的作用顯著減弱，絕望死這個殺手則愈來愈強，結果是總死亡率停止下降，某些中年群體的總死亡率甚至開始上升。

這種說法對我們的故事很重要，因為心臟病死亡率的水準因年齡而異，心臟病防治進步放緩的情況同樣因年齡而異，全因死亡率的拔河結果（上升或下降）因此是不同年齡組各有不同。就30歲左右的白人而言，心臟病不是重要死因，因此近二十年來，絕望死迅速增加推高了這個群體的全因死亡率。就40歲左右的白人而言，心臟病和癌症致死減少與絕望死增加拔河，雙方勢均力敵，直到2013年更致命的鴉片類藥物芬太尼流行開始顯著推高濫藥死亡率。就五十幾歲的白人而言，自新世紀開始以來，心臟病死亡率完全不再降低，濫藥、酗酒和自殺導致的死亡不斷增加，結果是全因死亡率持續上升。

並非只是中年問題，絕望死也影響較年輕的美國人

我們按照我們發現真相的順序講述這個故事，從中年總死亡率上升說起。然後我們著眼於直接原因——原來是因為白人絕望死大增，以及心臟病死亡率降低的速度減慢並最終轉為上升；在此之前，心臟病死亡率快速降低一直是總死亡率下降的主要原因。不幸的是，絕望死並非只是傷害中年白人，雖然老人大致不受影響，但在比較年輕的白人當中，絕望死也迅速增加，尤其是死於濫藥和自殺。

就45歲至54歲的白人而言，絕望死在1990年至2017年間增加了兩倍。在2017年，這個中年群體的絕望死亡率是最高的。但是，較年輕白人年齡組的情況也很惡劣，他們的死亡率以更快的速度上升，而且過去數年加速上升。

我們撰寫本書時，絕望死疫情正在惡化。在下一章，我們將提出一個關於這種流行病的故事；在這個故事裡，隨著時間推移，相對於同一年齡組早年的情況，每一個年齡組的境況都愈來愈差。與此同時，我們看到的中年死亡形態開始蔓延至老年。自2005年起，絕望死開始波及中年以外的群體。父母不應該看著自己的成年子女死去，這違反事物的正常秩序，子女應該為父母送終，而不是反過來。家裡有子女死去，哪怕是成年子女，家庭可能就此破裂；年華正茂、壽命理應未盡的人死去，也可能擾亂社區和工作場所。在本章開頭，我們看到曼寧先生因為兒子吸毒而自殺；事實上，在今天的美國，數以百萬計的為人父母者活在恐懼中，害怕打電話給他們的成年子女無人接聽，也害怕接到來自警局或急診室的電話。

第二部

戰場剖析

4

高低教育程度者的生與死

　　在肯塔基州，也就是貝琪・曼寧和瑪西・康納的丈夫自殺的地方，當地中年人2017年死於自殺、藥物過量意外或酒精性肝病的風險，比全美平均水準高三分之一。但並非所有肯塔基人都面臨相同風險，絕望死的風險確實大幅上升了，但問題僅限於沒有四年制大學學位的美國人。圖4.1顯示肯塔基州45歲至54歲白人二十多年來的絕望死亡率。1995年至2015年間，沒有學士學位者的絕望死亡率從每十萬人37人增加至137人，而擁有學士學位者的絕望死亡率則大致不變。

　　在美國，肯塔基州是居民教育程度相對較低的州之一，該州45歲至54歲的白人只有四分之一擁有學士學位。但是，沒有四年制大學學位的人絕望致死的風險迅速上升，是美國每一個州都面臨的問題。教育顯然是了解死者何人與原因何在的關鍵之一。死神從人們的動脈和肺部轉移到頭腦、肝臟和靜脈，但這種現象基本上僅限於沒上

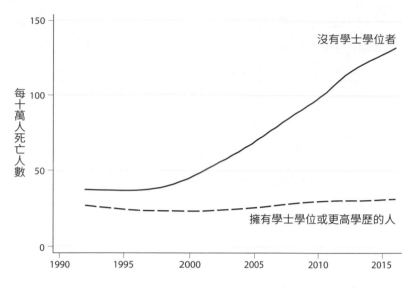

圖4.1　肯塔基州45–54歲非西班牙語裔白人的自殺、藥物過量和酒精性肝病死亡率，依教育程度分類。本書作者利用美國疾病控制和預防中心的數據計算得出。

大學的人。如果我們想了解沒有學士學位者承受的額外風險，我們就必須了解教育對人們的生活有何意義。

教育對生活的意義

2017年時，25歲以上的美國人當中，近40％的人最高學歷為高中畢業以下，27％的人曾接受某程度的高等教育，但沒有學士學位，33％的人擁有四年制學士學位或更高學歷。這些教育程度類別的人口比例，在1925年至1945年間出生的美國人當中變化很大；1940年代末，20歲至24歲成年人的在學比例為10％，到1960年代末時已倍增至20％。[1]在此之後,接受高等教育的人口比例緩慢增加:1945年出生者擁有學士學位的比例為四分之一,1970年出生者則有三分之一。1970年之後出生、1990年之後畢業的人,取得學士學位的比例則大致保持不變。

上過大學最顯而易見的好處是你可以多賺一些,而較高的收入可以支持你過比較好的生活。在1970年代末,擁有學士學位或更高學歷的人,平均比高中畢業者多賺40％。但到了2000年,經濟學家所講的這種「收入溢價」已經倍增至驚人的80％。[2]相對之下,受過一些大學教育但未取得學士學位的美國人,收入溢價在此期間變化不大:他們的收入比高中畢業者多15-20％。那些在1970年代初高中畢業並決定不上大學的人,不可能知道他們到了世紀末時將承受多大的損失。

許多以前不要求學士學位的工作如今有此要求,因此在大學畢業生的就業機會增加之際,學歷較低者的機會減少了。2017年,全美失業率位於3.6％的歷史低點,此時高中畢業者的失業率幾乎是擁有學士學位者的兩倍。2017年時,25歲至64歲、擁有學士學位或更高學歷的美國人84％有工作,最高學歷為高中畢業的人則只有68％有工作。[3]美國勞工的收入通常在45歲至54歲之間達到頂峰,2017年時,在這個年齡組中,高中畢業者高達四分之一沒有就業(擁有學士學位或更高學歷的人只有10％沒有就業),情況令人擔憂。

一如我們將看到,關於這種差異原因何在有很多爭議——可能是教育程度較低者根本不想工作，至少市場上的工資水準不足以吸引他們投入工作；也可能是他們想工作但無法工作，因為市場上沒有合適的工作，又或者因為他們失能。無論答案是什麼，事實仍是教育程度較高者在勞動市場占有顯著優勢。

隨著企業和政府採用愈來愈複雜的技術，並且顯著增加使用電腦，市場上對較高級的技術和能力的需求增加了，某種程度上這可以解釋高低教育程度者的收入和就業率差異。金字塔頂層的少數幸運兒才華出眾，成為對沖基金交易員、矽谷企業家、企業執行長、頂級律師或醫師，賺錢機會近乎無限，比過去多得多。在美國最大的350家公司中，2018年執行長平均薪酬為1,720萬美元，是勞工平均薪酬的278倍，遠高於1965年時的20倍。[4] 一百年前，收入最高的人是靠資本賺取收入；他們繼承了過去產生的財富。在那些靠利息和股息生活的人當中，必須為了生活工作是一種恥辱，女兒嫁給一名製造商更是最丟臉的事。如今，最高的收入並非來自繼承的財富，而是來自豐厚的薪酬（例如企業執行長），又或者高技能自雇者的經營利潤（例如顧問、醫師和律師）。從事此類工作需要的是教育，而不是家世。[5]

人們傾向與興趣和背景跟自己相似的人結婚。擁有大學學位的女性比較可能與受過大學教育的男性結婚。擁有大學學歷的女性曾經留在家裡、不外出工作，但到了二十世紀後期，她們普遍外出工作。因此，在大學學歷的勞動市場報酬上升、更多高薪專業職位向女性開放的時期，我們開始看到更多夫妻是兩人皆為高薪專業人士。學士學位或更高學歷不僅是通往高薪工作的門票，還是通往雙高薪婚姻的門票。

高低教育程度者的世界已經分裂，這是我們將在本書一再看到的一種分化。[6]在工作方面，現在的企業比較可能出現「教育隔離」現象（公司裡多數員工的教育程度非常接近），而如我們稍後將看到，企業正將許多低技能工作外包出去，這些工作過去在公司內部完成，教育程度顯著不同的人一起工作，同屬一家公司。高低教育程度者的居住地如今也分得比較清楚：成功人士住在房價高昂、沒那麼成功的人根本住不起的地方。地域隔離變得嚴重，高低教育程度者的孩子所上學校的品質差異因此擴大。位高權重的夫婦除了參與孩子學校的活動，比較沒有時間參與社區活動，高低教育程度者因此比較沒有機會互相認識、了解彼此關心的問題，或者參與共同的社會活動。這兩類人品味不同，光顧不同的餐廳，上不同的網站，看不同的電視頻道，從不同的來源獲取新聞，去不同類型的教會，讀不同的書。而如我們稍後將看到，他們對婚姻制度的重視程度顯著不同，而且差異愈來愈大。高教育程度者較晚結婚，比較可能維持婚姻，生孩子的時間晚得多，而且比較不可能非婚生子。

蓋洛普民意調查訪問了許多美國人，請他們在0到10的「生活階梯」上評價自己的生活——0代表「你能想像

的最壞生活」，10代表「你能想像的最好生活」。2008年
至2017年間，超過250萬人受訪，對自身生活的平均評分
為6.9。擁有學士學位或更高學歷的人平均分數為7.3，顯
著高於高中以下學歷者的6.6。這種「生活階梯」優勢，
約有一半源自教育程度較高者享有的較高收入，這也意味
著這種優勢非常可觀的一部分源自教育本身，或至少是教
育帶來的收入以外的利益。蓋洛普也問受訪者，是否每天
都能做一些有趣的事或自己喜歡的事？結果再度顯示，教
育程度較高者占有巨大優勢。[7]

教育與功績制度

教育程度較高的社會，其不同之處超出個人之間的差
異。至少在某程度上，人人皆受惠於高教育程度者的創新
成果和較高的生產力。提升機會平等是值得追求的目標，
人人都贊成為那些以前因為家庭背景或收入而被排斥的聰
明孩子提供教育機會。建立功績制度（meritocracy）是我
們這個時代的重大成就，沒有人會懷疑人人都有機會成功
和發揮自身能力大有好處。事實上，在某些領域，我們顯
然需要更健全的功績制度。一個很好的例子是誰成為發明
者；發明創造對經濟成長和未來的繁榮至為重要。出生於
所得分配最高1％家庭的孩子成為發明者的可能性，是出
生於所得分配最低50％家庭的孩子的10倍。功績制度在
這方面的失敗，使社會錯失了一些原本可以像愛因斯坦那
樣令世界變得比較美好的人才。[8]

功績制度也有弊端，這是英國經濟學家暨社會學家麥克・楊格（Michael Young）早就發現的。楊格1958年創造「功績制度」一詞，預料這種制度興起將製造社會災難。[9]

事實上，我們已經看到一個問題：有些工作以前沒有大學學位也可以應徵，但現在只接受有大學學位的人。如果那些工作（例如執法工作）由有學位的人來做比較好，則這種要求本身是好事。但如果有一些資源的供給是固定的，例如特別適合居住和工作的好地方，這些資源的分配將會對教育程度較低者非常不利。最嚴重的是，低教育程度群體失去他們最聰明的孩子，被剝奪了對群體本身有用的人才。這是楊格關心的問題，他寫道：「圍繞著國家支出分配的討價還價是才智的較量，落敗的必定是弱勢群體，他們最聰明的孩子流向敵營。」他指出，精英階層相對成功的真正原因是：「卑微者除了自己，不再有任何人為他們說話。」有才能的人如果缺乏向上發展的機會，就會錯失在較廣闊的世界裡發光發熱、造福他人的機會，但人才的流動對那些被離棄的地方和群體也是一種剝奪。楊格將教育程度較低的群體稱為「民粹者」，將精英階層稱為「偽善者」。[10]

六十年後，政治哲學家邁可・桑德爾（Michael Sandel）在關於我們這個時代的文章中，討論了功績制度的腐蝕效應：「制度鼓勵贏家認為他們成功全靠自己，反映他們的美德，並慫恿他們看不起沒他們那麼幸運的人。輸家可能會抱怨體制被操控了，贏家靠欺騙和操縱勝出。輸家也可能抱持一種喪氣的想法，認為他們失敗全怪自己，因為他們根本欠缺成功所需要的才能和動力。」[11]2019年一項民意調查顯示，只有一半的美國成年人認為大學正對國家產生積極影響；59％的共和黨人認為大學正對國家產生負面影響（共和黨正日益成為教育程度較低者支持的政黨。）[12]

在功績制度下，精英掌握權力是靠他們的能力而非家族財富或地位，他們因此比被他們取代的人更有能力。如前所述，這在很大程度上對個人和社會都有益。但是，一個新的群體成功之後，會做上一個群體曾經嘗試的事，也就是鞏固自己相對於下一代精英的地位。因為能力較強，他們可以更成功地為他們和他們的孩子執行一些排斥他人、建立自身優勢的策略；這些策略可以增進精英階層的私人利益，但對社會是有害的。有錢人可以付出更多錢，使他們的孩子在大學入學考試和個人陳述方面得到更多、更好的指導，也可以支付殘疾診斷費用，使他們的孩子有更多時間應付課業和考試。[13]

在現今美國這種不平等的功績制度下，通過考試、升遷、成為合夥人、投機成功、在選舉中勝出之類的功績獲得巨大獎勵；制度不但獎勵能力和美德，也獎勵欺詐和拋棄長久以來的道德束縛——這些束縛如今被視為成功的障礙。「如果你不作弊，你就不算真正努力」，這句話並非僅適用於運動界。不平等的功績制度很可能會出現這種情況：公共行為的標準相當低，精英中有些人相當腐敗，又或者被非精英階層視為相當腐敗。2019年的大學入學醜聞是個極端的例子：一些有錢的家長為了自己的孩子能進入美國的頂尖大學，不惜行賄。我們估計，功績制度在現今極不平等的美國興起，促成了眼下企業界「贏家通吃」和嚴酷得多的氛圍。[14] 或許假以時日，功績制度會自我毀滅。[15]

死亡與教育

人們早就知道，在美國，教育程度較低者死亡率較高。教育有助預防疾病，情況之一是人類已經掌握某種疾病的學理，但教育程度較高者比較容易掌握這些知識。人口統計學家山繆・普勒斯頓（Samuel Preston）和邁克・海恩斯（Michael Haines）已經證明，在二十世紀初，也就是人們尚未普遍掌握解釋疾病的微生物理論時，「醫師孩子的死亡率並沒有比一般孩子好，可見當時醫師手上沒什麼武器可以提高生存率。到了1924年，醫師孩子的死亡率比全國平均水準低35％。教師的孩子同樣快速進步，所有專業人士在此一時期都大有進步。」[16] 舉一個較接近現在的例子：在美國公共衛生署1964年公布有關吸菸如何危害健康的報告之前，按教育程度劃分的各群體吸菸率非常接近。在此之後，各群體的吸菸率開始出現顯著差異：教育程度較高者比較可能戒菸，開始吸菸的可能性也比較低。當然，這無法解釋為什麼在吸菸的健康風險眾所周知逾半個世紀之後，教育程度較低者的吸菸率仍然較高，知識顯然並不決定一切。研究經常發現，社會地位不同的人，健康相關行為往往不同，而地位本身可能是理解這種形態的關鍵之一。[17]

　　健康相關行為如今仍因教育程度不同而有顯著差異。2017年時，高中以下學歷的美國成年白人（25歲以上）是活躍菸民的可能性，高達擁有學士學位或更高學歷者的四倍以上（29％對7％），曾接受高等教育但沒有學位者則介於兩者之間（19％）。2015年時，沒有學士學位的白人有三分之一的人肥胖，擁有學士學位者肥胖的比例則不到四分之一；此外，沒有學士學位者在控制高血壓方面也顯著退步。擁有學士學位者也比較高，平均比沒有學士學位者高半吋（1.3公分）左右──這反映了他們小時候健康和營養狀況比較好。[18]

　　拜這些因素所賜，我們如今看到，擁有與沒有學士學位的白人之間的死亡率差距迅速擴大。整體而言，美國45歲至54歲白人的死亡率自1990年代初以來一直保持不變，但這掩蓋了一個事實：沒有學士學位者死亡率上升了25％，擁有學士學位者的死亡率則下降了40％。[19]2017年時，擁有學士學位或更高學歷的人，收入是沒有學士學位者的兩倍，這說明了教育程度較高者在生時的優勢。他們中年死亡的風險僅為沒有學士學位者的四分之一，這說明了他們在死亡方面的優勢。

　　雖然心臟病和癌症死亡率差距擴大，皆為不同教育程度者之間死亡率差距擴大的原因，但他們之間的全因死亡率差距擴大，主要是因為沒有學士學位者的絕望死亡率大幅上升。圖4.2顯示美國的整體情況，男性和女性分開呈現。

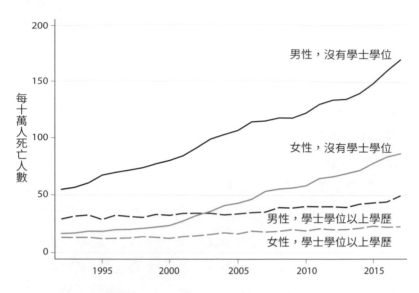

圖 4.2　濫藥、酗酒和自殺死亡率，45–54 歲非西班牙語裔白人。本書作者利用美國疾病控制和預防中心的數據計算得出，數據根據該年齡組平均年齡上升的情況加以調整。

　　在 45 歲至 54 歲這個年齡組中，無論男女，擁有學士學位者絕望致死的可能性低得多。1992 年時，有學位與無學位男性的絕望死亡率已有明顯差異。教育程度較低的男性總是更可能死於酗酒、濫藥或自殺，但隨著絕望死愈來愈流行，高低教育程度男性的絕望死亡率差距迅速擴大；到了 2017 年，教育程度較低男性絕望致死的可能性，是教育程度較高者的三倍以上。

　　在 1990 年代初，白人女性無論教育程度如何，死於酗酒、自殺或濫藥的風險相當低。早期媒體報導我們的研究時，經常強調「憤怒的」男性白人死去，我們認為這是因為人們無法想像女性以那些方式奪走自己的生命。她們過去確實沒有那麼做，但這種情況已經改變了。相對於男性，女性自殺的可能性較低（我們掌握的數據顯示，世界各地都是這樣，連中國也是；中國曾經是個例外），死於酒精性肝病或藥物過量的可能性也較低。但圖4.2顯示，絕望死這種流行病對男性和女性的影響幾乎同樣嚴重──無論是自殺、藥物過量還是酒精性肝病，全都是這樣。有些人在媒體上指出，這種流行病對女性的衝擊比較嚴重，但我們認為並非如此，這場災難對男女一視同仁。[20]

生不逢時＆生得逢時

圖4.3呈現所有成年白人的絕望死情況，不再僅限於中年人。在這裡，我們將美國成年人分為擁有和沒有大學學位兩大類，兩者皆畫出多個出生世代（同一年出生的

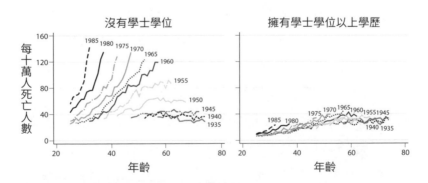

圖4.3　濫藥、酗酒和自殺死亡率，非西班牙語裔白人，1992–2017年，依出生世代呈現。本書作者利用美國疾病控制和預防中心的數據計算得出。

人）的絕望死亡率如何隨著年齡增長而改變。花時間觀察
這張圖是值得的，因為它對理解發生了什麼事很重要，也
因為我們將在隨後各章使用類似的圖。不同美國人的命運
取決於他們在何時出生、何時完成學業、何時開始工作，
這些圖表有助我們看清這一切。

　　左圖顯示沒有學士學位者的情況，右圖顯示擁有學士
學位或更高學歷者的情況。雖然這兩張圖的繪製方法完全
一樣，左圖顯然比較容易看出不同出生世代的差異。每一
條線代表一個出生世代，也就是同於某年出生的人，圖
中標出了每一個世代的出生年分；最左那條線代表1985
年出生的世代，最右那一條代表1935年出生的世代。橫
軸顯示年齡；我們掌握的數據僅容許我們畫出1992年至
2017年間的死亡率變化，在這段期間，每一個出生世代都
老了26歲。為了使圖中曲線較容易分辨，我們僅畫出相
隔五年的出生世代，圖中每一條曲線顯示每一個出生世代
的絕望死亡率如何隨著年齡增長而改變。

　　觀察左圖，我們可以看到，在沒有大學學位的白人當
中，一個世代愈是年輕，絕望死風險愈高。例如在45歲
時，1960年出生世代的絕望死風險比1950年出生的世代
高50％，而1970年出生世代的風險更是兩倍以上。沒有
學士學位的白人出生得愈晚，絕望死的風險愈高——在
任何年紀都是這樣。除了最老的世代（1935年和1940年
出生的人），每一個世代的絕望死風險都隨著年齡增長而
上升。此外，愈是年輕的世代，絕望死風險隨著年齡增長

而上升的速度愈快。

　　呈現擁有學士學位者情況的右圖則截然不同，不同出生世代的曲線幾乎疊在一起，難以區分，不像左圖那樣呈現巨大的世代差異。與教育程度較低者一樣，絕望死風險隨著年齡增長而上升，至少到60歲是這樣，但每一個世代的絕望死風險隨年齡增長而上升的軌跡幾乎相同。仔細觀察會發現，不同世代之間仍有差異，但比教育程度較低者的世代差異小得多，較年輕世代的表現稍微差一些。但是，採用人口統計學家的說法，擁有學士學位者當中沒有或只有非常小的「世代效應」；隨著年齡增長，每一個世代的絕望死風險變化非常相似。

　　非西班牙語裔黑人無論教育程度高低，各出生世代的絕望死形態與擁有學士學位的白人非常相似──絕望死亡率隨年齡增長而上升，但各出生世代之間的差異非常小。黑人並沒有愈晚出生者情況愈糟的問題。

　　1935年出生的非西班牙語裔白人（在圖4.3中，他們的年紀為60歲至80歲），擁有與沒有學士學位者的絕望死亡率差別僅為十萬分之三。但是，高低教育程度者的絕望死亡率差別隨後大幅擴大：1960年出生的世代（在圖4.3中，他們的年紀為近40歲至近60歲），擁有與沒有學士學位者的絕望死亡率差別，是1935年出生世代的10倍。絕望死這種大災難衝擊教育程度較低的白人，而且愈晚出生愈是災情慘重，教育程度較高者受到的影響則輕微得多。

　　回到十九世紀，甚至在涂爾幹1897年發表有關自殺的奠基性研究之前,教育程度較高者自殺的可能性較高。[21]
絕望死這種流行病,扭轉了這種長期存在的形態。在 1935
年至 1945 年之間出生的世代中,擁有與沒有大學學位者
的自殺率大致相同;但是,從 1950 年代初出生的世代開
始,沒有學士學位者面臨較大的風險。在此之後,教育程
度較高與較低者之間的自殺風險差異,愈晚出生者愈大。
就 1980 年出生的白人而言,沒有學士學位者的自殺可能
性是擁有學士學位者的四倍。二十一世紀的自殺與過去的
自殺不同,發生在不同的人身上,我們可以合理假定,自
殺的原因也不同。

5
黑人與白人之死

　　在連載漫畫*Doonesbury*中，B. D.和他的朋友Ray聊天，Ray聲稱美國黑人和拉美裔不受絕望死流行影響，因為他們習慣了痛苦和貧困。B. D.諷刺地將這種「免疫力」稱為「黑人的特殊優勢」。[1]這種說法之所以諷刺，是因為中年黑人在死亡風險方面遠非占有特殊優勢，正如他們在生活中許多其他方面也遠非占有特殊優勢。

　　過去四分之一個世紀裡，至少直到2013年，美國黑人並未像白人那樣，受絕望死不斷增加的問題衝擊。但是，在二十世紀較早時候，受快克古柯鹼和愛滋病流行影響，黑人曾面臨死亡危機。此事發生之前，低技能黑人勞工經歷了一段大規模失業的時期。當時美國城市的舊城區流失大量的製造業和運輸業工作，這導致社會動盪、許多人脫離勞動市場，以及家庭和社區生活解體。一如隨後的章節將指出，這個故事與過去二十五年裡教育程度較低的白人的遭遇有許多相似之處。勞動市場開始變得對最低技能勞

工不利時，首當其衝的是黑人——這既是因為他們的技能較低，也是因為長期存在的歧視問題。數十年後，受衝擊的變成了教育程度較低的白人，他們之前長期受白人的特殊優勢保護。有關黑人與白人不幸遭遇的原因，人們的爭論也非常相似：有人認為問題主要在於缺乏機會，有人則認為是道德敗壞。黑人與白人的遭遇，不同之處可能主要在於何時發生（when），而非發生了什麼事（what）。

我們將更詳細地講述這個故事，但一如既往，我們先交代基本數據。

黑人與白人死亡率的基本事實

圖5.1顯示1968年以來美國中年（45歲至54歲）黑

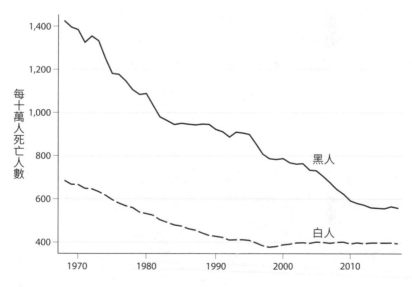

圖5.1　中年（45–54歲）黑人與白人的死亡率，1968–2017年。本書作者利用美國疾病控制和預防中心的數據計算得出。

人和白人的死亡率。[2] 黑人死亡率降低的速度快於白人，但黑人死亡率一直高於白人，至今仍是。自 1930 年代以來，黑人的死亡率一直高於白人，當年黑人的中年死亡率是白人的 2.5 倍，情況令人震驚。

黑人與白人的死亡率差距已經縮小，但在不同時期以不同速度縮小。1960 年代末，白人死亡率因為早年很多人吸菸的後遺症而幾乎停止下降，黑人與白人的死亡率差距當時迅速縮小。到了 1980 年代，死亡率幾乎停止下降的變成是黑人，當時快克古柯鹼和愛滋病流行嚴重打擊黑人社群，我們稍後將再談此事。

自 1990 年起，黑人死亡率恢復下降趨勢，因此在白人死亡率於 1990 年代末停止下降時，黑人與白人的死亡率差距迅速縮小。差距縮小是大好事，但如果這在更大程度上是因為黑人死亡率快速降低，而不是白人死亡率停止降低，那就更好了。圖 5.1 最右方顯示黑人中年死亡率停止下降、轉為上升，我們稍後也將討論這一點。

有一點很明顯但很重要：在圖 5.1 顯示的整段時期，黑人的死亡率一直高於白人。就死亡率的水準而言，黑人的表現不如白人。但另一方面，黑人死亡率降低的速度快於白人。就此而言，我們可以說黑人的表現優於白人，儘管黑人的死亡風險還是高於白人。無論何時，我們將盡可能釐清我們是在談死亡率的水準，還是死亡率的變化速度。一般而言，人們比較重視死亡的風險，而不是死亡率的變化速度；就此而言，白人仍享有特殊優勢。即使白人的死亡率上升，白人與黑人的死亡率水準仍有非常顯著的差異：黑人2017年的死亡率僅略低於白人四十年前的死亡率。

在 *Doonesbury* 漫畫中，B. D.覺得黑人有某個健康指標（無論是其絕對水準還是變化速度）好過白人是很奇怪的事，這一點不難理解。一個令人沮喪的事實是：生活中某一方面處於弱勢，往往意味著在其他方面也處於弱勢。群體之間的健康差異，通常與這些群體之間在社會、經濟和教育方面的差異同時存在，而在美國，黑人比較可能過著貧困的生活，比較不可能擁有大學學位，而且他們至今仍面臨歧視。因此，在黑人的全因死亡率下降之際，白人的死亡率卻上升，這確實是既不尋常又令人驚訝的事。

當前絕望死疫情下的黑人與白人

在二十一世紀初，黑人死亡率下降的速度快於白人，主要是因為黑人並未受絕望死（濫藥、自殺或酗酒致死）流行衝擊。圖5.2顯示1992年至2017年間，45歲至54歲白人（黑線）和黑人（灰線）的絕望死亡率。我們在第4章看到，是否擁有大學學位對死亡率影響很大，我們因此將擁有與沒有大學學位者的死亡率分開呈現。

在約四分之一世紀的時間裡，黑人無論是否擁有大學學位，中年絕望死亡率大致持平或下降，白人的死亡率則上升，沒有大學學位者尤其如此。無論是黑人還是白人，擁有與沒有大學學位者的差別都非常大。

近年黑人死亡率上升，是當前鴉片類藥物危機與黑人

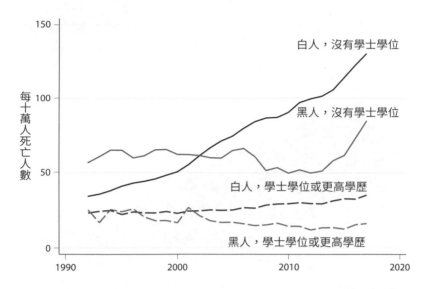

圖5.2 中年（45–54歲）黑人與白人、擁有或沒有大學學位者的濫藥、酗酒和自殺死亡率，1992–2017年。本書作者利用美國疾病控制和預防中心的數據計算得出，死亡率已根據年齡調整。

社群以前的濫藥問題互相影響的結果。我們將在第9章看到，最近的濫藥潮由芬太尼帶動，芬太尼是一種比海洛因強得多、也危險得多的鴉片類藥物。早年黑人濫藥問題，在黑人社群中留下許多可以穩定生活的長期癮君子。毒販開始在海洛因或古柯鹼中摻入芬太尼之後，那些長期癮君子開始死於吸毒，因為在他們不知情的情況下，以往安全的劑量變成了致命的混合毒品。黑人的全因死亡率2014年觸及低點之後，涉及合成麻醉劑（如芬太尼）的死亡增加，可以完全解釋45歲至54歲者死亡率上升的現象。此類死亡增加，約一半涉及合成麻醉劑與海洛因混合使用，約一半是與古柯鹼混合使用。此外，如第2章談到，心臟病死亡率降低趨勢告一段落（可能與濫藥致死增加有關）。在這些事件發生前，當前的濫藥致死潮主要是白人的問題。

　　早年的濫藥和酗酒潮導致許多黑人死亡，當前這一波則導致許多白人死亡。但在自殺死亡率方面，黑人與白人截然不同。在美國，黑人自殺的可能性遠低於白人；過去五十年裡，黑人的中年自殺率幾乎完全不變，目前僅為白人的四分之一左右。該比例並非固定，而是隨年齡改變，但黑人自殺率遠低於白人是早就存在的事實，涂爾幹1897年出版的有關自殺的奠基性著作就已經注意到這一點。[3]有關這個現象的原因，目前沒有公認的說法。喬治·辛普森（George Simpson）在他為涂爾幹那本書的英譯本所寫的導讀中，概括了涂爾幹的觀點：或許「系統性的壓迫和弱勢地位，導致個體調整適應我們所有人都面臨的人類生存的痛苦和悲劇。」[4]他還提出一個至今仍有意義的見解：黑人自殺率較低，證明弱勢地位本身不是自殺的原因。

美國黑人的絕望

　　我們將指出，二十世紀中葉美國舊城區黑人的遭遇，預示了二十一世紀低教育程度白人的遭遇。在1987年出版的著作《真正弱勢者》（*The Truly Disadvantaged*）中，傑出的社會學家威廉·朱利爾斯·威爾森（William Julius Wilson）講述了前者的故事。

　　在1960年代末和1970年代初，美國舊城區黑人受雇於製造和運輸等舊經濟產業。隨著戰後來自外國的競爭開始增加，經濟重心從製造業轉向服務業，城市的角色從製造中心轉為行政與資訊處理中心，美國黑人在原本取得最大進步的領域大受打擊。這是一個關於失業和社會解體的故事；威爾森指出，住在城市的黑人主要受雇於容易受經濟結構變化衝擊的領域，而經濟結構變化的例子包括「經濟重心從製造業轉向服務業，勞動市場低薪與高薪部門兩極化的問題日趨嚴重，技術創新，以及製造業遷離中心城市。」[5]面對這些變遷，加上國會通過《房屋公平交易法》，教育程度較高和比較成功的黑人搬離舊城區，而他們遺棄的社區出現愈來愈多社會病態狀況，包括黑人家庭狀況惡化，最終衍生犯罪和暴力活動。

因為找不到適合結婚（也就是有工作）的伴侶，許多女性未婚懷孕和未婚產子。一如楊格之前預料，隨著最有才華、最成功的人遷離舊城區，舊城區社群被剝奪了它們最傑出的人才。就1960年代的黑人而言，國會通過民權法案助長了此一現象。許多社區原本既有專業人士，也有體力勞動者，高低教育程度者皆有，後來不但流失愈來愈多高教育程度的成功人士，連只是有工作的人也愈來愈少；這對社區產生惡劣的影響，年輕人受到的傷害特別大。威爾森將舊城區黑人社群面臨的問題歸咎於「勞動市場大規模的有害轉變，因此造成空間集中（spatial concentration），以及這些地區與黑人社群較富裕部分隔離的問題。」[6]經濟學家拉古拉姆‧拉詹（Raghuram

Rajan）撰文討論現今類似情況時指出，才能出眾、受過良好教育的年輕人，紛紛流向成長中、成功的高科技城鎮。[7]

在 1980 年代，美國舊城區黑人社群曾面臨快克古柯鹼氾濫的危機。那場危機與當前的鴉片類藥物危機既有差別，也有相似之處。快克古柯鹼很便宜，能使人立即興奮起來，非常容易上癮。隨著上癮者設法找錢滿足毒癮，犯罪率顯著上升。毒販在街頭爭奪地盤，結果是年輕黑人男子之間的殺人案急增。雖然快克古柯鹼至今仍可買到，而且仍是一種禍害，但這波濫藥潮到了 1990 年代中期就已大致消退。原因何在至今仍有爭論，但下列兩項因素看來皆產生了作用：最初迷上快克古柯鹼的人變老了，而年輕一代因為目睹這種毒品毀掉家人和朋友的人生，對它相當厭惡。最近的研究顯示，快克濫藥潮繼續產生長遠的負面影響，因為它使舊城區流通的槍枝數量永久增加。[8]此外，正如我們稍早提到，這波濫藥潮留下許多癮君子，結果近年芬太尼流行導致他們的死亡率上升。

1980 年代濫藥潮的近因是舊城區快克古柯鹼氾濫，1990 年代中期之後濫藥潮的近因是白人為主社區鴉片類處方藥氾濫，而這些濫藥潮通常有近因以外的其他原因。在這兩個案例中，勞動階級工作長期流失都是一股根本的力量，先是 1970 年代北部城市的黑人失業，然後是近年美國大部分地區教育程度較低的白人失業。受全球化、技術變革、員工醫療成本上升和經濟重心從製造業轉向服務業影響，企業裁減教育程度較低的員工──先是黑人受到衝擊，然後是教育程度較低的白人。

在這兩波濫藥潮中，看似可以舒緩心理或肉體痛苦的毒品，可用（堪稱）相宜的價格買到，對那些渴望利用它們解悶的人構成致命誘惑。在快克古柯鹼流行期間，舊城區居民幾乎沒有什麼正當的發展途徑。在鴉片類藥物危機中，受害者是教育程度較低的白人，其中很多人看不到光明的經濟前景，在生活中其他方面也沒什麼前途可言，結果成了濫藥、酗酒和自殺潮的受害者。不過，我們不應誇大這兩波危機的相似性，尤其是在比較今天的黑人與白人時。絕望死包括死於自殺，不同種族的自殺情況顯著不同。

美國黑人在1970年代和1980年代的不幸，被普遍歸咎於黑人文化失敗。丹尼爾‧派屈克‧莫尼漢（Daniel Patrick Moynihan）曾是哈佛大學社會學教授，1977年至2001年擔任參議員（民主黨籍，代表紐約州），也曾擔任詹森和尼克森政府的顧問。1965年，他寫了《黑人家庭》（*The Negro Family*）這份著名的報告，[9]在當中指出，家裡沒有父親是美國黑人社群的一個關鍵問題，並將問題的根源追溯至奴隸制。政治學家查爾斯‧莫瑞（Charles Murray）在《受挫》（*Losing Ground*）一書中，採納了根本問題不在於缺乏機會這個觀點，他也指出，旨在扶貧的福利措施正在破壞勞動，並且助長不良行為。莫瑞後來的著作《分崩離析》（*Coming Apart*）將低教育程度白人當前的許多問題歸咎於他們自身道德敗壞，尤其是不再勤勞；也就是說，他們對工作謀生和養家已經失去興趣。[10]

　　在本書第 11 章，我們將檢視勞動市場的情況，並將
證明莫瑞的論點無法解釋低教育程度白人近年的遭遇。如
果很多人退出勞動市場，工資理應上漲；但在二十世紀末
和二十一世紀初，工資隨著就業率下跌而降低，清楚顯示
問題在於勞動力需求縮減而非供給減少。至於較早時期
的黑人苦難，我們支持威爾森的見解：「保守派關於底層
階級生活和行為的論斷，因為缺乏直接證據和看似循環論
證，說服力大為減弱。他們的論斷看似循環論證，是因為
他們從有待解釋的底層階級行為推斷出文化價值觀，然後
利用這些價值觀解釋那些行為。」[11]

6

在生者的健康狀況

在《安娜·卡列尼娜》中，托爾斯泰有此名言：幸福的家庭無不相似，不幸的家庭各有各的不幸。我們很懷疑這句話是否正確，但死亡與疾病無疑與此相似：人如果不是死了就是活著，但生病卻有許多不同的情況。形式多樣的疾病損害你的能力，使你難以過對你有益的生活；借用經濟學家暨哲學家阿馬蒂亞·沈恩（Amartya Sen）的話，疾病削弱你的能力。[1] 在本章，我們將探討衡量健康狀況不佳的若干方式；我們將看到，這些指標全都顯示，美國中年人除了死亡率上升，健康不佳的情況也愈來愈普遍。除了許多人未老先死，還有很多人的生命正變得沒那麼值得維持下去。絕望死涉及絕望，而疾病是其中一部分。

疾病和死亡同時增加不是必然的事。雖然面臨死亡風險的人（例如因為酗酒或癌症）死前確實健康不佳，但一地人口的健康狀況與死亡率沒有必然的關係。如果死去的是病得最重的人，死亡率上升甚至可以提高在生者的平均健康水準。有時候，一種新的治療方法可以拯救很多人的性命，但這也意味著很多人將帶著非致命的慢性病活下去；以抗反轉錄病毒藥物治療愛滋病就是一個例子。

本章著眼於在生者的健康狀況，相關數據看起來很不好，教育程度較低者尤其如此。在中年白人死亡率上升之際，在生者的健康指標愈來愈差。認為自己健康很好或極好的人減少了，受疼痛、嚴重的精神痛苦和日常生活困難困擾的人愈來愈多。不少人表示，他們的健康狀況使他們較難維持工作。無法工作會導致收入減少，進而造成其他方面的困苦，而對許多人來說，工作本身是滿足感和意義的來源之一。無法與朋友共度時光，不能外出用餐，不能去看球賽或只是閒逛，全都會使生活變得貧乏。一如死亡，健康惡化似乎特別針對教育程度較低的勞動年齡人口。

衡量在生者的健康狀況

世界衛生組織將健康定義為「身體、精神和社會適應上的完好狀態，而非只是沒有疾病或不虛弱。」[2]根據這個寬廣的概念，健康有很多指標可以觀察，既有反映健康良好的正面指標，也有反映病況的負面指標。在英文中，在生時健康狀況不佳的專門名詞是morbidity，死亡則是mortality。生病有許多不同方式，各有不同指標，有些指標由年度身體檢查得出。化驗血液和尿液樣本，可以得出有關膽固醇、糖尿病，以及心臟、腎臟和肝功能的指標。你的醫師或其他醫療專業人員也會測量四種「生命徵象」：血壓、脈搏率、體溫，以及呼吸率。近年醫師也常詢問疼痛情況——疼痛有時被稱為第五種生命徵象，我們稍後將會討論。

即使沒有專業人員的協助，你也能掌握自己的一些健康指標，包括你是否超重；是否抽菸和喝酒，以及抽多少菸和喝多少酒；你在身體和情感上大致感覺如何；你能應付哪些活動、不能應付哪些活動，包括你是否能夠工作；你是否偶爾或經常感到疼痛，如果是，痛得多嚴重。好醫師也會詢問你的心理健康狀況，以及你的社會和情感生活。失去工作、朋友或配偶，可能造成強烈的情感痛苦。好醫師也明白，沒有損傷但覺得痛並不罕見，不能斥為「全是你的想像」，而情感上的痛和肉體上的痛，兩者之間沒有明確界線。

試圖提出單一的健康綜合指標（例如說你73％健康）是沒有意義的。一個人是生是死，乃非此即彼、簡單明瞭的事；健康與病態則有太多面向，不可能有一個簡單、無爭議的指標。有些指標難免比其他指標「軟」，例如血壓或脈搏率是比較「硬」的指標，當事人覺得自己健康或生活如何則是比較「軟」的指標。我們往往只能仰賴當事人的自我評估：生活過得如何、是否受疼痛困擾，都是當事人說的，不是醫學專家評估的結果。一個人的生活過得如何、是否持續受疼痛困擾，除了當事人，世上沒有熟知情況的專家。忽視當事人的感受是不對的，即使醫學（和經濟學）專業在歷史上大部分時間裡都犯了這個錯誤。

　　在美國，一個人死去之後，所有相關資料都必須記錄在正式的死亡證上；我們在之前各章檢視的死亡率資料，正是源自這些死亡紀錄。這種生命統計方式，是世界各地富裕國家的標準做法。但是你去做身體檢查，或因為健康問題去看醫生，結果不會有統一的紀錄，因此美國並沒有關於肥胖、高血壓或膽固醇水準之類的全民資料庫。在聯邦醫療保險制度下接受治療的人，其醫療紀錄確實有集中儲存，但這些紀錄缺少關於病人特徵的資料；因此，雖然它們提供有關病情、治療方式和費用的大量資料，但有關病人個人特徵的資料就少得多。在政府提供醫療服務的一些斯堪的納維亞國家，所有醫療活動都有紀錄，而且這些資料至少原則上可以與當事人的其他資料聯繫起來，例如有關當事人的教育程度、婚姻史、收入，以及稅務狀況。

　　在美國，我們仰賴針對家庭或個人的抽樣調查，多數是美國疾病控制和預防中心做的，雖然民間也有一些重要的調查。這些調查當中規模最大的是行為風險因素監測系統（Behavioral Risk Factor Surveillance System, BRFSS），[3]它是以州為基礎、由疾病控制和預防中心協調執行的電話調查，要求受訪者報告與健康有關的資料。BRFSS（發音為 burr-fuss）每年訪問約四十萬名美國成年人，要求他們評估自己的健康狀況，報告疼痛之類的狀況，以及影響健康的行為，也就是健康風險因素，例如吸菸、飲酒、身高和體重，以及運動習慣。

　　我們也引用美國國民健康訪問調查（National Health

Interview Survey, NHIS）提供的數據，[4]該調查每年探訪約三萬五千個家庭，深入訪問當中一名成年人，並且蒐集所有其他家庭成員的資料。這些調查也詢問人們與醫療系統的接觸，例如是否曾獲醫療專業人員告知他們患有癌症、高血壓或心臟病。這些報告是有用的，但它們並非僅取決於疾病的流行程度，還取決於人們是否普遍就醫，以及診所對診斷檢測的積極程度。例如近年甲狀腺癌確診人數大幅增加，但該疾病的死亡率沒有變化；由此看來，甲狀腺癌的實際發病率並未大幅增加，只是診斷檢測遠比以前積極。許多診斷檢測對服務提供者來說相當賺錢，過度檢測（以及隨後的過度治療）總是有可能發生。就我們在此討論的問題而言，如果各地過度檢測的情況各有不同，區域或全國健康形態就會被扭曲。

因為BRFSS和NHIS具有全國代表性，並且每年都做，我們可以利用它們比較美國民眾的長期健康狀況，從中尋找健康和健康行為改善或惡化的跡象。BRFSS或NHIS這種規模的調查成本高昂，而且仰賴受訪者報告自身健康狀況，而不是基於身體檢查和實驗室化驗的結果。有些調查以身體檢查和實驗室化驗結果為基礎，它們的規模通常小得多，是在特別設計、並非固定於某地的中心進行的。[5]這些較小型的調查可能蒐集血液樣本，並由醫療專業人員測量受訪者的身高、體重和血壓，而不是由受訪者報告自身情況。或許並不令人驚訝的是，人們會系統性地誤報自己的身高和體重；許多人五十歲之後會變矮，但他們記得自己年輕時的身高，並將它當成現在的身高提報（就像在回憶以前的美好日子），雖然這種情況較常發生在男性身上，相對之下，女性則傾向低報自己的體重。[6]人們某程度上幻想自己的情況改善是可以理解的，但了解真相對科學研究是好事。醫療專業人員往往對男性長者（包括本書作者之一）自行提報的身高持懷疑態度，在發現他們提報的身高準確時會表示驚訝。檢查式調查不但可以蒐集人們自己無法知道的健康資料，還可以針對較大型、較低成本、侵入性較低的調查提供的資料進行交叉比對。

在生者的狀態：美國人對自身健康的評估

在有關健康的問題中，最簡單的一個莫過於要求受訪者為自己的健康狀態評級，可以選擇的五個級別為：極佳、非常好、良好、一般、不好。挑剔這種問題是很容易的，或許不同的人對「極佳」或「非常好」的理解各有不同——有些人可能非常堅強，身處一般人早就垮掉的環境仍感覺良好。這種問題的答案無疑受個人和社會對健康的期望影響——在貧窮國家，最窮的人對自身健康狀況的評估往往好過有錢人，因為如果他們承認自己的健康差到無法工作，將無法承受後果。[7]我的健康「良好」嗎？「良好」是相對於什麼而言？儘管如此，提出這種問題得到的答案，往往與其他健康指標吻合，包括一些可以客觀驗證的指標。此外，或許令人驚訝的是，這些答案提供的健康相關資料，超出醫師可以從全面的身體檢查得到的。[8]這種

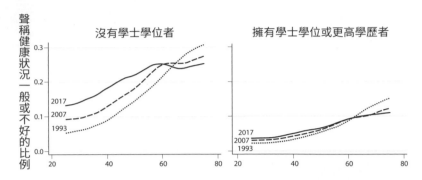

圖6.1　美國非西班牙語裔白人聲稱自己健康狀況一般或不好的比例，1993–2017年。本書作者利用BRFSS的資料計算得出。

報告含有真實資料，但若有可能，最好是可加以核實——這種核實工作可以在資料無法核實時給予我們信心。

　　圖6.1顯示根據BRFSS的資料，美國非西班牙語裔白人聲稱自身健康狀況為一般或不好的比例（我們將這兩個類別合稱為健康「不佳」）。每一條曲線反映某一年25歲至75歲的非西語裔白人聲稱自己健康不佳的比例。考慮到教育程度對白人的絕望死亡率影響很大，我們在此分別呈現高低教育程度者的情況：左圖顯示1993年、2007年和2017年沒有學士學位者的情況，右圖顯示擁有學士學位或更高學歷者的情況。左圖和右圖的縱軸，都是受訪者聲稱自己健康狀況不佳的比例。

　　無論是高教育程度者還是低教育程度者，聲稱自己健康狀況不佳者的比例皆隨年齡增長而增加；隨著年齡增長，我們更有可能遇到疼痛問題和影響健康的慢性疾病。事實上，如果聲稱健康狀況不佳者的比例並未隨年齡增長而增加，我們會認為受訪者自行申報的健康狀況不是有用的健康指標。無論如何，該比例隨年齡增長而上升，意味著人們並非只是相對於同齡者評斷自己的健康狀況——如果是這樣，圖6.1中的線應該是平的；一般而言，人們的健康狀況接近同齡者的平均水準。

聲稱健康狀況不佳者的比例，因教育程度不同而顯著有別。例如在1993年，40歲的白人當中，沒有學士學位者聲稱健康狀況不佳的可能性，幾乎是擁有學位者的三倍（8％對3％）。但圖6.1最值得注意的一點，是沒有學士學位者的曲線如何隨著時間推移而移動。（我們也有這段期間其他年分的結果，但為了清楚呈現趨勢，我們略去那些年分。）在沒有學士學位者當中，較年輕的人（左圖中25歲至50歲或55歲的人）自報的健康狀況隨著時間推移而變差。例如，就40歲的人而言，聲稱自己健康狀況不佳者的比例在1993年至2017年間增加了一倍（從8％增至16％）。在擁有大學學位的人當中，隨著時間推移，聲稱健康狀況不佳者的比例也略有增加（一如他們的絕望死亡率），但相對於教育程度較低的人，這種增幅顯得微不足道。

在同一時期，60歲以上白人自報的健康狀況卻呈現向好的趨勢：聲稱自己健康狀況不佳者的比例，隨著時間推移而降低。到了2017年，在沒有學士學位的白人當中，60歲以上者自報的健康狀況好過接近60歲的人。這個令人費解的結果，源自我們利用同一張圖呈現不同出生世代的情況。就沒有學士學位的白人而言，較晚出生的世代在同一年紀自報的健康狀況不如較早出生的世代,因此產生了看似異常的結果。

自報健康狀況不佳者的比例隨著時間推移顯著增加,這種現象僅發生在沒有學士學位的白人身上;由此看來,問題並非不同出生世代對自身健康狀況的評估改變了,較晚出生的世代變得對疼痛或慢性病更敏感,自報的健康狀況因此變差了。若是那樣,擁有學士學位的白人理應出現相同變化。並非巧合的是,沒有學士學位者的健康狀況隨年輕改變的形態,與第2章討論的死亡率變化形態一致,皆為老年人的情況向好,中年人的情況惡化。一如絕望死的情況,自報的健康狀況變差至少在1990年代初就開始了,隨後趨勢逐漸增強——事情遠在2008年金融危機之前就發生了。死亡率上升之際,健康不佳者的比例也上升;愈來愈多白人中年早逝,沒死的人則聲稱自己健康狀況不佳。[9]

在生者的狀態:其他指標

圖6.1顯示教育程度較低的中年白人自報的健康狀況惡化,這種情況也反映在其他健康指標上;圖表的形狀因指標而異,但事實是中年白人在許多方面的情況很不好,沒有學士學位者尤其如此。特別重要的一個例子是心理健康,這裡討論的心理健康是以凱斯勒心理痛苦量表(Kessler Psychological Distress Scale)衡量。自1997年以來,美國國民健康訪問調查(NHIS)會針對受訪者過去

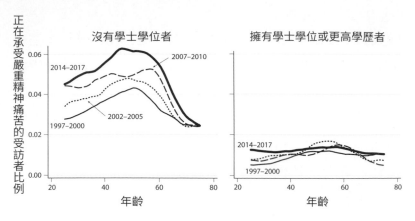

圖6.2　嚴重精神痛苦的情況，美國非西班牙語裔白人，依教育程度區分。本書作者利用 NHIS 的數據計算得出。

一個月的感覺問一系列六個問題，並根據他們出現每一種感覺的頻率綜合計算出一個分數。這個分數如果超過某個門檻，受訪者就會被視爲正在承受嚴重的精神痛苦。這些問題詢問受訪者多常感到悲傷、緊張、不安、絕望、沒有價值，以及「每一件事都很費力」；這些感覺都可能使人絕望。圖 6.2 顯示 1997 年至 2017 年間，美國白人的精神痛苦與年齡的關係：左圖顯示沒有學士學位者的情況，右圖顯示擁有學士學位者的情況，受訪者的年齡介於 25 歲至75 歲之間。兩張圖的縱軸皆爲根據凱斯勒心理痛苦量表，受訪者正在承受嚴重精神痛苦的比例。

　　就沒有學士學位者而言，中年出現嚴重精神痛苦的風險最高，最危險的時候落在 40 歲至 60 歲之間——在這個年紀，工作、養育孩子和照顧年邁父母的壓力可能都非常大。在 1990 年代末，嚴重的精神痛苦在年輕成年人和老年人當中並不常見，但在過去二十年裡，年輕成年人在這方面惡化的程度，與中年人一樣嚴重。一如自報的健康狀況，精神痛苦惡化的趨勢同樣是緩慢而穩定的，在2008年金融危機之後的經濟大衰退期間，看來並未因為經濟困難而加速惡化。50歲左右、沒有學士學位的白人承受嚴重精神痛苦的比例，從1997-2000年的4％，增加至2014-2017年的6％。

　　一如絕望死，擁有四年制大學學位者的精神痛苦情況（圖6.2的右圖）看起來截然不同。這個群體出現嚴重精神痛苦的風險同樣是中年人最高，但風險僅為沒有學士學位者的四分之一。在擁有學士學位的年輕成年人中，承受嚴重精神痛苦者的比例隨著時間推移有所增加，但相對於沒有學士學位者的情況就顯得微不足道。

　　其他指標也顯示，教育程度較低者的健康狀況正在惡化。在下一章，我們將說明疼痛也是這樣（疼痛在本書的角色特別重要）。但除此之外，還有更多指標顯示情況令人擔憂。健康調查針對「工具性日常生活活動」的調查顯示，中年白人在日常活動方面也開始出現困難。自1997年以來，NHIS詢問受訪的成年人，他們覺得走四分之一哩（約400公尺）、爬十級台階、站或坐兩個小時、外出購物或看電影、在家裡放鬆、與朋友共度時光，對他們來說有多困難。在處於工作年齡、沒有學士學位的白人當中，覺得這些活動相當困難的比例愈來愈高，但這種情況並未發生在擁有學士學位的白人身上，也沒有發生在年長者（65-74歲）身上。在沒有學士學位、25歲至54歲的白人當中，表示外出購物或看電影有困難者的比例、表示在家裡放鬆有困難者的比例，過去二十年裡增加了50％，表示與朋友共度時光有困難者的比例則接近倍增。無法與朋友共度時光，不但使人失去人生中最愉快和最重要的其中一項活動，還可能使人面臨自殺的危險。

白人的肥胖率上升，可能也是他們的健康狀況惡化的原因之一。超重可能使人較難享受日常活動，尤其是在當事人不再年輕時。肥胖通常以身體質量指數（Body Mass Index, BMI）為衡量標準。BMI的定義是體重（以公斤為單位）除以身高（以公尺為單位）的平方。如果你的BMI超過30，你就符合「肥胖」的正式標準；如果你的BMI低於18.5，你就是「體重過輕」。（本書兩名作者，其中一人符合「肥胖」的標準，另一人則接近「體重過輕」，我們因此知道自己在說什麼。）但是，美國人的肥胖率上升無法解釋這些健康指標為何惡化，原因很簡單：美國人無論BMI屬於體重過輕、體重正常、超重或肥胖的級別，健康狀況皆呈現類似的惡化趨勢。美國中年人的健康惡化，並非只是因為他們變胖了。

不過，有一項指標沒有變差，那就是吸菸人口比例。在美國25歲至64歲的非西班牙語裔白人當中，吸菸率持續下降，但沒有學士學位者的吸菸率仍相對高得多。1993年至2017年間，吸菸率穩步上升的唯一群體是45歲至54歲、沒有大學學位的女性；但她們的吸菸率增幅也不大，

僅為2至3個百分點。我們覺得驚訝的是，整體而言，沒有
學士學位者的吸菸率降低了，但他們濫藥、酗酒和自殺的
死亡率卻上升了；本書作者之一曾是菸民，以前吸菸安撫
人的作用很像飲酒，雖然吸菸加飲酒的作用可能更大。同
樣值得注意的是，美國的吸菸率遠低於許多其他富裕國家。

工作的能力

　　生病本身會損害生活品質，也會干擾重要的活動，其
中有些有直接價值（例如與朋友共度時光），有些則既有
直接價值，也有工具價值（例如工作）。注意，不能工作
與失業不同，失業率會隨著經濟狀況波動而起伏。相對之
下，至少從1990年代初開始，處於工作年齡的白人聲稱
自己無法工作的比例穩步上升。一如圖6.1和6.2呈現的白
人自報的身體和心理健康狀況，聲稱自己無法工作者的比
例，也因教育程度而有巨大的差別。在45歲至54歲這個
向來代表收入高峰期的年齡組中，沒有學士學位的白人聲
稱自己無法工作的比例，從1993年的4％大增至2017年的
13％。至於擁有學士學位的白人，該比例起初很低，隨後
一直保持在低位，介於1％至2％之間。

　　有些無法工作的人有資格領取國家提供的社會安全失
能給付。是否符合資格取決於當事人在社會安全制度下繳
款的年數、當事人殘疾的性質，以及當事人雖有殘疾，是
否仍有能力做某種工作。就此處的討論而言，值得關注的
問題之一，是失能給付制度可能誘使人們聲稱自己無法工

作，以便逃避工作，仰賴其他人的勞動成果生活。[10]本章提到的一些指標，當然有可能因為這種問題而遭到扭曲。如果你正在領取失能給付但其實沒有殘疾，遇到統計調查人員時，你可能會覺得明智的做法是謹記自己正因為無法工作而領取失能給付，然後向調查人員表示自己確實沒有能力工作。

我們很難確定失能給付制度並未扭曲美國人的健康指標，但我們估計即使有扭曲，問題也應該不大。[11]一如本章和討論疼痛問題的下一章指出，健康指標惡化的趨勢在許多不同方面都非常一致。此外，在那些因為沒有工作經歷而沒有資格領取社會安全失能給付的人當中，聲稱無法工作的人也顯著增加了。最重要的是，各種健康問題增加與死亡率上升的趨勢一致。或許有些人假裝生病以領取給付，但事實上愈來愈多人未老先死，這無疑證明美國社會真的出現了嚴重的問題。

結語

我們講了一個死亡與疾病同時增加的故事，有些東西正在使美國人的生活變糟，對教育程度較低的白人尤其如此。賦予生活價值的關鍵能力正受到損害，包括工作的能力和與其他人享受生活的能力。嚴重的精神痛苦正在增加。當然，生活品質惡化的人比死去的人多得多，但這種惡化無疑是那些死亡的背景。在下一章，我們將探討另一種健康問題——疼痛，它將社會解體與絕望死聯繫起來。

7
疼痛之苦與疼痛之謎

王國降臨時
歡樂一如夏日樂趣般短暫
幸福歷程已經告終
痛苦接著登場肆虐。
　　　——瑪雅・安吉羅（Maya Angelou），
　　　　獲頒「總統自由勳章」作家與詩人

　　疼痛在我們的敘事中有其特殊位置。社會與社群困境、勞動市場、政治、企業利益，全都圍繞著疼痛發生衝突，而疼痛是它們各自影響絕望死的管道之一。

　　在我們尋找死亡背後故事的過程中，疼痛在顯然不同的脈絡中不斷出現。疼痛是自殺的一個重要風險因素；受害者認為自己正在承受無法忍受的疼痛，而且情況永遠不會好轉。治療疼痛是鴉片類藥物氾濫的根源之一。大腦天然的類鴉片系統既控制欣快感，也控制疼痛舒緩功能。人們使用描述疼痛和傷害的言語，講述源自拒絕、排斥或喪失的「社交疼痛」（social pain），而證據顯示，社交疼痛的神經認知過程與生理疼痛有一部分相同，後者可能源自踢到腳趾、切到手指或關節炎。泰諾（Tylenol）止痛藥對社交疼痛和生理疼痛同樣有效。近年來，美國人聲稱出現更多疼痛，教育程度較低者尤其如此。[1]

這些聯繫符合我們支持的敘事，那就是教育程度較低的美國人疼痛增加，可追溯至他們的社會和經濟生活緩慢解體，結果疼痛成為將生活解體與自殺和成癮聯繫起來的東西之一。絕望死的故事往往涉及疼痛。

美國的疼痛問題

每年都有更多美國人說他們受疼痛困擾，而疼痛增加最多的是沒有大學學位的中年人。史懷哲（Albert Schweitzer）曾寫道：「疼痛是比死亡更可怕的人類的主宰。」數以百萬計的美國人的生活因為疼痛而受到損害；有些人無法工作，有些人無法按照自己的意願與朋友或心愛的人共度時光，有些人無法睡得好，有些人因為基本能力受損，無法過正常、充實的日常生活。疼痛可能破壞食欲，導致疲勞，妨礙傷口癒合；在極端情況下，疼痛會削弱當事人的生存意志。

老化，即使是健康地老化，也會帶來更多疼痛；關節炎是最常見的疼痛原因，但不是唯一原因。即使如此，在今天的美國，因為中年疼痛快速增加，結果出現了這種異常情況：中年人聲稱出現的疼痛比老年人更多。人們疼痛有許多原因，但許多人的疼痛根本沒有可辨識的原因。根據美國國家科學院、工程學院和醫學院的資料，超過一億美國人受慢性疼痛（持續至少三個月）困擾。[2]許多此類慢性疼痛找不到造成疼痛的損傷或原因，因此無法對症下藥消除疼痛；許多醫療專業人員如今視慢性疼痛本身為一種疾病，雖然醫學界對它的了解仍然不足，也未開發出有效的療法。長期以來，疼痛被視為身體對大腦發出訊號，要求處理身體的損傷；如今這種觀念已被摒棄，改為這種認識：所有疼痛均涉及人的心智，而社交苦惱（social distress）或同理苦惱（empathetic distress）可能像身體損傷那樣引起疼痛。[3]疼痛的一個有用定義是：「當事人說感到疼痛，那就是疼痛，而疼痛出現於當事人說它出現的時候。」[4]疼痛唯一的權威是病人本身，不是醫師或科學家。

　　疼痛的普遍程度因職業而異，相對於坐在辦公室或對著電腦螢幕工作的人，體力工作者比較容易受傷或受疼痛困擾。隨著年齡增長，體力工作者也比較可能出現疼痛狀況；他們的身體出現損傷的速度快於一般人。[5]因為這個原因，加上其他因素，疼痛在教育程度較低者當中比較普遍，而且隨著年齡增長，增加的速度更快。事實上，在英文中，labor（主要意思為勞動）一詞往往與pain（疼痛）同義，例如labor pain是陣痛的意思，而在《創世紀》中，上帝對亞當的懲罰是他必須辛苦勞動才可以餬口，人類從此必須承受痛苦的勞作。Pain與penalty（懲罰）這兩個字，均源自同一個拉丁文字根。

　　疼痛與工作可以互為因果，相互影響。受疼痛困擾的人可能無法工作，也可能申請失能保險給付；有些人可能會懷疑這種申請，而這個問題早就引發了關於疼痛真相的法律、政治和學術爭論。我們有儀器可以測量體溫或血壓，但沒有儀器可以提供一個疼痛指數，使我們知道當指數超過某個門檻即可視為失能。想像一下這種儀器的應用往往是有用的：或許將來會出現一種「疼痛測量儀」，利用植入人體的感測器，準確測量當事人的整體疼痛程度，並在額頭顯示疼痛指數。在這種技術面世前，「當事人說感到疼痛，那就是疼痛」，這種疼痛定義對殘疾政策構成顯而易見的問題。

　　以治療疼痛為業務的公司，例如生產止痛藥的藥廠，有它們自己的目標，而這些目標未必與疼痛患者的最佳利益一致。製藥公司銷售治療疼痛的藥物，賺取以十億美元計的利潤，但在醫師開出更多止痛藥處方的同時，更多美國人聲稱受疼痛困擾。製藥公司希望提高產品的銷量，也希望說服政府盡可能放寬對藥物銷售的規管。企業的行為，以及如何規管它們以保護公眾利益，也是疼痛故事的一部分。

有關疼痛的事實

　　蓋洛普定期向一個相當大的美國人樣本蒐集資料，它問的問題之一是：受訪者「昨天」（也就是受訪前一天）

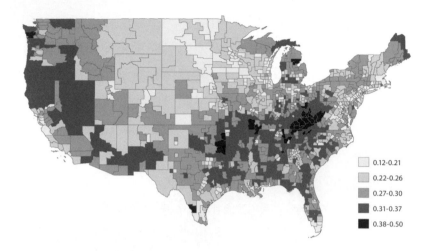

圖7.1　疼痛的地理分布，25–64歲非西班牙語裔白人，2008–2017年。本
書作者利用蓋洛普的追蹤數據計算得出。

是否有很多時間出現身體疼痛？我們利用蓋洛普的數據檢
視疼痛問題在美國的地理分布，以小區域為單位——如
果一個郡的人口夠多，小區域就是一個郡；如果一個郡人
口不夠多，小區域則是數個相鄰的郡。美國有三千多個
郡，其中有些郡以山區和林地為主，我們將這些郡集合成
約一千個小區域，每個區域至少有10萬人。圖7.1為美國
25歲至64歲非西班牙語裔白人的疼痛分布圖，顯示的是
2008年至2017年的平均情況，深色部分代表當地有較高
比例的人聲稱受疼痛困擾。[6]

　　在這一千個區域中，聲稱昨天受疼痛困擾的受訪者比
例與自殺率密切相關，因此也與絕望死亡率相關。疼痛的
地理分布給予我們重要啟示：美國西部、阿帕拉契、南

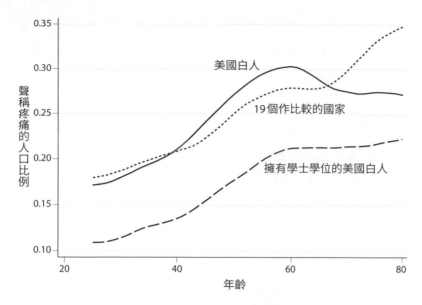

圖7.2 聲稱昨天受疼痛困擾的人口比例，美國白人與作比較的國家。本書作者利用蓋洛普追蹤數據和蓋洛普世界調查計算得出。

部、緬因州、密西根州北部的情況相當差；北中部平原（North Central Plains）、東北部95號州際公路／國鐵走廊沿線和加州灣區聲稱受疼痛困擾的人則少得多；此外，我們也再次看到，教育程度較高的地方，當地人的健康問題較少，疼痛也不例外。在失業率和貧窮率較高的地區，聲稱疼痛的人口比例也比較高。[7]當地2016年投票給川普的人口比例，也與聲稱疼痛的人口比例密切相關。

圖7.2利用同樣的數據畫出2008年至2017年期間，180萬名年齡介於25歲至80歲的白人受訪者聲稱疼痛的比例。實線顯示所有白人當中受疼痛困擾者的比例：從

25歲者的17％，升至60歲者的30％，然後從這個峰值降至27％，保持該水準至80歲。注意，這張圖並非顯示同一批人的疼痛率如何隨著年齡增長而改變；圖中右邊的人（60歲至80歲）和左邊的人（20歲至40歲）是不同的人。

　　這條實線有個非常奇怪的地方：年齡增長通常會帶來疼痛，雖然有些人似乎可以永遠保持年輕，但平均疼痛率無可避免將隨年齡增長而上升。體力勞動者往往較快因為年齡增長而受疼痛困擾，例如快遞人員因為常搬重物，終於出現背痛問題，而礦工或農場工人則經常面臨受傷的風險。這些人退休時，疼痛可能暫時減少和減輕，但一段時間之後，無可避免的老化後果將會出現。因此，我們預期疼痛率曲線隨著年齡增長而上升，到60歲左右大致持平一段時間，然後再度向上。但圖7.2中的實線看起來並非如此：六十幾歲的人，受疼痛困擾者的比例反而高於80歲的人。雖然疼痛最嚴重的人很可能較早死去，在生者因此較少疼痛，但死亡率從不曾高到足以完全抵銷老化對在生者疼痛率的正常影響。

　　蓋洛普在世界上多數國家，也問受訪者有關疼痛的同一問題。[8] 受訪者樣本沒有美國那麼大，但如果把那些國家綜合起來，可以得出每一個年齡組的可靠疼痛率。圖7.2中間的虛線代表美國以外19個富裕工業國的整體情況。[9] 2006年至2017年間，這些國家總共貢獻了超過24.3萬個數據點。這條線在年輕成年人的部分貼近美國的曲線，但在40歲之後就與美國曲線有顯著差異。這些國家的疼痛率隨年齡增長而改變的情況，比較接近我們的預期：疼痛率隨著年齡增長而上升，在正常退休年齡左右持平一段時間，然後恢復上升趨勢。美國白人遇到的事並未發生在這些其他富裕國家，一如中年死亡率上升僅發生在美國，並未發生在這些其他國家。

圖7.2最下方那條曲線顯示擁有學士學位的美國白人的情況，提供了最後一道線索。最上方那條實線顯示所有白人的情況。教育程度較高者在任何年紀的疼痛都少得多，聲稱疼痛的比例比全體國民低三分之一左右，但他們的疼痛率形態也接近我們的預期：疼痛率隨著年齡增長而上升，在退休年齡左右持平一段時間，隨後恢復上升（雖然上升速度比較慢）。即使擁有四年制大學學位，也無法防止關節炎。

一旦我們意識到，沒有學士學位的美國白人近年疼痛率急升，我們就能解釋圖7.2顯示的不同疼痛率形態。圖中的美國老年白人並未遇到疼痛率急升的問題，如果我們追蹤他們一生的情況，他們的疼痛率不會出現中年時期急升的現象。同樣地，雖然我們必須等到將來掌握相關數據之後才能證實我們的猜測，但我們估計，如果我們追蹤現在的中年白人，他們老後的疼痛率將遠高於今天的老年白人，這是非常令人沮喪的一項預測。美國的中年白人目前正受異常嚴重的疼痛困擾，但他們進入老年之後的情況估計還將慘痛得多。

如果我們追蹤同一群人在一段很長的時間裡的疼痛率

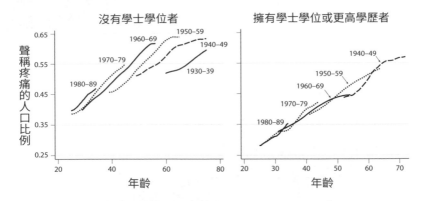

圖7.3　美國非西班牙語裔白人受頸痛、背痛或關節痛困擾的比例，1997–2017年。本書作者利用NHIS的資料計算得出。

變化，或至少追蹤同一年出生的人（就像我們在第4章利用各出生世代的數據那樣），就能清楚看到這一點。因為蓋洛普的數據可追溯的時間不夠久，我們轉為仰賴國民健康訪問調查（NHIS）。NHIS問受訪者：過去三個月裡，你是否曾受持續超過一天的頸痛、背痛，又或者慢性關節痛困擾？如果我們利用這些數據畫出疼痛率與年齡的關係圖，會看到與利用蓋洛普數據畫出的圖7.2相似的形態。不同的是，我們現在還可以追蹤一個接一個出生世代的疼痛率如何隨著時間推移而改變（同樣區分高低教育程度者），一如我們在第4章分析絕望死那樣。圖7.3呈現這種分析的結果，出生世代以十年為一組，從1930-1939年出生者一直畫到1980-1989年出生者。左右兩張圖均顯示，如果我們追蹤同一群人隨著年齡增長的變化，會發現疼痛率隨著年齡增長而上升，一如我們所預期。

　　在圖7.3中，每一個出生世代都並未出現疼痛率在60
歲左右由升轉跌的跡象，但如果我們著眼於任何一年裡不
同出生世代的疼痛率，就能看到圖7.2出現的疼痛率趨勢
逆轉現象。在沒有學士學位者當中，疼痛率隨著年齡增長
而上升，但較晚出生者的疼痛率終其一生都比較高。左圖
最右邊顯示的是1930年至1939年出生者60歲和更老時的
情況，可以看到他們愈老就有愈高比例的人疼痛。左側
的線顯示1940年至1949年出生者的情況，疼痛率的上升
趨勢大致相同，但他們在任何一個年紀的疼痛率，都高於
1930年至1939年出生者。在沒有學士學位者當中，愈晚
出生的世代疼痛率愈高。

　　右圖顯示擁有學士學位者的情況，可以看到一個世代
的疼痛率偶有顯著高於上一世代的情況，但在任何一個年
紀，不同世代的的疼痛率通常十分接近。擁有學士學位者
的疼痛率曲線，很像疼痛率隨著年齡增長而變化的自然形
態；沒有學士學位者因為某些原因，愈晚出生的世代疼痛
率愈高，而這種情況幾乎完全沒發生在擁有學士學位者身
上。這意味著圖7.2顯示的疼痛率在中年達到最高點、隨
後降低的形態，完全源自沒有學士學位者。[10]

　　解釋疼痛率上升的一種說法，或許可稱為「雪花效
應」，它認為現在的人比較多是「雪花」，不像以前的人
那麼堅強。以前的人會嘲笑那些接受牙科治療時使用奴佛
卡因（Novocain）麻醉劑的人，而父母也不關心孩子的疼
痛問題；以前的人似乎接受疼痛是正常生活的一部分。我

們不能排除「雪花效應」這種解釋，但我們實在難以相信脆弱的雪花全都是教育程度較低的人。

圖7.3呈現的疼痛率世代形態，很像圖4.3呈現的絕望死世代形態。絕望死和疼痛均隨著年齡增長而增加，但沒有四年制大學學位的人情況比較特別：在他們當中，愈晚出生的世代遇到愈多疼痛，而且絕望死風險也高於較早出生的世代。

過去四分之一個世紀裡，在整個中年時期，黑人聲稱遇到背痛、頸痛或關節痛的比例比白人低20％，高低教育程度者皆然。但是，沒有學士學位的黑人和白人均出現愈晚出生的世代疼痛率愈高的現象。黑人和白人近二十多年的死亡率趨勢顯著不同，但他們的疼痛率世代形態非常相似，這意味著我們必須另尋可以解釋濫藥、酗酒和自殺死亡率差異的因素（我們之後將再討論這個問題。）如果疼痛是絕望死的原因之一，它對黑人的影響因為其他因素而被抵銷了。

疼痛增加的原因和後果

因為疼痛既可以是其他事情的因，也可以是其他事情的果，例如工作，釐清疼痛增加背後的故事並不容易。但我們可以觀察各種相關性和形態，利用它們思考可能成立的故事。

故事之一是美國人愈來愈重，而肥胖帶來疼痛。這是真的，但它只能解釋問題的一小部分。在2010年代，壯年（25歲至64歲）白人的體重高於1990年代末，其中擁有四年制大學學位者的平均BMI，從體重「正常」的範圍上升至「超重」的範圍。[11]沒有學位者的平均BMI，則在「超重」的範圍內進一步上升，肥胖的比例（BMI高於30）從20％增至30％。肥胖可能導致更多疼痛，體重過高顯然可能傷害背部和關節。比較1997-2000年與2014-2017年，我們發現這兩段時期的BMI變化，可以解釋背痛、關節痛和頸痛增幅的四分之一。這並非微不足道，但也意味著四分之三的疼痛率升幅有待解釋。

多數人想到的另一種可能，是許多人因為失去好工作，而且只能轉為從事較差的工作，結果承受更多的在職疼痛。如果我們談的是社交疼痛，這完全是有可能的，但身體疼痛就不大可能。許多工作至少都有某種程度的受傷風險或疼痛風險（即使身體沒有明顯損傷）。當然，人們的疼痛程度（以NHIS中的頸痛、背痛和關節痛指標衡量），確實取決於他們從事的工作類型。管理層和專業人士，以及從事銷售或行政工作的人，聲稱遇到的疼痛問題少於從事體力或藍領工作的人，例如從事農場、營建、機械操作、運輸或搬運工作的人。警察和消防部門是證明規律存在的例外情況，在這些部門，你必須沒有嚴重的疼痛問題才可以保住工作——我們懷疑職業運動員和軍人也是這樣。[12]但是，職業類型的變化無法解釋美國人近年疼痛增加的現象，因為變化趨勢是從疼痛風險較高的職業轉向風險較低的職業。如果一名勞工失去他在通用汽車的裝配線工作，或在某家鋼鐵廠的工作，轉為從事零售業的最低工資工作，他的收入將會減少，而他也可能對這種轉變非常不滿；但是，裝配線工作是疼痛風險較高的工作，通常比在麥當勞和沃爾瑪工作導致更多身體疼痛。[13]

因此，如果我們要講述勞動市場的變化導致美國人疼痛或絕望死增加的故事，這個故事不可能是許多人從體能要求較低的工作轉為從事體能要求較高的工作。當然，還有其他機制可能導致勞工疼痛增加。收入減少與疼痛增加有關，而疼痛完全有可能與工作本身無關，而是因為當事人喪失他作為勞工的地位和意義，又或者因為在原本工會勢力龐大的城鎮，靠薪酬不錯的工作支撐的社會結構瓦解了。一些實驗證實，社會排斥導致的疼痛在大腦中引起的作用，與身體受傷引起的疼痛相似。果真如此，勞動階級緩慢毀滅（我們將在後面的章節中詳細說明），大有可能是慢性疼痛增加的原因之一。

在疼痛增加之際，申領失能給付的美國人也大增，尤其是在社會安全制度下申領失能給付的人。視乎你選擇怎麼想，領取失能給付的人增加，可以視為一件好事（因為制度承認民眾的疼痛和疾病增加，並且予以照顧），也可以視為一件壞事（因為很多人選擇不工作，靠其他人的勞動成果生活；他們宣稱自己因為疼痛或憂鬱而無法工作，這兩種情況都無法客觀測量。）有些人很不客氣地將他們眼中詐領失能給付的人稱為chiselers（騙子）、malingerers（裝病以逃避工作的人），或takers〔取者，相對於makers

（製造者）〕。我們確信有人為了自身利益而操縱失能給付
制度，但考慮到教育程度較低者承受的疼痛，以及疼痛形
態與絕望死形態高度吻合，我們估計裝病以逃避工作的人
不多。

自1990年代中期以來，美國人大幅增加使用鴉片類止
痛藥，但疼痛問題卻大增，此類藥物是否有效因此大受質
疑，而且它們還可能產生嚴重副作用，包括成癮和死亡。
當然，我們無法排除這種可能：若不是大量使用鴉片類止
痛藥，美國人的疼痛問題會更嚴重，而疼痛問題大增，是
因為我們尚未查明的原因產生巨大影響，超出鴉片類止痛
藥所能控制的程度。

女性聲稱遇到的疼痛多過男性，這並非只是美國的情
況，而是世上多數國家的普遍情況，因此我們不大可能從
中看到美國疼痛故事的獨特之處。圖7.3顯示，美國沒有
學士學位的人是愈晚出生愈多疼痛，這種形態是男女皆
然；另一方面，擁有學士學位的人並未出現這種形態，同
樣是男女皆然。

我們也可以檢視看似與疼痛增加有關的個人特徵，其
中之一是失業，或較廣泛而言，脫離勞動市場。這完全不
奇怪，因為失能往往是人們不工作的原因之一。聲稱疼
痛的人也表示，他們變得較難外出購物、在家放鬆、與
朋友社交往來，或輕鬆步行約四百公尺。沒有學士學位的
人受較嚴重的障礙困擾；同樣的疼痛對教育程度較低者構
成較多的活動限制。疼痛也與嚴重精神痛苦的風險高度相

關──沒有學士學位者的這種相關性,是擁有學士學位
者的兩倍。

隨著夏日消逝,幸福與歡樂也告一段落,「痛苦接著
登場肆虐。」

8
自殺、濫藥與酗酒

　　2017年，15.8萬名美國人死於我們所講的絕望死，也就是死於自殺、藥物過量、酒精性肝病或肝硬化。這種人命損失，相當於每天三架坐滿人的波音737 MAX飛機失事，而且機上人員無一生還。在本章和下一章，我們著眼於這些絕望死的背景，闡述有關它們如何及為何發生的已知事實，並討論這是否有助我們理解為什麼在過去二十年裡，絕望死在教育程度較低的美國人當中增加得那麼快。

　　三種絕望死全都涉及死者自己的行為──自殺最顯而易見，但濫藥或酗酒（吸毒、飲酒過量，或太長期如此）也是這樣。很久以前，社會學家涂爾幹就指出，為了理解自殺（另外兩種絕望死可說也是這樣），我們必須超越個人，放眼社會，尤其是著眼於社會的解體和動盪如何導致它無法再為成員提供一種可以過有意義生活的環境。[1]涂爾幹認為教育程度較高的人比較可能自殺，但在美國眼下的絕望死疫情中，自殺增加主要發生在教育程度較低的人身上，一如疼痛和疾病增加的情況，這在歷史上可能是獨一無二的。弔詭的是，這種情況其實與涂爾幹的觀點一致，因為目前動盪不安的正是低教育程度白人的世界。涂爾幹如果在世，想必會預測，隨著社會和經濟動盪破壞這些白人的生活，他們將有愈來愈多人因此自殺。

當生活似乎不再值得過下去，當死掉似乎比活著更好時，人就會自殺。絕望的感覺可能存在已久，例如當事人患了絕症或長期抑鬱，也可能突然出現，源自突發的憂鬱——英國驗屍官的說法是：「心理平衡被擾亂了。」多數自殺涉及憂鬱症或其他精神疾病；2017年，美國有4.7萬人死於自殺。

自殺是一種絕望死；不過，如果當事人利用毒品或酒精來逃避痛苦、孤獨和焦慮，可能導致自殺的情況就會產生沒那麼極端的結果。毒品和酒精可以引起一種快感，至少可以暫時解除身體或精神上的痛苦。隨著時間的推移，人體可能對這些麻醉品產生愈來愈強的耐受性，結果是產生相同的快感將需要愈來愈大的劑量，有些人因此對毒品或酒精成癮。成癮不是醫學專門名詞，它是描述這樣的一種狀態：當事人絕對需要使他成癮的東西，所有其他東西變得次要；當事人成為那種癮的奴隸，為了保護、滿足癮頭，不惜撒謊或偷竊。人們常說，癮是一座監獄，它的鎖在裡面，但越獄完全沒有因此變得容易一些。「自私的大腦」只關心如何滿足那種癮，[2]當事人無法顧及自己做些什麼、造成多大的破壞，或是摧毀了多少人的人生。

　　借用一名海洛因吸食者在康復過程中的話，成癮「往往（顯然）始於喜歡毒品產生的感覺（溫暖、欣快、親密感），或喜歡它能消除某些感覺（創傷、孤獨、焦慮），通常是同時喜歡這兩者。」[3]溫暖、欣快、親密感與正考慮自殺者的感覺恰恰相反。一名權威寫道：「所有動物的大腦，都有快樂中樞和痛苦中樞，人類也不例外。這些中樞由神經傳導物質控制，這些物質經由許多不同機制非常有力地影響行為；所有被濫用的藥物都刺激大腦的快樂中樞，並抑制大腦的痛苦中樞。」[4]

　　吸毒者和酗酒者的自殺風險比一般人高得多。當毒品或酒精已經難以帶來快感，又或者當事人努力戒掉惡習但故態復萌，因此感到羞愧、無用和憂鬱，當事人就可能覺得死掉好過繼續沉淪於毒癮或酒癮。許多自殺者同時有成癮和憂鬱問題，心理學家暨作家凱‧瑞德菲爾德‧傑米森（Kay Redfield Jamison）寫道：「毒品和情感疾患往往引發彼此最惡劣的影響：只有一種問題已經很可怕了，兩種問題同時存在則可能會致命。」[5]酒癮的後果可能與毒癮一樣嚴重，對當事人及親人皆如此。毒癮或酒癮使自殺顯得更誘人；正受成癮問題困擾的人往往已經失去生活中賦予生活價值的那些部分。但是，許多人即使受毒癮或酒癮控制，即使明白不戒掉惡習將會失去性命，他們並不想死。

　　人們早就知道，將死亡歸入自殺這個類別是異常困難的事，而自殺統計數據幾乎肯定低估了自殺人數。自殺帶有汙名，死者的家人往往抗拒這個標籤；在歷史上大部分的時間裡，自殺被視為一種罪行，死者可能被充公財產和禁止體面下葬。人們為求自殺，可能選擇冒極高風險，例如魯莽駕駛或在危險的情況下獨自游泳。當事人是關鍵人物，在關鍵人物已死的情況下，當事人的意圖總是難以確定。我們因此面臨了一個測量上的問題，這是我們合併探討自殺、酗酒和濫藥致死問題的原因之一；集體統計數據往往比任何一個分項數據來得準確。但在此之外還有分析上的考量：合併探討自殺、酗酒和濫藥致死問題，可以捕捉到三者的共同基本原因——絕望；三者分開考慮就不容易做到這一點。

自殺往往死得快，尤其是如果方法為開槍、從高處跳下或上吊；在這些情況下，醫療人員幾乎完全沒有機會救人。利用藥物或酒精自殺的結果比較不確定，即使成功也沒那麼快死，自殺失敗或救援者介入的可能性較高。

酗酒或濫藥往往有一個漫長的過程：起初是尋求樂趣，然後對酒精或藥物產生耐受性，最後是成癮。許多人成年之後，終其一生都可以安全享受飲酒的樂趣，雖然飲酒也可能成為通往絕望死的一條路。酗酒與許多死亡有關，包括死於自殺、濫藥（常與飲酒同時發生）和心血管疾病，但更重要的是死於酒精性肝病或肝硬化——2017年有4.1萬名美國人死於這些疾病。自殺和濫藥致死相對均衡地分布於整段中年時期，死於酒精相關肝病則相對集中發生在中年較晚或老年時期，因為摧毀肝臟這個強壯的器官需要較長的時間。儘管如此，年輕人暴飲的情況迅速增加，酒精相關死亡增加的情況，如今也發生在年輕得多的人身上。

　　除非是故意的，藥物過量致死被歸入「意外」的類別。但是，「雖然他們的死亡可能是無意的，他們使用麻醉品卻絕對不是無意的。因此，他們因為藥物過量或藥物的交互作用死去，並不是真正的意外。」[6]如果一個人被發現死去時手臂上有針頭，他會被記錄為死於意外，除非有其他證據證明他有意尋死——即使當事人曾多次藥物過量但獲救，仍是這樣。癮君子戒毒後重拾惡習，可能立即死亡，因為他的身體已經失去對毒品的耐受性，戒毒前可以安全產生快感的劑量如今變得可能致命。2017年，美國有70,237宗藥物過量導致的「意外死亡」。

　　我們集中關注自殺、藥物過量和酒精性肝病致死的共同特徵，尤其是社會動盪這個共同的背景。這三種死亡近年全都迅速增加，2017年總共奪走了158,000名美國人的生命。相對之下，2017年交通事故死亡人數為40,100，低於自殺死亡人數。這一年美國共有19,510人死於凶殺案。

　　在這一章，我們集中討論自殺和酗酒，但有關酗酒的討論大部分也適用於濫藥。在下一章，我們著眼於當前濫藥問題的其中一方面——鴉片類藥物氾濫，部分原因在於這當中有很多問題值得討論，但也因為探究該問題的根源可為我們提供有關絕望死整個故事的線索，尤其是企業和聯邦政府的行為，這是本書最後一部分的主題。

自殺

在美國，非西班牙語裔白人死於自殺的人數，自1990年代末以來一直增加，一如其他類型的絕望死。自殺增加，是15歲至74歲所有年紀的白人皆然，這導致美國成為自殺率最高的富裕國家之一；在富裕國家當中，美國的自殺率本來並不特別高。女性死於自殺的可能性遠低於男性，部分原因在於女性較常選擇沒那麼有效的自殺手段（利用藥物而非槍枝），另外也是因為她們沒男性那麼容易陷入社交孤立的狀態。儘管如此，白人女性的自殺率近年與白人男性的自殺率同步上升。在世上其他國家，至少在有可靠數據的國家，自殺率自2000年以來一直下降。自殺率下降救了數百萬人的命，而自殺率降低的包括亞洲（尤其是中國）的年輕女性（與自主權增加和城市化程度提高有關）、前蘇聯國家的中年男性（因為社會變得比較穩定），以及幾乎所有國家的老年人（因為老人可用的資源增加了）。與此同時，美國白人的自殺率卻呈現頑固的上升趨勢，成為全球的一個例外。

自殺沒有簡單的理論，也沒有必然有效的方法，可以辨識誰會自殺或確定原因何在。就個體而言，預測自殺最可靠的指標是當事人曾嘗試自殺；這對照顧者有用，但無助於解釋自殺率的上升趨勢。不過，有一些因素可能助長自殺，例如疼痛、孤獨、抑鬱、離婚或失業；因此，如果這些因素因為社會變遷而變得愈來愈普遍，我們就有一種或許有助解釋全國自殺率上升的說法。個體的行為也可能受社會因素影響，而社會因素也可能直接產生影響。我們已經提過涂爾幹的見解；他有關自殺的著作是社會學的一個里程碑，而他在該著作中堅稱，要理解自殺，我們必須考慮社會，而非僅著眼於個人。常有人說（並非完全是開玩笑），經濟學家試圖解釋人們為什麼選擇自殺，社會學家則解釋為什麼他們沒得選擇。就解釋自殺這件事而言，社會學家比經濟學家成功得多。

經濟學家提出了自殺的「理性」理論，假定人們自殺是為了「效用最大化」，[7] 我們可以視為「今天是死掉的好日子」理論。根據該理論，雖然今天死掉並不好，但活下去繼續受苦可能更不好。這種理論雖然很容易被取笑，而且取笑者往往是對的，但在某些情況下也能提供一些洞見；不過，一如我們將看到，它無法解釋我們所知道的有關自殺的大部分事實。相對之下，涂爾幹的理論指向社會動盪，而這正是美國勞動階級白人眼下在經濟、家庭和社區生活方面面臨的問題。

當自殺工具或方法容易取得時，人們比較可能自殺。決心自殺的人無疑總會找到辦法：到處都有高處可以跳下去，上吊用的繩索也不難取得。但是，工具的重要性指出一個事實：令人想自殺的感覺往往是短暫的，控制自殺工具的供給，有望減少自殺。

在英國，在來自北海的天然氣廣泛供應之前，家用的煮食和取暖燃氣是煤氣。煤氣含有一氧化碳，可用來自殺;十九世紀末英國開始使用煤氣之後,利用煤氣自殺的人大增。詩人暨小說家希薇亞‧普拉絲(Sylvia Plath)是其中的矚目案例:1963年2月,她自殺身亡,死時頭顱貼在煤氣爐上。(在此之前,普拉絲曾兩次試圖以其他方式自殺;她的例子或許更能說明以前曾自殺是預測一個人是否會自殺的重要資訊,而不是管控自殺的工具或方法很重要。)1959年至1971年間,天然氣基本上取代了煤氣,而天然氣含有很少或根本不含一氧化碳。自殺率隨後顯著下降,雖然不涉及燃氣的自殺案有所增加。[8]利用汽車廢氣自殺的人增加了,但在汽車普遍安裝催化轉換器之後,這種自殺減少了。如果有一些自殺是短暫的抑鬱引起的,在沒有現成自殺工具的情況下,這種抑鬱不會致命,那麼前述情況正是我們預期會出現的。[9]

美國的槍枝數量超過全美人口,雖然我們不知道槍枝是否變得比較容易取得,但自2000年以來,每年槍械造成的死亡人數和涉及槍械的死亡率(包含自殺)都上升了。[10]在美國,自殺與槍械供給有何關係,是富爭議又政治化的議題。多數研究發現兩者之間有關係,但也有可靠證據顯示並非如此。[11]我們當然不應低估自殺增加與槍械供給增加有關的可能。美國步槍協會(National Rifle Association, NRA)阻礙這方面的優質研究,該組織向國會施壓,要求國會不要為圍繞著這些課題的研究或數據蒐集工作提供資金。

社交孤立是自殺的一個風險因素。在第6章和第7章,我們闡述了美國中年人社交孤立、健康不佳、精神痛苦和身體疼痛增加的情況，尤其是沒有學士學位的白人。這些都有助解釋自殺率為何上升。美國人如今沒有以前那麼信任別人；信任降低是社會資本萎縮和死亡風險上升的一個指標。[12]在第11章和第12章，我們將闡述與此同時發生的，白人脫離勞動市場、與宗教機構沒有關係、不婚比例上升的情況。失去工作、宗教和婚姻的保護，也會提高自殺風險。擁有一份有意義的工作、與配偶和子女保持良好的家庭關係、參與有助滿足精神需求的教會，全都有助維持一種值得過下去的生活。在沒有大學學位的美國白人當中，愈來愈多人失去這些條件，結果是一場災難。

藉由觀察美國各地區的情況，我們也可以看到社交孤立、疼痛與自殺之間的關係。美國有一條沿著洛磯山脈、從南方的亞利桑那延伸至北方的阿拉斯加的「自殺帶」。自殺率最高的六個州為蒙大拿、阿拉斯加、懷俄明、新墨西哥、愛達荷和猶他，它們全都位居每平方哩人口最少的十個州之列。自殺率最低的六個州為紐約、紐澤西、麻省、馬里蘭、加州和康乃狄克，其中五個州位居每平方哩人口最多的十個州之列，加州則是排第11位。槍械在人口最少的地區相當常見。猶他州是居民健康狀況較好的州之一，其出生時預期壽命比相鄰的內華達州多兩年，而內華達州是居民健康狀況最差的州之一。但是，這兩個州的自殺率都相當高。紐澤西州默瑟郡的人口密度為每平方哩1,632人，是普林斯頓大學的所在地，也是我們每年大部分時間的居住地。它的自殺率是蒙大拿州麥迪遜郡的四分之一；我們每年8月住在麥迪遜郡，當地美麗得多，但位於與世隔絕的山區。[13]麥迪遜郡的人口密度為每平方哩2.1人。人煙稀少也意味著醫療資源可能集中在遠方某處、求救者必須等比較久，但更重要的很可能是如果周遭有人，人們自殺的可能性較低。

美國自殺率較高的州，也是當地居民聲稱受較多疼痛困擾的地方。[14]檢視美國數千個郡，也能看到同一形態：疼痛率較高的郡，也是自殺率較高的地方；疼痛率是當地居民聲稱他們昨天「一天當中許多時間」身體疼痛的人口比例。[15]這種仰賴空間證據的結果，容易出現所謂的「生態謬誤」（ecological fallacy）。如果疼痛是自殺的重大風險因素（我們認為是這樣），我們會預期疼痛問題嚴重的地方，也是自殺問題嚴重的地方。但是，這種發現並不能證明疼痛是自殺率較高的原因。在洛磯山脈地區修籬笆、從事畜牧業或整修灌溉管道的人，可能受肩膀或膝蓋酸痛困擾，而洛磯山脈地區居民可能因為人口密度偏低而面臨較高的自殺風險。在這個例子中，我們會發現各地的疼痛率與自殺率有正相關關係，但這個例子中的疼痛問題源自人煙稀少地區的居民主要從事農業工作，與源自社交孤立的較高自殺風險毫無關係。基於總體地理數據的分析，永遠都無法排除這種問題；儘管如此，地理證據仍是有用的，可用來核對其他來源提供的資料。涂爾幹研究自殺問題就十分仰賴地理證據；這是很難避免的，因為關於死者的資

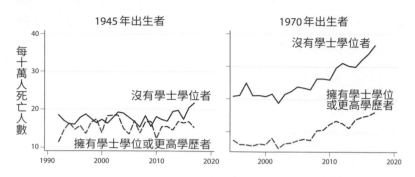

圖8.1　美國非西班牙語裔白人的自殺率，依出生年分和教育程度區分。
本書作者利用美國疾病控制和預防中心的數據計算得出。

料往往很少，而研究者顯然無法訪問已經自殺身亡的人。

　　教育程度與自殺率又有何關係？涂爾幹認為，教育程
度較高的人比較可能自殺，因為教育傾向削弱阻止自殺的
傳統信仰和價值觀。美國過去是否如此，目前似乎並不清
楚。但是自1992年以來，也就是自從幾乎每一個州的死
亡證都記錄死者的教育程度以來，教育程度與自殺率的
關係發生了顯著的變化。圖8.1顯示1945年和（25年後）
1970年出生的白人、按是否擁有學士學位區分的自殺率；
前一個出生世代在1970年之前進入勞動市場，後一個世
代在1990年代中期進入勞動市場。

　　左圖顯示1945年出生者的情況，我們可以看到高低
教育程度者的自殺率相差不大；右圖則顯示，1970年出
生的人，高低教育程度者的自殺率差異很大。高低教育
程度者的自殺率差異，首先出現在1940年代末出生的世
代身上，隨後擴大，愈晚出生的世代差距愈大。擁有學

士學位者的自殺年齡分布，是一個世代與下一個世代大致相同——1950年出生者的自殺年齡分布與1945年出生者相若，1955年出生者的自殺年齡分布與1950年出生者相若。相對之下，沒有學士學位者自殺率隨年齡變化的曲線，則是逐個世代上移（愈晚出生的世代，各年齡的自殺率愈高），而且曲線變得愈來愈陡峭。[16]圖8.1當然與圖4.3密切相關，雖然前者僅反映自殺而非絕望死的整體情況。不過，倘若在美國，教育程度較高曾經確實是自殺的風險因素，那麼如今白人已經不再是這樣。換一種比較貼近本書主旨的說法則是：在沒有學士學位的白人當中，自殺不斷增加，變得愈來愈常見。

研究發現，失業（或許還包括對失業的恐懼）也會推高自殺風險；脫離勞動市場也是自殺的風險因素。兩者都符合涂爾幹有關社會動盪與自殺的說法；事實上，涂爾幹認為「經濟危機」可能導致自殺，但他所講的經濟危機不僅包括衰退，還包括繁榮。真正重要的是劇烈的變動，是所得增加或萎縮，而不是所得水準本身，而這可能正是所得對自殺的影響不大明確的原因。

毒品與酒

讚美酒的話不難找到，富蘭克林（Benjamin Franklin）曾說：「酒使日常生活變得比較輕鬆，沒那麼匆忙，少一些緊張和多一些寬容。」海明威曾寫道，酒「提供的享受和賞識範圍，可能大於任何其他純感官的東西」——雖然酒未能阻止他自殺。馬克・吐溫曾說：「任何東西太多都不好，但威士忌佳釀是再多也不夠。」網路上充斥著證明適量飲酒有益健康的報告（但品質參差不齊）。大量的社會生活倚賴酒，或至少是靠酒「潤滑」。頂級葡萄酒一瓶可賣數千美元，珍貴的蘇格蘭威士忌也是這樣。因為酒稅可以提供可觀收入，政府也喜歡酒。

但是，酒的危害也反映在歷史和政策上。伊斯蘭教、許多新教福音派教會、耶穌基督後期聖徒教會、安息日會都禁止飲酒。浸信會、衛理公會，以及許多印度教派都勸阻教友飲酒。多數富裕國家都有法律規管何時何地可以賣酒和飲酒。在美國，過去和現在都有禁酒的郡和城鎮。二十世紀初，禁酒運動獲得許多女性支持，她們認為酒是女性和家庭面對的一個問題，結果藉由1920年的一項憲法修正案，成功在美國全面禁酒，但該項修正案1933年遭到廢除。

反飲酒管制常被特殊利益集團出於自身目的劫持，但這種管制反映了一個事實：很多人難以控制自己的飲酒量，因此如果有外來的管制，他們可以控制得好一些。尤利西斯就曾把自己綁在桅杆上，以免海妖塞壬的歌聲使他跳進海裡。飲酒過量的人可能對他人和自己造成危險，例如在飲酒後開車或操作機器，而他們可能也忽略自己對他人的責任。一如今天，在美國禁酒之前，許多女性認為酗酒導致男性無法養家活口，有時更對妻子施以肢體暴力。

酗酒是飲酒成癮，成為酗酒者的可能性因人而異，很可能受遺傳影響。實驗顯示,如果容許老鼠飲酒,只有少數老鼠無法停止。[17]十八世紀的醫師班傑明‧羅許(Benjamin Rush),是最早提出酗酒乃一種大腦疾病,而非意志失敗的結果的人之一,該觀點如今已獲普遍接受,但我們遠未有能力預料誰容易成為酗酒者,遑論懂得如何治療這種病。林肯總統認為酗酒這種病傾向侵襲「傑出和熱血的人」,而「放縱的惡魔似乎總是喜歡吸食天才和慷慨者的血。」[18]林肯本人絕不飲酒,但他具有典型的慷慨性格和洞察力,因此明白「惡魔」是怎麼做事的。

許多受酒癮困擾的人與他人合作以助控制酒癮;互助戒酒組織「戒酒無名會」(Alcoholics Anonymous, AA)成立於1930年代,如今在全美各地約有六萬個群體定期聚會。在戒酒無名會之前,有一個叫「華盛頓人」(The Washingtonians)的組織,林肯有關酗酒的評論正是發表於對該組織的一場演講。在此之外,美國還有成千上萬的家屬團體支持酗酒者的家人和朋友——這再度證明酒癮代價高昂,而且受苦的不僅是酗酒者,還有關心和照顧他們的人。此類團體的作用難以確知,原因之一是戒酒無名會堅持匿名原則,因此無法保留紀錄,但有超過一百萬人定期參加活動,可見參與者多少應該得到了一些幫助,而相關的科學證據是偏向正面的。[19]

就連政府對酒的態度也相當矛盾,有些政府依賴酒,甚至可能上癮了。人們接受酒稅(和菸稅)的原因之一,是這種稅乃是「罪惡稅」,針對許多人寧願不用但很難不用的東西課徵——這些人因此不會因為政府加稅，就大幅減少購買這些東西。在此情況下，政府可以聲稱課徵酒稅是道德上的好事，因為有助國民節制飲酒，與此同時獲得大量稅收。美國政府早年就像現在多數較窮國家的政府，非常依賴商品稅，包括酒稅。1913年的美國憲法修正案引進所得稅，為政府提供了一個重要的收入來源，使政府得以減少依賴酒稅，而這也成為美國後來得以全面禁酒的原因之一。事實上，引進所得稅和容許全面禁酒的兩項憲法修正案，以及女性獲得選舉權和參議員改為由選民直接選出，都屬於二十世紀早期進步運動的成就。

適量飲酒的好處至今仍有爭議，長期大量飲酒損害健康則沒有爭議。長期酗酒最終會毀壞肝臟，主要是藉由肝硬化——肝臟最終受到不可逆轉的損害，難以發揮關鍵功能，同時增加罹患肝癌的風險。美國國家衛生院下屬的酒精濫用與酒癮研究院表示，研究已經發現，飲酒並非只是與肝癌有關，也與乳癌、食道癌、頭頸癌和結腸直腸癌有關。該研究院還列出飲酒可能損害的其他器官，包括心臟、大腦、胰臟和免疫系統。[20]如果綜合所有相關研究，並視其為正確，哪怕只是喝很少酒，也會增加死亡風險（但許多研究是否正確大有疑問。）[21]當然，適量飲酒的風險非常低，並不高於日常生活中的許多風險，而且我們不能忘記，飲酒者多數因為飲酒而得到樂趣，生活變得比較輕鬆。

在美國，教育程度較高者的飲酒率較高，但特別有害

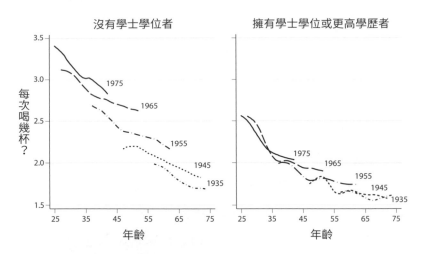

沒有學士學位者　　　　擁有學士學位或更高學歷者

圖8.2　美國白人每次飲酒平均喝幾杯，按出生世代區分。本書作者利用 BRFSS 的資料計算得出。

的暴飲則是在教育程度較低者當中比較常見。2015年，蓋洛普民調發現，80％的大學畢業生有時會飲酒，餘下20％完全不飲酒。至於最高學歷為高中畢業的人，是否飲酒的比例較為平均，48％的人完全不飲酒。按所得水準區分的形態也相似：所得較高的美國人比較不可能不飲酒。在2018年，63％的美國人喝啤酒、葡萄酒或烈酒；這個比例在四分之三個世紀裡變化不大。蓋洛普還問受訪者：「飲酒是否曾造成你的家庭問題？」1948年說「是」的受訪者約有15％，1970年代初則是12％，但該比例此後顯著上升，到2018年時超過33％，是有紀錄以來的最高水準。[22]對我們的故事來說，這是一項重要發現：1970年是關鍵的時間點，美國許多情況從那時起開始變糟，而酗酒問題的增加趨勢，只是經濟和社會諸多病態的其中一種。

圖8.2顯示美國白人每次飲酒平均喝幾杯（源自受訪者自報的數字），擁有與沒有四年制大學學位的人分開顯示。每一個出生世代的成員均表示，隨著年齡增長，他們的飲酒量有所減少。但圖中有個令人不安的發現：在沒有學士學位的人當中，較晚出生的世代無論在什麼年紀，每次飲酒都喝得比較多。相對於每天適量飲酒，短時間內大量飲酒（類似暴飲的行為）但並非天天如此，對肝臟更危險，教育程度較低者罹患酒精性肝病的風險因此較高。或許正因如此，我們開始看到，在接近三十歲和三十出頭的白人當中，死於酒精性肝病的人正在增加。

近年與酒有關的另一死亡現象並非發生在美國，而是發生在蘇聯解體前後的俄羅斯。俄羅斯人的飲酒量非常高，過去和現在皆然。在1980年代早期，以純酒精計，俄羅斯人飲酒每年人均喝掉14公升，幾乎是美國人的兩倍。當時俄羅斯女性的預期壽命已經停滯超過二十年，男性的預期壽命則縮短；與此同時，美國和歐洲各國民眾的預期壽命卻正在延長，尤其是在1970年之後。1984年起，戈巴契夫推行嚴厲的反飲酒政策，大幅減少酒的產量，同時提高酒價，並且限制飲酒機會。接下來三年裡，因為與酒有關的死亡（自殺、意外和心臟病）大減，俄羅斯男性的預期壽命增加了3.2年，女性則增加了1.3年。反飲酒政策非常不受歡迎，政府的收入也因此減少；該項政策1988年正式終止，但影響了一段時間之後才消除。當然，後來的重大歷史事件，尤其是1991年底蘇聯解體，徹底扭轉了該項政策曾經產生的作用。俄羅斯人預期壽命延長的趨勢迅速逆轉：1987年至1994年間，男性預期壽命縮短了7.3年，女性的則縮短了3.3年，隨後有所回升。[23]到了二十一世紀初，男性和女性的預期壽命都接近在1960年代和1970年代的（不幸）趨勢一直延續、政府不曾推行反飲酒政策、蘇聯不曾解體的情況下，我們預期會達到的水準。但是，自2005年以來，情況快速改善，可能是因為經過多年的拖延之後，俄羅斯人的心血管疾病終於顯著減少，就像四十年前北美和歐洲已經發生的情況。如今，在美國受死亡率上升困擾之際，俄羅斯似乎已經克服了自己的類似問題。[24]

我們應該如何理解這個俄羅斯故事？許多評論者將俄羅斯的死亡危機與舊秩序瓦解造成的社會動盪聯繫起來，而這正是完美的涂爾幹敘事。我們認為事實可能正是這樣，但人們普遍認為俄羅斯人嗜酒、戈巴契夫的反飲酒政策，以及該項政策後來失敗，全都是不能忽略的重要因素。死亡率激增，某種程度上是因為反飲酒政策一度壓低死亡率，政策終止導致死亡率反彈，而且沒有什麼力量能阻止反彈作用超過原本的效應。但在蘇聯解體的同時，也發生了許多其他壞事，許多老年人失去了養老金和獲得醫療照護的管道。[25]許多俄羅斯年輕人樂於把握新機會出國旅行和接受教育，但是他們的祖父母則可能陷入絕望的境地，根本沒有機會展開新生活；在前蘇聯所有成員國和衛星國，年輕人與老年人對自身生活的評估皆出現巨大差距。[26]

　　俄羅斯的戲劇性事件，與美國過去二十年的死亡問題有何關係？否定兩者的關聯或許太容易了。俄羅斯與美國是非常不同的地方，而俄羅斯多代人經歷了數不清的苦難，包括共產時期的痛苦。這種苦難的跡象之一是俄羅斯的自殺率非常高，而蘇聯的許多東歐衛星國，例如匈牙利、拉脫維亞、愛沙尼亞、波蘭和斯洛維尼亞，也都是這樣。雖然俄羅斯等國家的自殺率如今已經有所降低，但仍屬世界最高之列。令人震驚和非常不安的是，在這些國家的自殺率下降的同時，美國的自殺率卻大幅上升——以自殺率這個苦難指數衡量，美國白人與這些國家的民眾，如今已屬於同一級別。在這些國家，自殺率與酗酒死亡率相關，一如美國各州的情況。這組國家或許可以合理地稱為「恥辱集團」，因為它們無法為相當一部分民眾提供可接受的生活條件。這些東歐國家的民眾長期承受苦難，而教育程度較低的美國白人近年則出現一股絕望潮，驅使他們自殺、酗酒和濫藥，將兩者相提並論，一點也不離譜。

9
鴉片類藥物危機

　　在其著作《帝國暮色》（*Imperial Twilight*）中，歷史學家裴士鋒（Stephen Platt）講述了中英鴉片戰爭的起源。[1]當時清帝國處境艱難，一如南北戰爭之後的美國南方，也一如現今的美國勞動階級。1830年代，英國東印度公司營利困難，而它最賺錢的業務是鴉片，在印度生產，然後賣到中國。出生於愛丁堡的醫師威廉・渣甸（William Jardine）是當時最重要的鴉片商人之一。他的生意夥伴是另一名蘇格蘭人詹姆士・馬地臣（James Matheson），兩人1832年共同創立怡和洋行（Jardine, Matheson & Company）。怡和集團的母公司現為怡和控股（Jardine Matheson Holdings），雇用超過40萬名員工，位居全球前三百大公司之列。正如裴士鋒指出，渣甸、馬地臣和其他鴉片商人「遠未因為他們的生意而蒙受恥辱，在他們的家鄉位居最受欽佩者之列。」[2]

　　但中國當局不以為然。他們試圖僅保留廣州作為通商港口，除此之外禁止英國人涉足中國沿海地區，也希望壓制鴉片貿易。但是，當局的執行工作並不穩定，時斷時續。清廷皇帝當時面臨許多麻煩，必須努力阻止帝國走向瓦解，同時也要鎮壓叛亂，而鴉片問題並非總是當務之急。但在1839年，道光皇帝派林則徐前往廣州，全權負責壓制鴉片貿易。林則徐不但認為應該禁止鴉片，還認為應以藥物輔助治療毒癮。他的銅像如今矗立於曼哈頓唐人街，上面刻著「世界禁毒先驅林則徐」；在中國，他被視為民族英雄。

1839年6月，在道光皇帝的直接指示下，林則徐銷毀了逾一千噸英國鴉片，相當於一年的供應量。鴉片商人遊說英國政府賠償，這在政治上並不可行。但是，派遣炮艦前往中國，迫使中國人賠錢則是另一回事，而且英國還可借此機會迫使中國開放其他港口——不僅是開放鴉片貿易，還開放英國人從事其他貿易。鴉片貿易是不合法的；當年的情況有如美國緝毒局沒收了墨西哥毒販一批毒品，毒販向墨西哥政府要求賠償，墨西哥政府不願動用自己的錢，於是入侵德州，迫使美國人拿錢出來。但是，儘管受到嚴厲批評，英國國會仍以些微票數差距通過開戰議案；當時，英國才廢除奴隸制不久，許多人認為鴉片貿易是英國的另一大罪行。國會議員並非不明白准許開戰的道德問題，但利益壓倒了原則，首相墨爾本派出海軍前往中國。

這個故事還有另一部分沒那麼多人知道。東印度公司當時並未控制印度西部，而當地也盛產罌粟。東印度公司面臨孟買鴉片商人的激烈競爭，其中最著名的是帕西商人詹姆賽吉・傑吉伯伊（Jamsetjee Jejeebhoy）。正是因為傑吉伯伊大量供貨，鴉片在中國的價格得以降低，從有錢人的奢侈品，變成一般人也能負擔的毒品。傑吉伯伊利用販毒的利潤做善事——這種做法如今仍為人熟悉。他的慈善事業使他獲英女王封為爵士，是第一個獲此殊榮的印度人。1858年，他晉升為貴族，成為孟買的傑吉伯伊從男爵。該爵位是世襲的，後來由他兒子繼承。

渣甸和馬地臣又如何？渣甸成為英國國會議員，1843年去世後，議席由馬地臣繼任。馬地臣成為皇家學會院士和英格蘭銀行（Bank of England）總裁，此外也成為英國最富有和擁有最多土地的人之一。1844年，他買下蘇格蘭外赫布里底群島中的劉易斯島；1851年，他成為馬地臣爵士，封號為路易斯第一從男爵。馬地臣買下劉易斯島之後不久，高地馬鈴薯饑荒蔓延至當地。他是慷慨的地主，花了大量金錢救濟災民和改善當地情況；他還資助2,337名島民（約占當地人口13%）移居魁北克和安大略（他們大致上是自願的），並且贊助他們的牧師同行。他也是靠行善贏得爵位。[3]

許多作家常借用經濟歷史學家湯姆・迪瓦恩（Tom Devine）的話，將「高地清洗」（Highland Clearances）視為「無恥地以營利凌駕人類的需求」。[4]但馬地臣與當時一些地主不同，看來不應受到這種譴責；不過，他早年的活動，以及本章將闡述的政府支持的當代毒販，看來則理應受到這種譴責。

鴉片類藥物

在美國，藥物過量意外是中年絕望死三種類型當中最大、成長最快的一類，雖然自殺和酗酒加起來在2017年奪走更多人命。在第8章，我們探討自殺和酗酒這兩類絕望死，闡述它們與美國白人勞動階級面臨的社會和經濟動盪有何關係，現在我們來講鴉片類藥物和濫藥致死的故事。

鴉片類藥物可分兩大類：一類是罌粟花的天然衍生物，例如鴉片本身和嗎啡，人類已經使用它們數千年之久；另一類是合成或部分合成的化合物，具有鴉片全部或部分特性。美國濫藥致死的案例有70％涉及鴉片類藥物，死者可能是僅使用鴉片類藥物，也可能是與其他藥物並用。海洛因是一種鴉片類藥物，1874年被製造出來；美國法律禁止使用海洛因，但它在若干國家可用於醫療用途。

鴉片類藥物的強度以嗎啡為衡量基準。一毫克海洛因的作用，相當於三毫克的嗎啡（或鴉片），它的嗎啡毫克當量（MME）因此是3。當前濫藥潮中最重要的鴉片類藥物之一是羥考酮（MME 1.5），普渡製藥生產的奧施康定（OxyContin）是羥考酮的緩釋錠。奧施康定有很多俗名，包括「鄉巴佬海洛因」，1995年獲美國食品藥物管理局核准上市。另一種是氫可酮（MME 1），也就是維柯丁（Vicodin）所含的成分。目前另一重要的鴉片類藥物是芬太尼（MME 100），1968年獲美國食品藥物管理局核准。海洛因在美國是完全非法的，奧施康定則是合法生產的藥物,但常被非法出售;芬太尼則既有合法銷售的,也有非法的供應管道,後者如今是從中國經墨西哥輸入美國。

鴉片類藥物可以緩解疼痛,但它們並非只是止痛藥,還可能產生一種欣快感,使當事人希望一再體驗。我們僅說「可能」,是因為並非每一個人都能得到那種欣快感,也不是人人都能靠此類藥物止痛。人體可能發展出對鴉片類藥物的耐受性,結果是要止痛或得到快感將需要愈來愈高的劑量。鴉片類藥物的使用者可能很難停用這些藥物,因為他們生理上已經變得倚賴它們,嘗試停藥可能出現嚴重的戒斷症狀,包括嘔吐、腹瀉、盜汗、失眠、痙攣,以及所謂的「蟻走感」,也就是感覺到有螞蟻或其他昆蟲在皮膚下爬行。

鴉片類藥物也可能成癮,而成癮可能導致當事人摧毀自己和家庭。甚至只是倚賴此類藥物,也可能破壞當事人的生活——維持用藥變成當事人的首要大事,工作、社交或照顧家庭都可能因此變得困難。

鴉片類藥物從當事人獲得處方到身體發展出耐受性,以至變得倚賴它們並且成癮,此一過程遠非自動的。海洛因在電影中常被妖魔化,以至很多人以為打一針就足以摧毀人生,其實通常並非如此。但鴉片類藥物確實相當危險,長期利用它們緩解疼痛含有可怕的風險,效果也相當可疑。如果真有祕訣,那就是設法得到止痛的好處但避免可怕的後果,包括避免蟻走感。

在1990年代末,人們對疼痛控制的看法顯著改變了。

一如我們所見，美國的疼痛問題相當嚴重，至今仍是這樣。止痛倡導者認為美國在疼痛治療方面不夠努力，而受此影響，醫學界為美國人處方藥效很強的大量鴉片類藥物。到了2012年，已開出的鴉片類藥物處方足以滿足每一名美國成年人一個月的用量。美國人開始死於處方鴉片類藥物過量，起初人數很少，但逐漸增加，到2016年時有17,087人因此死亡，2017年降至17,029人，這可能是下降趨勢的起點。[5]因此死去的人有些是獲得處方的人，但這些藥物經常經由黑市交易或盜竊落入其他人手中。

在2017年，醫師開出的鴉片類藥物導致的死亡人數，占所有鴉片類藥物致死人數的三分之一，占這一年70,237宗藥物過量死亡的四分之一。七萬多這個數字，超過愛滋病、槍械或車禍在美國導致的年度最高死亡人數，也超過美國人死於越戰的總人數。2000年至2017年美國濫藥致死的累計總人數，超過美國人死於兩次世界大戰的總人數。隨著普渡製藥推出一種防止濫用的奧施康定，以及醫師因為認識到鴉片類藥物的危險而有所克制（至少使此類藥物的合法供給量成長放緩），過度使用處方鴉片類藥物的問題，引發了非法藥物的二度流行（詳見下一節）。

使用鴉片類藥物多數不會導致死亡。因為藥物過量死去的人，有些可能有意自殺；藥物過量意外與自殺，並非總是可以明確區分，甚至當事人也可能不清楚自己的意圖。[6]每發生一宗藥物過量死亡，就有超過30人因為誤用或濫用藥物而被送進急診室，當中10人會住院。每一例死亡背後有超過一百人濫藥；這些數字近年跟隨死亡人數同步增加。在2016年，近2,900萬名12歲以上的美國人表示，過去一個月曾經使用非法藥物（包括濫用處方藥），94.8萬人表示過去12個月內曾使用海洛因。[7]因為這些數據源自美國全國藥物使用與健康調查的受訪者自報的數字，實際情況很可能更嚴重。2015年，超過三分之一的成年人（9,800萬人）獲處方鴉片類藥物。很多雇主不會雇用未通過藥檢的新員工，濫藥因此很可能正導致不少美國人無法參與勞動市場，而倚賴藥物本來就已經導致一些人無法參與勞動市場。[8]

　　一如其他類型的絕望死，美國人死於鴉片類藥物的機會並不是平等的。合法或非法的鴉片類藥物過量致死，主要發生在沒有學士學位的美國人身上。就白人而言，自1990年代初以來，擁有學士學位者在藥物過量意外死亡案件中所占的比例一直保持在9%。三分之二的受害者最多只有高中學歷。在非法的芬太尼2013年出現之前，黑人和西班牙語裔基本上不受影響，但在那之後，他們死於藥物過量的人數也大增。除了若干例外，主要是加拿大、英國（尤其是蘇格蘭）、澳洲、愛爾蘭這些英語國家，以及瑞典，其他地方並未出現類似的鴉片類藥物氾濫問題，而除了蘇格蘭，各地死於鴉片類藥物過量的人數與美國相比都非常少。但是，其他富裕國家也使用鴉片類藥物，通常是醫院用於緩解癌症疼痛或手術後疼痛，不過在社區裡工作的醫師或牙醫很少使用此類藥物，而慢性疼痛的長期治療也很少使用它們。

合法的鴉片類藥物帶給生產商巨額利潤。根據各方的報導，包括《洛杉磯時報》的調查報導，薩克勒家族私人擁有的普渡製藥公司已售出的奧施康定價值介於300億至500億美元之間。最近公布的法庭文件顯示，該家族本身獲得120億或130億美元。[9]非法藥販也大發利市，他們有很多來自墨西哥，[10]但合法供應商享有一項優勢：他們的生意不必時常面臨被逮捕或捲入暴力事件的危險。

醫師也與鴉片類藥物氾濫有關，至少在過度處方這件事上有疏失之過，尤其是在問題的早期階段。相當大一部分鴉片類藥物致死案件是美國醫療體系造成的；形容這種死亡的標準說法是「醫源性的」（iatrogenic），意思是「由醫治者造成的」。鴉片類藥物氾濫的一個諷刺之處是，美國醫療體系的成本是全球最高，遠高於其他國家，但這個體系不但未能阻止美國人的預期壽命下降，還導致美國人的預期壽命下降。我們將在第13章看到，這不僅是因為它未能妥善處理鴉片類藥物問題。

這是怎麼發生的？

人類使用罌粟花製品緩解疼痛和獲得快感，有悠久的歷史。商人供應這些產品的動機，往往包括幫助他人和為自己賺錢，而兩者並非必然衝突。自由市場的奇妙之處，在於幫助他人可以成為自己發財的手段；但是，自由市場在醫療照護這個領域通常不大行得通，成癮藥物尤其如此，此類藥物的使用者經常做一些顯然違背自身利益的事。消費者上癮對供應商有利，互惠關係因此很可能變成利益互相衝突的關係。在本章第一節，我們看到在當年的中英鴉片戰爭中，這種衝突如何以英國鴉片商人勝出告終。

據歷史學家大衛・柯特萊特（David Courtwright）所述，美國內戰期間，北方的聯邦士兵獲得超過一千萬顆鴉片丸和近三百萬盎司的鴉片酊和鴉片粉——柯特萊特在成癮藥物歷史方面著述甚豐。[11] 內戰結束後，當時才發明不久的皮下注射針，被廣泛用來為退伍軍人注射鴉片止痛劑（人們起初以為繞過消化系統，可以降低成癮的可能。）柯特萊特指出：「在整個醫學史上，人類第一次有可能近乎即時緩解許多不同疾病的症狀。一針嗎啡，真的就像一根魔杖。」[12] 約十萬名老兵最終成癮。到了十九世紀末，嗎啡和鴉片在美國已變得相當普及，美國人廣泛使用，連兒童也使用。鴉片成癮在南方白人當中尤其普遍，他們在內戰之後面對混亂的世界。十九世紀結束時，海洛因已經面世，拜耳公司（Bayer）在行銷上宣稱這是一種不會上癮的嗎啡替代品（後來的鴉片類止痛藥在行銷上也是這樣），結果成癮的美國人大增，而海洛因也幫助許多難以管教的孩子入睡。[13]

這種情況最終引發醫學界的反彈，他們致力限制公眾和醫師使用鴉片類藥物。1914年的《哈里森麻醉品法》標誌著美國第一次鴉片類藥物大流行告一段落，該法律嚴厲限制鴉片類藥物的使用和銷售，而海洛因在十年後遭完全禁止。銷售和擁有鴉片類藥物變成犯罪活動，美國絕大多數人不再使用。體面的人不再使用鴉片或海洛因處理輕微的疼痛，也不再用它們餵腹痛的嬰兒。

　　既然如此，鴉片類藥物怎麼可能在不到一個世紀之後重新流行起來？因為人們忘了過去，而記得過去的人則可能認為情況已經改變了，這次不一樣，過去的風險已被安全地鎖在過去。有厚利可圖的藥物，總是能夠吸引一些人挺身而出，聲稱這些藥物的風險被誇大了。美國人的疼痛問題無疑並未解決，而正如我們已經看到，慢性疼痛有所增加，治療（或不治療）這種疼痛帶給醫師巨大的挑戰。羅納德・梅爾扎克（Ronald Melzack）在提出疼痛門控理論（gate-control theory of pain）、徹底改變人們對疼痛的理解二十五年之後，1990年發表了〈無謂疼痛的悲劇〉（"The Tragedy of Needless Pain"）這篇文章，生動說明了疼痛的恐怖，宣稱：「事實是病人使用嗎啡對抗疼痛，很少因此上癮。」[14]對癌症末期患者來說，成癮的風險並不重要。但許多癌症患者活了下來，更多病人面臨劇烈的手術後疼痛，而在此之外，慢性疼痛患者更是極多。截至2017年，5,440萬名美國成年人被診斷患有關節炎，而關節炎只是隨著人口老化而變得更普遍的許多疼痛疾病之一。[15]

　　約從1990年開始，愈來愈多疼痛專家呼籲人們加強認識疼痛，並要求醫師詢問病人的疼痛程度。1995年，詹姆斯・坎貝爾（James Campbell）醫師在他對美國疼痛學會發表的會長演講中表示，「我們應該視疼痛為第五個生命徵象」；這意味著醫師應該定期評估病人的疼痛程度，一如他們評估病人的呼吸、血壓、脈搏和體溫那樣。坎貝爾還質疑區分癌症與非癌症疼痛、急性與慢性疼痛是否真的有用。[16]美國疼痛學會2019年6月停止運作，成為二十一世紀鴉片類藥物戰爭的犧牲者，因為該學會被指控充當製藥公司的馬前卒（它否認），最終因為訴訟費用而破產。[17]

梅爾扎克聲稱，使用鴉片類藥物止痛不必擔心上癮，事實是否如此至今仍有爭議。梅約醫學中心（Mayo Clinic）的網站通常是可靠的資訊來源，但在這個問題上提供的資訊卻有矛盾。它在討論氫可酮（重要的鴉片類藥物）時表示：「長期使用氫可酮可能形成習慣，導致精神或生理上的依賴。但是，持續疼痛的人不應因為害怕依賴而拒絕使用麻醉品減輕疼痛。為了止痛使用麻醉品，不大可能導致精神上的依賴。」[18]然而，梅約醫學中心網站上另一項資料則提出更多警告：「任何人使用鴉片類藥物都有成癮的風險……短期療程開始之後，使用鴉片類藥物短短五天，一年後仍在使用鴉片類藥物的可能性就已經有所增加。」[19]醫師想幫助病人，不願放棄他們的魔杖。

隨著風氣改變，醫師和牙醫師愈來愈常處方鴉片類藥物治療所有類型的疼痛，尤其是在奧施康定1996年面世之後。奧施康定12小時的緩釋機制，據稱能使疼痛患者整夜安睡。不幸的是，一大部分使用者服藥後遠未滿12小時，就再度受疼痛困擾並出現戒斷症狀；許多醫師因此將服藥間隔時間縮短至八小時，又或者增加劑量。疼痛緩解之後再度疼痛並出現戒斷症狀，這種循環提高了濫用和成癮的風險。

　　奧施康定面世之後，疼痛患者對它的需求似乎無窮無盡。多數醫師在工作上承受極大的時間和財務壓力，處方止痛藥因此很有吸引力，相對於成本高昂和費時的做法尤其如此。治療疼痛早年的標準做法是跨學科治療，除了使用藥物，例如安全得多的非類固醇抗發炎藥，包括非處方藥阿斯匹靈、泰諾（Tylenol；含有乙醯胺酚）、安舒疼（Advil；含有布洛芬）、Aleve（含有萘普生），或處方藥希樂葆（Celebrex；含有celecoxib），也結合諮詢、運動、瑜伽、針灸和冥想，而標準的醫師看診很難提供這種治療。病人滿意度調查也變得普遍，而鴉片類藥物在相關指標上表現出色。一個世紀前，腹痛的嬰兒和餵他們海洛因的父母，無疑也對海洛因很滿意。在此情況下，基層醫療醫師為關節炎患者處方鴉片類藥物，牙醫為顧客開出多天的鴉片類藥物，無論因為什麼損傷接受急診治療的人，都會拿到鴉片類藥物。

　　醫師確實有可能評估病人是否有成癮的危險，但他們不可能在短短幾分鐘內做到這件事，而且在美國的醫療體系中，許多人沒有固定的醫師，病人也沒有統一的醫療紀錄，這件事因此幾乎不可能做到。醫師甚至可能不知道他們的病人死於他們開出的藥物；而如果他們收到這種通知，許多醫師會減少處方鴉片類藥物。[20]

　　上一波鴉片類藥物氾濫過去一個世紀之後，美國再

度具備出現又一波醫源性鴉片類藥物濫用、成癮和致死
潮的條件。柯特萊特告訴記者暨作家貝絲・梅西（Beth
Macy）：「在我這輩子中，令我驚訝的事物是網際網路、
體面的女士有紋身，諸如此類的東西。但我必須把這件事
納入真正令我震驚的事物清單中。我今年64歲，我必須
承認，我從沒想過我這輩子會再看到一波巨大的醫源性鴉
片成癮潮。」[21]

　　隨著宗教衰落，鴉片類藥物成為大眾的鴉片。

　　藥物過量致死1990年代初開始增加，2000年之後增
加趨勢顯著增強，這一年有超過14,000人死於藥物過量意
外。在這種案件中，找出致死的藥物並不簡單。相當一部
分藥物過量致死案件涉及超過一種藥物。苯二氮平類藥物
單獨服用不大可能致命，但與鴉片類藥物或酒精混合服用
則可能致命。此外，美國的死亡證通常不會載明致死的藥
物，往往僅標注「不明」（unspecified）。在2000年，藥物
過量致死案件約三分之一至一半涉及鴉片類藥物（以處方
藥為主），確切的數字取決於我們如何將涉及「不明」麻
醉品的死亡案件歸類。根據紀錄，長期為禍的海洛因這一
年導致1,999人死亡。2011年之前，藥物過量致死增加主
要是鴉片類處方藥造成的，尤其是氫可酮（維柯丁）和羥
考酮〔波考賽特（Percocet）、奧施康定〕。在2011年，普
渡製藥重新配製奧施康定，以防止濫用。原本的奧施康定
警告使用者必須遵照指示服用，但這些警告明確指出什麼
事不能做，有心人可以輕易反向而行，利用這種緩釋藥立

即得到快感，或是將它變成注射藥物。[22]2011年，鴉片類處方藥導致的死亡人數停止增加，幾乎可以確定是與奧施康定改版有關，雖然此時美國的醫師因為意識到自己在鴉片類藥物氾濫中的角色，在處方這種藥物時已經變得比較審慎。如果用藥者改用比較不安全的街頭毒品，奧施康定改版其實有可能導致更多人死亡。與此同時，改版使普渡製藥得以延長奧施康定原本即將過期的專利，而該公司可能認為這比拯救生命更重要。

無論如何，到了2011年，想把精靈鎖回瓶子裡已經太遲了。非法的海洛因幾乎是羥考酮的完美替代品，迅速填補了合法處方藥留下的市場；死於處方藥的部分案件被死於海洛因的案件取代了，藥物過量總死亡人數繼續增加。毒販在疼痛診所外等待被醫師拒絕續藥的病人。有些人在黑市購買奧施康定，直到他們發現海洛因比較便宜，而且藥效更強。但因為黑市藥物的品質永遠沒有保障，使用街頭毒品當然也比較危險。與此同時，來自墨西哥新供應商的優質黑焦油海洛因暴增，許多人因此毫不猶豫地轉用街頭毒品。盜用的奧施康定處方藥可以出售，所得用來購買嗎啡當量相同的毒品，滿足毒癮之餘還有利潤。[23]

海洛因致死人數繼續增加，但很快就被芬太尼超過，後者的致死人數2017年增至28,400。芬太尼流行的原因包括藥效強勁、進口容易（因為它產生快感需要的劑量比海洛因少得多），以及它可與多種毒品混合使用以提供更有力的快感——包括海洛因、古柯鹼（所謂的speedballs），和甲基安非他命（所謂的goofballs）。[24]海洛因和非法的芬太尼廣為流行，部分原因在於一些鴉片類處方藥成癮者因為無法再輕易獲得這些處方藥，轉為仰賴非法藥物。但海洛因和芬太尼的存在，看來也導致這兩種藥物自己流行起來：愈來愈多使用者一開始就是使用這些非法藥物，而不是使用鴉片類處方藥。在古柯鹼或海洛因中摻入芬太尼，是美國黑人藥物過量死亡增加的原因之一；死亡證資料顯示，美國黑人2012年之後的中年死亡案件增幅，四分之三與芬太尼有關。[25]

濫藥之火已經燒過界。

可能有人以為藥物過量致死，會驅使濫藥者離棄供應致死藥物的毒販，但零星證據顯示，情況恰恰相反。鴉片類藥物成癮者亟欲麻醉自己，有些人因此認為有顧客死掉代表毒販賣的東西真正有力。事實上，這不是藥物過量死者可能有意自殺的唯一跡象。那囉克松（naloxone；商品名包括Narcan）具有近乎神奇的藥效，可以救回因為藥物過量而瀕死的人；美國警方和消防部門多次報告，他們曾多次使用那囉克松拯救同一個人，有時甚至是在同一天之內。這種人如果不是想自殺，就是一心只想滿足毒癮，犧牲性命也在所不惜；他們被毒癮控制了。

鴉片類藥物流行與絕望死

「流行」（epidemic）一詞使人聯想到天花流行，或1918-1919年在美國和世界各地奪走數以百萬計人命的流感大流行。在美國的鴉片類藥物流行中，病原體不是病毒或細菌，而是製藥公司（它們生產鴉片類藥物，而且非常積極推銷）、國會議員（他們阻止美國緝毒局追究醫師過度處方）、美國緝毒局（他們接受遊說者的要求，任由法律漏洞繼續存在，使藥廠得以從塔斯馬尼亞的罌粟種植場進口生產鴉片類藥物的原料）、美國食品藥物管理局（他們核准鴉片類藥物，沒有考慮這麼做的廣泛社會後果，而且同意藥廠的要求，容許改變標籤，大幅擴大這些藥物的使用範圍，使藥廠利潤大增）、醫師（他們輕率地過度處方此類藥物），以及來自墨西哥和中國的毒販（他們在醫師開始收斂時，接手經營因此產生的非法藥物市場。）這是一個關於供應的故事，作惡者靠令人成癮和害人性命大發利市，同時靠政治勢力獲得保護。一旦你開始使用鴉片類藥物，你就像感染了病毒，雖然很可能可以生存下去，但也有可能會死掉。供應在鴉片類藥物流行中非常重要，這一點無可置疑（這也正是我們以這種方式講述這個故事的原因），但供應的故事絕對無法完整說明一切。

為什麼美國的鴉片類藥物氾濫問題如此嚴重，而多數富裕國家卻幾乎完全免疫？甚至只考慮美國的情況，一些鴉片類藥物（例如維柯丁或甚至芬太尼）早就可以買到。其他國家使用鴉片類藥物治療手術後疼痛和癌症相關的疼痛，而包括英國在內的一些國家長期使用海洛因——即使美國禁止海洛因。是什麼阻止那些藥物偏離預定用途，落入一般人的手上？

　　此外，為什麼擁有學士學位的美國人，很少死於藥物過量？為什麼藥物過量致死案件90％發生在沒有學士學位的人身上？當然，教育程度較低者比較可能在工作中受傷，或從事很可能產生急性或慢性疼痛的工作，因此比較可能獲處方鴉片類藥物，但這不可能完整解釋一切。關節炎是鴉片類處方藥治療的主要疾病之一，很大程度上是老化的結果，而即使老年人因此較容易取得鴉片類藥物，他們並未死於此類藥物。我們在第7章看到，擁有學士學位的60歲白人，約一半聲稱有背痛、頸痛或關節疼痛，而沒有學士學位者則有60％聲稱遇到這些問題。如果拿到鴉片類藥物的是疼痛患者，而這些人成癮的比例和成癮者死亡的比例都是固定的，則前述的疼痛率差異完全不足以解釋沒有學士學位者高達七倍的藥物過量死亡率。或許是教育程度較低者的疼痛比較適合用鴉片類藥物治療，但我們完全看不到這方面的證據，事情背後想必還有其他因素。

　　下列是我們自己對事情的看法和解釋。

　　雖然涉事各方都不乏不端行為和貪婪問題，但在我們看來，認為醫師不比毒販好多少是錯誤的。當然，有些醫師會利用機會經營「藥坊」（pill mills），不檢查「病人」或甚至不問診就出售處方藥，賺取現金（或性服務）。[26]這種醫師有很多被送進了監獄，但腐敗的醫師其實很少，而根據1990年代中期的醫學知識，醫師有充分理由開鴉片類藥物給疼痛的病人，而且沒什麼理由不這麼做。我們估計，以適當劑量的鴉片類藥物緩解急性疼痛，本身不大可能導致病人成癮。絕症晚期患者也沒有成癮的問題。不過，鴉片類藥物是否適合長期用來治療慢性疼痛，則是另一回事。現實中，顯然也有適當的短期處方導致病人上癮的例外情況，巴爾的摩約翰霍普金斯大學的哲學家暨生命倫理學家崔維斯·瑞德（Travis Rieder）就是這樣：他的左腳在摩托車事故中受創，做了多次手術之後，醫師開給他愈來愈大劑量的止痛藥控制疼痛，結果他對這些藥物成癮，克服了可怕的困難才擺脫藥癮，而開給他止痛藥的醫師沒有給他任何幫助。[27]瑞德的故事提醒我們可能發生的問題，值得我們謹記。即使在最好的情況下，成癮也是極難克服的問題。

但是，任何人打一針海洛因就必然立即成癮，則根本不是事實。目前美國估計約有100萬人每天或幾乎每天使用海洛因；他們多數不但沒有因此死掉，還像正常人一樣生活。許多人隨著個人變得成熟而戒掉了毒癮，還有許多人靠自己、借助醫療協助或社會支持成功戒癮。

尼克森執政期間，聯邦眾議員羅伯特·史蒂爾（Robert Steele）和摩根·墨菲（Morgan Murphy）1971年正式出訪越南，發現當地美軍使用海洛因，為此提交報告。尼克森立即宣布海洛因成癮是美國的頭號公共衛生問題，軍人可能被迫接受尿檢，結果與軍人自報的數據一致：34％的軍人曾經使用海洛因，多達20％的人上癮。令調查人員大感意外的是，38％的軍人使用鴉片。（超過90％的人飲酒，四分之三的人使用大麻。）政府勒令被驗出吸毒的軍人戒毒，通過尿檢之後才可以回美國——這成為軍人戒毒的強大誘因。這項計畫被稱為「金流行動」（Operation Golden Flow），當局會追蹤戒毒後返美的退伍軍人，只有12％的人在返美後三年內再度對鴉片類藥物成癮，而這些人的第二度毒癮多數是短暫的。此次戒毒行動或許是成功的；因為這出乎意料，所以它應該是比一般戒毒行動成功得多。或許美軍在越南因為承受戰鬥的壓力，所以靠鴉片和海洛因提供慰藉。但使用鴉片類藥物的軍人多數在抵達越南後很快就開始使用這些藥物，而經歷了更多戰鬥的軍人並不會變得更可能使用這些藥物。

調查人員之一的李・羅賓斯（Lee Robins）提供了最可信的說法：那些軍人使用鴉片類藥物的原因一如他們所述：「這賦予他們樂趣，使軍旅生活變得可以忍受。」[28]他們使用鴉片類藥物，並不是為了使戰鬥風險變得可以承受（他們非常清楚在戰鬥中處於飄飄然的狀態是很危險的），而是因為他們無聊得要死。他們退伍返家之後，就有了其他享樂方式，而生活也變得有意義，沒有毒品也能過下去。環境非常重要，而那些毒品在越南也極其便宜。那些軍人返美後，在越南經常誘使他們吸毒的因素消失了，而因為他們是在越南戒毒的，戒毒後重新成癮的循環被地理因素打破了。[29]羅賓斯認為，人們對海洛因成癮的普遍觀念源自許多研究，它們的研究對象是本來就比較容易成癮的特殊人群，而不是像在越南服役、有較廣泛代表性的美國人。

　　人們利用藥物尋求快感或麻醉自己，是因為他們生活中有些東西驅使他們這麼做，而不是因為藥物本身某種固有特性使任何接觸過它們的人上癮。不了解濫藥者的生活環境，不了解這些環境過去和現在如何影響他們，就不可能了解濫藥問題。正如一名醫師告訴我們，當事人的生命歷程非常重要。[30]我們將在第11章和第12章，提出我們自己對勞動階級生活解體的說法。

　　無論是過去還是現在，很少醫師直接導致病人成癮，但醫師可能太容易相信鴉片類藥物緩解疼痛的長期效果好過早年的跨學科方法——這種說法其實沒什麼證據。一如我們看到，美國全國的疼痛率近年呈現上升趨勢，如果鴉片類藥物真的通常有效，既然醫師開出了大量此類藥物，疼痛率應該降低才對。醫師關注病人的疼痛是對的，但他們可能忽略了處方鴉片類藥物的廣泛社會後果。醫師也面臨來自藥廠的巨大壓力，藥廠施壓的管道包括直效行銷和經費充裕的「教育」活動，以及疼痛患者的倡議團體（有些團體接受藥廠的大額捐款；這些虛假或遭滲透的草根組織，有時被稱為「人工草皮」團體。）醫師處方的強效鴉片類藥物超出實際需要的數量，有時甚至開給根本不需要這種藥物的病人，結果病人未用的藥物可能流入黑市，而這本身就是此類藥物並非必然導致成癮的證據。醫師還開藥給那些打算轉售藥物而非自用的病人，以及那種四處尋找願意開藥的醫師的人。醫師會試著避免開藥給這些人，但他們實際上難以辨識這些人，尤其是因為醫師面臨巨大的時間壓力，更何況即使是有濫藥風險和濫藥紀錄的人，也可能真的受疼痛困擾。社會期望醫師警惕和阻止濫藥，但醫師的實際執業情況使他們沒有能力這麼做。

　　一些評論者表示，「歐巴馬健保」面世，乃鴉片類藥物氾濫的部分原因，因為聯邦醫療補助計畫（Medicaid）擴大使此類藥物變得更普及。但這種批評完全搞錯了時序：聯邦醫療補助計畫尚未擴大，鴉片類藥物就已經全面氾濫。聯邦醫療補助計畫實際上發揮了重要作用，使濫用鴉片類藥物的人獲得負擔得起的治療；在那些2014年之後擴大聯邦醫療補助計畫的州，治療水準高得多。[31]

　　藥廠竭盡所能提高鴉片類藥物的銷量和利潤（除了直接手段，還利用處方藥給付管理公司這麼做），即便這些藥物顯然遭到濫用。西維吉尼亞州克米特鎮（Kermit）只有406名居民，但當地一家藥房在某兩年裡進了900萬顆止痛藥。根據美國眾議院能源與商務委員會的一份報告，2007年至2012年間，「藥品經銷商出貨至西維吉尼亞州的氫可酮和羥考酮超過7.8億顆。」[32]CBS時事節目《60分鐘》（60 Minutes）和《華盛頓郵報》的調查揭露，負責阻止這種濫用的美國緝毒局試圖履行職責時，美國國會通過了2016年《確保病人獲得藥物法》（Ensuring Patient Access and Effective Drug Enforcement Act），其措辭實際上使得美國緝毒局無法阻止這些藥物繼續氾濫。[33]隨後川普總統提名賓州眾議員湯姆‧馬立諾（Tom Marino）出任緝毒專員，而馬立諾正是推動《確保病人獲得藥物法》的主要人物之一。《60分鐘》和《華盛頓郵報》揭露馬立諾努力多年，為製藥業通過該法案之後，在輿論壓力下決定放棄尋求出任緝毒專員。調查報導還揭露了重要的「旋轉者」林登·巴伯（D. Linden Barber）扮演的角色：他曾是美國緝毒局的高級律師，後來轉為擔任製藥業的顧問，協助起草前述法案。

美國鴉片類止痛藥所用的原料，大部分由美國最知名製藥業者之一的嬌生供應。這些原料來自嬌生的子公司塔斯馬尼亞生物鹼（Tasmanian Alkaloids），該公司在塔斯馬尼亞的農場種植罌粟。根據記者彼得·奧得力·史密斯（Peter Audrey Smith）的報導，美國緝毒局了解情況，但在製藥業的遊說下，坐視法律漏洞繼續存在。[34]美軍曾在阿富汗海曼德省（Helmand）轟炸當地的罌粟種植場，與此同時，嬌生公司合法地在塔斯馬尼亞種植罌粟，為供應美國的鴉片類藥物提供原料。2019年8月，嬌生被判向奧克拉荷馬州支付5.72億美元，以對該公司助長鴉片類藥物氾濫負責。嬌生料將上訴，但它也正在面臨其他訴訟。[35]

我們講述這些故事，是因為它們說明了民主政治未能有效處理鴉片類藥物氾濫的問題。馬立諾代表的選區受鴉片類藥物嚴重影響，而《確保病人獲得藥物法》發起人之一、田納西州眾議員瑪莎·布萊克本（Marsha Blackburn）也是這樣。但是，他們卻致力反對有效規管鴉片類藥物；金錢利益和親商意識形態壓下了鴉片類藥物成癮者（包括瀕死者）的聲音。此一醜聞未能阻止馬立諾2018年再度當

選眾議員，但他在2019年1月因健康不佳而辭職。布萊克
本也再度當選，如今是田納西州兩名參議員中資歷較淺的
一位。參議員歐林・海契（Orrin Hatch）一直是製藥業的
好朋友（製藥業長期支持他），他為《確保病人獲得藥物
法》掃除了美國緝毒局方面的反對意見。海契代表猶他州
42年之久，而從1999年到《確保病人獲得藥物法》2016
年正式成為法律，猶他州藥物導致的死亡率上升了七倍。

　　若不是醫師有所輕忽，若不是美國食品藥物管理局的
審批程序有瑕疵，若不是製藥業不惜犧牲人命追求利潤，
美國就不會發生鴉片類藥物氾濫的問題。近兩千個城市
的政府目前正追究製藥業高層的責任並要求賠償，製藥
業不受約束、肆意妄為的故事因此正在美國的法庭上講
出來。在2019年5月了結的一樁案件中，製藥公司Insys
Therapeutics五名高層被判犯了聯邦詐財罪，因為他們的
銷售人員賄賂醫師，使醫師向不需要芬太尼的病人處方芬
太尼。[36]

　　我們認為各方的不端行為火上澆油，導致鴉片類藥物
氾濫惡化，而不是創造出使該問題得以發生的條件。數以
百萬計的美國人使用鴉片類藥物，成為此類藥物的濫用者
或成癮者，淪為在曾經繁榮的城鎮街道上行走的殭屍；這
些人的生活在他們濫藥之前已經崩潰，他們的經濟和社會
生活已不再支持他們。問題的供給面很重要──製藥業
者和他們在國會的支持者，在處方藥物方面不夠審慎的醫
師，都發揮了重要作用；但需求面也很重要──教育程

度較低的白人勞動階級，他們本已困頓的生活，成為貪婪的企業、功能失調的監理制度，以及有缺陷的醫療體系作惡的溫床。其他國家並未發生鴉片類藥物氾濫的問題，一來是因為這些國家沒有摧毀它們的勞動階級，二來是因為它們的製藥業者受到較有效的規管，而且它們的政府沒那麼容易受追求利潤的企業影響。

企業權力與個人福祉

本書的主題之一，是美國經濟如何從服務普通民眾，轉向服務企業、企業管理層和企業主——這一點我們將在後面的章節中細述。政府和法律是此事的共犯。講述鴉片類藥物的這一章，提供了這種轉變的一個戲劇性例子。稍後我們將著眼於所得向上再分配的機制，這種機制將勞動階級的所得，轉移到企業及股東的口袋裡。美國醫療產業是最好的例子，甚至撇除鴉片類藥物製造商和分銷商仍是這樣。我們撰寫本書時，美國醫療業者的行為正被訴諸法院究責；這些行為並不典型，但利用市場力量促成所得向上再分配，使貧窮的多數人被富有的少數人剝削，則反映了美國醫療產業的問題，甚至可說是反映了美國資本體制的普遍問題。這種再分配的得益者，不僅是身為企業大股東的有錢人，還包括許多受過良好教育的精英人士，他們的退休儲蓄帳戶持有股票，可以受惠於導致企業盈利增加的任何變化，包括壓低工資。我們將指出，這個持續了超過半個世紀的過程，已經緩慢侵蝕了勞動階級生活的兩大基礎——高工資和好工作,這是導致絕望死的主要原因。鴉片類藥物的故事符合這個大主題,但它比一般情況惡劣得多,因為企業很少如此直接得益於害死人的行為。

我們不認為美國食品藥物管理局已被產業界控制。儘管如此,美國食品藥物管理局在鴉片類藥物(尤其是奧施康定)的審批方面仍大有問題。美國食品藥物管理局(和大眾)非常尊崇證明藥物有效必須完成的隨機對照試驗,但即使在這方面,鴉片類藥物也有問題。在奧施康定的試驗中,對照組(隨機挑選、未獲提供該藥的人)在試驗中較早的開放標示階段(open-label phase)曾服用奧施康定;這是為了將受不了這種藥的人排除在試驗之外。[37]在這種類型的試驗中,兩個試驗階段之間有一個「廓清期」(washout period),以便參與試驗者的身體清除藥物。奧施康定(或任何成癮藥物)的危險之處,在於廓清期如果不夠長,對照組中有些人因為不再服用該藥,可能出現戒斷症狀,而這將導致他們的情況顯得不好(相對於被排進治療組、再度拿到藥物的人而言。)此外,開放標示階段排除了受不了這種藥的人,意味著這種試驗低估了該藥未來用於治療大眾時出現問題的機率。在試驗開始前,當局容許製造商與其討論諸如此類的試驗設計問題。

較廣泛而言,正如美國國家科學院、工程學院和醫學院的一個小組正確指出,試驗和審批過程如果僅關注藥物對個人的作用,就會忽略向社會釋出一種強效且高度成癮的藥物可能產生的廣泛影響。[38]要求美國食品藥物管理局預料到核准奧施康定之後發生的一切，或許有點苛求，但是制度不考慮核准該藥的公共衛生後果是不可原諒的，畢竟該局是代表美國政府告訴大眾，奧施康定這種合法海洛因是安全的。

鴉片類藥物的故事告訴我們，金錢的力量非常大，可以阻止政治制度保護普通民眾，即使他們面臨了死亡的危險。至少在2019年之前（高漲的公憤在這一年終於改變了人們的觀感），靠鴉片類藥物發大財的人並沒有遭受排斥或譴責，而是被當作成功的商人和慈善家景仰和讚美。擁有普渡製藥公司的薩克勒家族就是一個好例子，薩克勒這姓氏出現在許多博物館、大學和機構的介紹資料上，而且並非僅限於美國，連英國和法國也有。亞瑟‧薩克勒（Arthur M. Sackler）在奧施康定面世之前就已去世，他是許多機構的捐助者，包括紐約大都會博物館（丹鐸神廟）、普林斯頓大學、史密森尼學會和美國國家科學院。薩克勒的財富源自開發出美國現行的藥物廣告和銷售系統。一名評論者這麼說：「製藥業成為現今的一大禍害，是許多有問題的做法造成的，而這些做法多數是亞瑟‧薩克勒創造出來的。」[39]

在奧施康定上市和行銷期間，普渡製藥控制在亞瑟‧薩克勒的兄弟雷蒙德（Raymond）、莫蒂默（Mortimer），以及雷蒙德的兒子理查（Richard）手上。1995年，雷蒙德和莫蒂默獲英女王伊莉莎白冊封為爵士，令人想起一個半世紀前印度鴉片商人傑吉伯伊封爵。[40]一如十八世紀的假髮，香水掩蓋了道德敗壞的惡臭，但無法消除這種惡臭。[41]

英女王現在不大可能冊封這種商人為爵士了。前述的機構多數已經不再提起薩克勒這個姓氏（有些機構曾抗拒這麼做多年之久），而許多其他機構已經表示，它們將不再接受薩克勒家族的捐款。

製藥公司製造出鴉片類藥物危機，藉此大發利市，如今則準備從善後工作中獲利。鴉片類藥物成癮沒有簡單或萬無一失的治療方法，目前最好的方法是藥物輔助治療（雖然證據相對薄弱），也就是成癮者在戒癮期間利用其他鴉片類藥物（美沙酮或丁基原啡因）控制藥癮。雖然我們認為藥物輔助治療的效果很可能被誇大了，因為其效果僅靠承認自己成癮和尋求治療的人證明，而許多成癮者不會這麼做，此外也因為接受治療者有相當一部分中途退出，但它相對於單純停用的戒癮方式有個優勢：單純停用者如果恢復使用鴉片類藥物，很容易死於藥物過量，因為已經停藥一段時間的人，會失去對藥物的耐受性，一旦恢復使用，以前安全的劑量也可能致命。即使如此，看到製藥公司及其盟友推廣藥物輔助治療（如此一來，他們製造問題和協助處理問題均可獲利），很難不感到噁心。事實上，2018年夏天，普渡製藥獲得藥物輔助治療方面的一項專利，未來有可能藉此賺大錢，就像它之前利用奧施康定發大財一樣。這種情況就像供水系統的投毒者在毒死了成千上萬人，導致許多人生病之後，要求大眾支付巨額贖金，否則不交出解毒劑一樣。

我們撰寫本書時，那些針對製藥公司、鬧得沸沸揚揚的訴訟將有何影響？它們將永久減少鴉片類處方藥的供給，而這個趨勢其實已經開始了。這些訴訟對減少非法藥物的使用幾乎毫無作用，甚至可能導致人們增加使用非法藥物，因為一部分需求將轉為仰賴非法管道滿足。訴訟結果很可能將導致一些公司破產，包括普渡製藥，但有些公司以往曾輕鬆支付巨額罰款，因為它們財力極其雄厚，又或者它們可以提高產品的價格。普渡製藥正致力保住它對歐洲子公司萌蒂藥品（Mundipharma）的控制權，以便延續它在美國以外地區的業務，就像菸草公司所做的那樣。美國的州和地方當局是否將善用它們拿到的和解金，目前並不清楚。一個令人難以心安的類似案例，是1998年美國各州與菸草公司之間的總和解協議。各州此後從菸草公司那裡得到數千億美元，它們主要源自較窮和教育程度較低的美國菸民，而當局幾乎把這些錢全部當作一般收入，利用它們降低財產稅和所得稅。在鴉片類藥物這個例子中，倖存的製藥公司有能力提高藥價，使醫療成本變得更高昂；因此，打贏官司的州和地方當局拿到的和解金，將再一次源自為醫療服務或健保埋單的普通民眾。支付和解金也無法有效鼓勵企業改變行為，企業必須承認犯罪、企業高層必須被刑事定罪，才有可能改變企業的行為；這種訴訟結果雖然並非聞所未聞，但十分罕見。

人們經常正確指出自由市場資本主義的好處，包括它能夠提供人們想要的東西、鼓勵創新、促進經濟成長。我們認同這些看法,但是美國的醫療體系,包括製藥業,與自由市場完全不同。這個體系裡有一些賺錢的公司,並不意味著這裡面存有競爭的自由市場;相反,這些受高度管制的公司主要致力於向政府和政府機構尋求保護它們的法規,以保障它們的利潤和限制競爭,而這種運作方式在自由市場中是不可能的。我們當然並非主張以某種自由市場方案解決美國醫療體系的問題,我們只是認為我們不能以保護自由市場為由,替美國醫療體系的現狀辯護。醫療產業靠敗壞自由市場競爭賺得盆滿缽滿,然後竟然可以將批評者貶為自由市場的反對者,這實在有夠離譜。譴責盜竊與反市場毫無關係。其他國家在組織醫療體系方面有一系列的其他方式,各有長處和缺點,但沒有一種方式正在害死人。目前沒有一個國家支持「無恥地以營利凌駕人類的需求」。[42]

如果我們容許成癮藥物的利潤腐化美國,並在未來某個時候發現,這是美國百年恥辱和衰落的起點(就像一個半世紀前的中國那樣),那將是一場悲劇。

第三部

絕望死與經濟
有何關係？

10
似是而非：貧困、所得與大衰退

　　絕望死主要發生在教育程度較低的人身上，而這種流行病正在擴大擁有與沒有學士學位者的壽命差距。不過，我們至今沒怎麼談到金錢（或缺錢）的問題，也未探討所得水準或貧困與絕望死的關係。即使在並不貧窮的人當中，所得較高者壽命較長，[1]有證據顯示，即使在所得相同的人當中，教育程度對壽命也有影響。[2]在美國，金錢可以換來較好的醫療照護；在此之外，如果你不必擔心如何支付汽車修理費、托兒費用，或因為冬季異常寒冷而意外高昂的暖氣費用，你的生活會比較輕鬆。擔心財務問題可能扼殺生活樂趣、造成壓力，而這很可能引發疼痛和健康問題。如果富裕本身對健康沒有有益的影響，那將是令人驚訝的，雖然財富與健康的關係很大程度上可用其他方式解釋，例如著眼於健康不佳對所得的影響、教育對健康和財富的影響，以及童年環境對成年後的健康和財富的影響。

　　美國的社會安全網，遠不如歐洲和其他地方的富裕國

家那麼全面。福利不周使美國人有工作賺錢的強烈動機，
這對有能力工作賺錢的人是好事，但因為各種原因而無法
工作賺錢的人則可能因此面臨災難。美國與其他富裕國家
另一不同之處，是美國有數百萬極度貧困的人，生活條件
可說是與非洲和亞洲的窮人一樣惡劣。[3]試圖解釋美國獨有
的絕望死流行現象時，貧困顯然是值得關注的一項因素。

　　大眾有關絕望死和美國人健康不佳的討論，經常提到
所得不平等。美國的所得和財富不平等比其他富裕國家嚴
重，不平等因此是解釋美國特殊現象的熱門潛在理由。
貧困和不平等被視為一對禍害，人們經常（往往不大準
確地）指責它們造成各種惡果，包括導致民眾健康狀況不
佳和惡化、損害民主治理、拖慢經濟成長、導致經濟不穩
定、破壞信任與幸福，甚至是刺激肥胖率上升。[4]在不平
等較嚴重的社會裡，貧困可能更難忍受：窮人不但必須承
受自身貧窮之苦，還會看到其他人擁有遠遠超過他們需求
的物質財富。在本書，尤其是在接下來的章節裡，我們有
很多關於不平等的話要說。我們將指出，絕望死與所得不
平等確實密切相關，但兩者的關係並非人們常說的簡單因
果關係，並不是所得不平等導致絕望死。我們認為絕望死
這種流行病和極端的不平等，都是權力、政治和社會變遷
的較深層力量造成的。這些力量摧毀白人勞工階級，不平
等和絕望死是這個過程的共同後果。

　　我們反對下列見解：所得不平等就像空氣汙染或致命
輻射，生活在嚴重不平等的社會裡因此會使每一個人都生

病，無論貧富。首先，美國所得不平等大幅加劇發生在1970年之後，而美國人的死亡率迅速降低、預期壽命迅速延長，正是發生在這段時期（見第1章圖1.1）。此外，雖然美國有些州的所得不平等比其他州嚴重得多，但在這些嚴重不平等的州，絕望死問題並沒有比較嚴重。新罕布夏和猶他是美國所得不平等程度最低的其中兩州，但它們受絕望死流行打擊的程度，遠比紐約州和加州嚴重，而後者是美國所得不平等最嚴重的其中兩州。

經濟大衰退始於2008年雷曼兄弟破產之後，迅速導致大規模的失業和困苦，而且不僅美國如此，其他富裕國家也受到衝擊。美國失業率2008年2月時不到5％，但2009年底已逼近10％，直到2016年9月才回到5％的水準。復甦在某些方面仍未完成，對教育程度較低者來說尤其如此。2010年1月至2019年1月期間，25歲以上的大學畢業生就業人數增加了1,300萬（增加約四分之一），沒有學位者的就業人數增加了270萬，但高中以下學歷者的就業人數僅增加了5.5萬。大學畢業生的就業成長，幾乎完全不受大衰退影響。[5] 經濟復甦雖然提高了最低技能者的工資，但並未帶給他們工作。2008年至2016年間，絕望死迅速增加，心臟病死亡率降低的趨勢正在逆轉，教育程度較低的美國人期間處境艱難，所得和就業情況遠不如經濟泡沫若未破滅應有的水準。

美國應對2008年金融危機的政策反應沒有達到應有水準，但與歐洲相比，美國的政策仍相對成功。歐洲各國在大衰退中的經歷各有不同，有些國家安然無恙，有些國家經歷了程度不一的財政緊縮，政府支出和福利有所削減，而這可能是出於它們自己的選擇，也可能是因為它們的債務狀況和歐元區成員國身分使得它們別無選擇。歐洲各國的不同情況有如一場自然的實驗，我們可以藉此比較各國的情況，了解不同程度的經濟困苦對民眾健康的影響。

一如本章標題暗示，我們不認為貧困或大衰退是絕望死迅速增加的核心原因。我們不否認美國貧困問題嚴重，也不否認這導致不幸和病痛；我們承認並痛惜美國部分地區不體面的生活條件和偏低的預期壽命。這些情況比歐洲惡劣，直接證明美國的社會安全網和醫療體系大有不足。但是，美國異常的貧困現象或經濟大衰退，無法解釋絕望死問題。

我們將在第11章講述確切發生了什麼事，但在這裡我們必須先講些別的，因為人們被問到絕望死的可能原因時，通常會說是貧困、不平等或金融危機，或三者皆是。它們都很重要，但沒有一個是美國絕望死流行的主因。由於相反的觀點非常流行，我們必須解釋這些觀點為何錯誤，與此同時把貧困、不平等和金融危機納入我們的故事。

貧困

如前所述，美國人的死亡證提供了有關死者的很多資料，包括死者的教育程度，不過還有很多資料是我們想知道但不知道的，包括死者的職業、所得、財富，以及他們是否貧窮。因為欠缺這些資料，我們無法立即看到絕望死是否與貧困有關，我們必須間接求證。

美國全國貧困率的走勢，與絕望死流行的現象並不一致。官方統計的貧困人口（家庭所得低於貧窮線的人數）在整個1990年代趨跌，2000年降至占總人口11％的低點，而絕望死流行現象在此期間成形。貧困率隨後緩慢上升，在經濟大衰退前夕升至13％，大衰退期間急升，隨後緩慢降低；2017年是全美貧困率連續第三年降低。這與絕望死的形態截然不同：絕望死自1990年代初以來不斷增加，而且增加的速度愈來愈快。官方的貧困人口統計有一些嚴重的缺陷，尤其是忽略賦稅或福利因素，例如勞動所得稅額抵減，或如今稱為營養補給協助計畫的食物券。雖然考慮這些因素很重要，尤其是在評估福利體系在大衰退期間如何幫助民眾時，但即使據此調整統計數據，貧困人口的走勢也不會變得與絕望死穩定增加的趨勢較為一致。現實中根本並未出現可以解釋絕望死問題惡化的貧困率上升趨勢。

絕望死的種族形態也與貧困形態不一致，此中矛盾很難解釋。1990年至2017年間，在沒有學士學位的成年人中，非西班牙語裔白人的貧困率不到黑人的一半。[6]但是，至少直到2013年，美國黑人幾乎完全不受絕望死流行影響。從1980年代初到大衰退開始，中年白人的貧困率大致持穩於7％（沒有學士學位者的貧困率為9％），而期間白人絕望死逐年增加。較廣泛而言，許多不同的生活水準指標顯示黑人的生活不如白人，[7]但從1990年代到2013年，絕望死幾乎完全是白人的問題。無論非西班牙語裔白人受什麼特殊因素影響，問題並不在於他們比其他群體貧窮。

美國確實有存在已久的嚴重貧困問題，黑人貧困問題尤其棘手。事實上，正是美國悠久而不光彩的種族歷史，嚴重阻礙南部地區的扶貧工作，那裡的政府長期由白人主導，而扶貧工作的實際或潛在救濟對象是黑人。持續多年的嚴重貧困也造成健康問題，而問題又因為種族歧視和低水準的醫療和教育而惡化，有時甚至因為衛生條件不佳而惡化。

但是，貧困並不是絕望死激增的根源，兩者發生的時間並不一致，而且白人在絕望死案件中所占的比例太高了。地理分布也不對，圖10.1顯示2017年美國各州25歲至64歲白人經年齡調整的藥物過量死亡率與各州白人貧困率對照的情況，這些藥物過量致死案件被視為意外或意圖不明的事件。

阿帕拉契地區，尤其是西維吉尼亞州和肯塔基州，確實是濫藥中心，而且當地貧困率也很高，但是放眼全美，貧困率與濫藥死亡率的關係並不明確。在東海岸地區經濟條件不差的州，從佛羅里達到馬里蘭、德拉瓦、紐澤西、康乃狄克、羅德島、麻省、新罕布夏和緬因，藥物過量致死也很普遍。也有一些貧困率頗高的州，例如阿肯色和密西西比，相對不受濫藥致死問題困擾。[8]與此同時，在貧

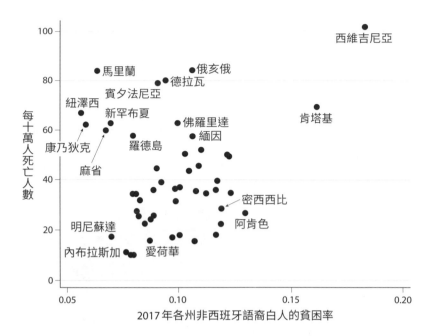

圖10.1　美國各州2017年25歲至64歲非西班牙語裔白人的藥物過量死亡率與貧困率。本書作者利用美國疾病控制和預防中心與「3月份當前人口調查」（March Current Population Survey）的資料計算得出。

困率並不特別高的洛磯山脈各州，自殺問題嚴重得多：1999年至2017年間，這些州的自殺率升幅高於其他州，而它們原本就已經是自殺問題最嚴重的地方。美國沒有一個地方不受自殺問題困擾：2000年至2017年間，在全美三分之二的州，白人中年自殺率至少上升了50％。各州的酒精性肝病死亡率與貧困率呈現正相關關係，但貧困率最高的州（西維吉尼亞、肯塔基和阿肯色），並不是酗酒死亡率最高的州，部分原因在於這些州一大部分居民不飲酒。酗酒死亡率最高的州是內華達、新墨西哥和佛羅里達，而西部各州（懷俄明、新墨西哥、奧勒岡和華盛頓）和南部的酗酒死亡率目前上升得最快。

無論絕望死流行背後的絕望性質為何，這種絕望普遍存在，而且並不是州層面的貧困率所能反映。

不平等

絕望死通常發生在被社會甩在後頭的人身上，他們的生活不如自己預期。所得是這個故事的一部分，但我們將在第12章指出，所得降低是與負面的社會和政治因素一起產生作用。不過，勞動階段在經濟上被甩在後頭是重要的事實，尤其是期間美國經濟有實質成長。這種成長的成果集中落入高教育程度精英手上，其他人被甩在後頭。所得差距擴大是此一過程的結果，而絕望死流行也是。

另有一種觀點將社會亂象（包括死亡率上升）歸咎於不平等本身，根據這種看法，不平等傷害人們，因為它破壞對美好生活至關緊要的社會團結和各種關係。英國流行病學家理查·威爾金森（Richard Wilkinson）認為，健康社會中的人際關係「由促進社會團結的低壓力聯繫策略建構」，不健康的社會則充斥著「壓力大得多的支配、衝突和屈從策略」，而我們身處什麼類型的社會「主要取決於社會的平等和不平等程度」。[9]這與主張貧困乃健康不佳的根源不同，在那種觀點中，窮人不健康是因為他們貧困。相對之下，如果不平等導致社會不健康，則每一個人的健康都受損，無論貧富。

　　威爾金森的理論有許多可取之處，尤其是它關注社會環境而非個人境況。但在這裡，我們關注的是它是否有助解釋美國現今的死亡現象，以及所得不平等是否與絕望死流行有關。我們認同1970年以來美國社會不平等加劇，確實與絕望死增加有關，但不是直接有關，不是因為「不平等令我們所有人不健康」，而是因為在美國，有錢人靠損害其他美國人的利益而變得更有錢——美國出現了一種劫貧濟富的運作。有那麼二、三十年，在所得不平等加劇之際，死亡率下降，但在1990年之後，我們開始看到教育程度較低者的絕望死案件增加。我們將指出，這不是頂層1％的人愈來愈富有造成的，而是白人勞工階級本身的經歷造成的。當然，頂層愈來愈富有可能與底層的困境大有關係，而我們思考應該做些什麼時，這些問題至為重要。但絕望的人之所以絕望，是因為他們生活和所在的社區發生了不好的事，不是因為頂層1％變得更富有了。

　　美國各地（城市與州）的所得不平等程度各有不同。過去某些時候，所得不平等較嚴重的州死亡率較高，預期壽命較低，但這種關係如今弱得多。在歷史上，南方死亡率較高的州，包括西維吉尼亞、阿拉巴馬、肯塔基、密西西比、阿肯色、奧克拉荷馬、路易斯安那和田納西，所得不平等程度高於多數的州，這通常是因為這些州的黑人人口較多，而黑人相對貧窮（因此推高了整體所得不平等程度），死亡率也較高（因此推高了整體死亡率）。中部平原各州和西部多數州的人口較為同質，死亡率較低。但是，紐約州和加州是美國目前所得最不平等的其中兩州，它們的人口異質程度相當高，有大量的西班牙語裔和亞裔人口，但它們卻是死亡率最低的其中兩州。

以為所得不平等與死亡率有簡單直接的關係，為此尋找證據，同樣是誤入歧途。

許多人認為，如果人們不難脫貧致富，或至少新一代不難改善經濟狀況（相對於他們的父母而言），所得不平等就不是什麼大問題。為了檢視這一點，我們需要某種代際流動性指標，例如出生於所得居最低五分一家庭的孩子，有多大比例可以躋身所得最高的五分之一人口？我們可以假定，代際流動性如果相當高，則人人都有可能成功（或失敗！）；代際流動性如果相當低，生於貧窮家庭的孩子就很難脫貧。經濟學家拉傑‧切蒂（Raj Chetty）等人算出了美國各地1980年至1991年出生者的代際流動性：[10]出生於美國東南部的孩子向上流動的機會最少，至少1980年至1991年出生者是這樣。雖然低流動性與絕望死多有重疊，兩者的關係並不比不平等與絕望死的關係密切；事實上，不平等本身與低流動性密切相關。

所得與大衰退

1929年10月股市崩盤之後，西方國家歷經長達十年的困苦和經濟失靈，史稱「大蕭條」，至今仍是西方資本主義歷史上最嚴重的危機。數以百萬計的人失去了一切，包括工作、儲蓄、房子或農場。美國失業率一度超過

20％，失業者自己以至家人都失去了經濟支柱。1929年至1933年間，人均所得萎縮四分之一，直到1937年才回到大蕭條之前的水準。自殺率升至後來不曾再觸及的高點，美國[11]和英國[12]皆然。在歐洲，大蕭條及其餘波助長了法西斯主義崛起。

此後不曾再發生如此嚴重的危機，但2008年之後發生的大衰退，情況之惡劣僅次於大蕭條。美國失業率從5％倍增至10％，雖然沒有20％那麼糟，但對數以百萬計受影響的人來說，境況並沒有比較好。（擁有大學學位者的失業率，最高僅升至5.3％。）這場危機源自房地產泡沫，銀行業者靠根本不應發放的抵押貸款謀取厚利，結果數以百萬計的人失去房子。許多努力維持中產階級生活的人突然失去工作，沒有地方可住，沒有錢完成自己的學業或支持自己的孩子完成學業。銀行停止放款，數以百萬計的小企業破產。

關於死亡率在經濟週期中的變化（景氣好時較多人死，抑或相反？），至今已有許多研究。這方面的第一項研究，可能是社會學家暨統計學家威廉‧奧格本（William Ogburn）和社會學家暨人口統計學家桃樂絲‧湯瑪仕（Dorothy Thomas）1922年發表的；[13]湯瑪仕是第一位擔任賓州大學華頓商學院教授的女性。奧格本和湯瑪仕的發現出乎他們的意料：經濟景氣良好時，死亡率反而比較高。此後許多研究得出同一結論，包括有關大衰退之前美國全國和州層面的經濟週期研究。[14]其他富裕國家的情況也大致如此，也就是經濟興旺時死亡率較高，但並不是每一項研究都證實此一形態。雖然經濟不景時自殺率確實比較高（大蕭條時期就是這樣，許多人記得1929年破產的前百萬富翁從摩天大樓跳下的著名畫面），但還有其他機制影響死亡率。經濟衰退期間，人們沒那麼多錢可以花在傷害自己的事情上（例如開跑車或酗酒），減少工作可以減輕壓力和減少心臟病發作，而且因為工資變得相對低廉、勞動力也充裕，找到好人照顧老人也比較便宜。[15]

但是，每一次的繁榮和衰退都有自己的歷史，各有不同之處。2008年之後的大衰退與其他經濟災難相當不同，期間出現了本書探討的絕望死流行現象。那麼，這一次發生了什麼事？

我們可能必須回頭看第4章圖4.2，該圖呈現1990年之後美國的絕望死亡率變化。絕望死亡率的上升趨勢不可阻擋，而且沒有跡象顯示2008年的經濟危機或其長期後果對此有影響。金融市場崩盤之後，自殺率無疑相當高，但在此之前，自殺率已經上升了許多年。無論此次危機的其他後果如何，沒有證據顯示，雷曼兄弟破產之後，或2008年秋至2009年底失業率倍增之際，絕望死亡率跳升。經濟崩潰導致絕望死流行，是另一個似是而非的想法。

即使如此，大衰退可能與其他類型的死亡有關，或僅與某些群體的死亡有關。例如45歲至54歲白人的家庭人均所得中位數在整個1990年代都上升，但2000年之後下跌。[16]他們的全因死亡率（包含而非僅限於絕望死）在

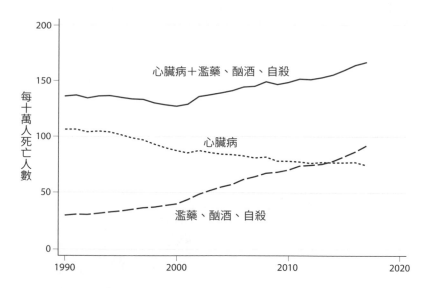

圖10.2　美國45–54歲非西班牙語裔白人的絕望死和心臟病死亡率（經年齡調整）。本書作者利用美國疾病控制和預防中心的資料計算得出。

1990年至1999年間下降，隨後上升至2016年，與他們的所得趨勢相反，符合正常預期。但如果我們仔細觀察，會發現這只是巧合。全因死亡率先跌後升，是因為雖然絕望死在1990年代一直增加，但其絕對值起初相當小，其影響因此被心臟病死亡率降低完全抵銷了。圖10.2顯示這段時期45歲至54歲白人的絕望死（濫藥、酗酒和自殺致死）和心臟病死亡率，以及兩者相加的結果。

　　隨著心臟病死亡率降低的速度放緩，加上絕望死亡率變得夠高，全因死亡率轉跌為升。但是，全因死亡率的兩個重要組成部分──絕望死和心臟病死亡率──均與所得形態無關，其總和的演變與所得趨勢相符因此只是巧合。

在這整段期間，年長白人的死亡率一直下降，所得中位數則上升。年長美國人的所得比中年人得到更好的保護——退休人士的社會安全給付，表現好過在職者的工資中位數。但我們在此掌握的只是一升一跌的兩個趨勢（所得升、死亡率跌），將年長者死亡率降低歸因於他們所得增加，完全欠缺根據。

如果我們更廣泛地觀察，會更清楚看到，1990年至2017年間的所得形態與死亡率形態並不相配。例如在45歲至54歲的白人中，擁有學士學位者的所得高於曾接受某程度高等教育但沒有學士學位的人，後者的所得又高於最高學歷為高中畢業的人，但這三個群體的家庭人均所得中位數卻呈現相同趨勢，一直上升至2000年，然後下跌。但是，這三個群體的死亡率趨勢卻截然不同：教育程度最低者的死亡率上升，中間群體的死亡率接近持平，教育程度最高者的死亡率下降。比較黑人與白人的情況，也會發現所得趨勢無法解釋死亡率趨勢：黑人與白人都經歷了所得中位數的上升和下跌，但死亡率情況卻截然不同，黑人的情況相當好，白人則不好。一如貧困無法解釋死亡的地理分布，1990年之後的所得形態，也無法解釋同一時期的死亡形態。

我們在此並不是要說所得（或工資）不重要；在本書餘下部分，我們強調，絕望死很大程度上要歸咎於教育程度較低者的機會長期受損，此處的關鍵詞是「長期」。我們對大衰退的影響持懷疑態度，是因為在過去二十年這段

短得多的時間裡，死亡率的變化與所得的變化看來沒什麼
關係。

歐洲的經濟衰退、緊縮和死亡率

美國與歐洲經歷的大衰退有所不同，許多歐洲國家的
情況慘得多，以失業率的升幅或所得的跌幅衡量皆如此。
在那些自願或非自願執行緊縮政策的國家，儘管失業率上
升，失業給付遭到削減，醫療支出也遭到削減，尤其是預
防服務（例如疫苗接種和乳癌篩檢）和藥物方面的支出。
政府在老人方面的支出，例如養老金和長期照護，則大致
得到保護。希臘在大衰退中受創最重，該國削減公共醫療
支出30％，但即使在這個國家，老人長期照護支出仍得到
保護。[17]

大衰退期間，歐洲並未出現絕望死流行的現象（現在
也沒有），儘管當時有些歐洲國家實行了緊縮政策（另一
些歐洲國家則沒有）；美國死亡率跌勢放緩並轉為上升的
現象，並未發生在歐洲。事實上，2007年至2013年間，
希臘和西班牙的失業率上升了兩倍多，以至一度有超過
四分之一的人口失業，但期間兩國人民預期壽命的上升速
度，快過多數其他歐洲國家。在這段時期，歐洲各國人民
的預期壽命有所趨同。人民預期壽命起初較低的國家，例
如愛沙尼亞、波蘭或捷克，預期壽命的上升速度快過人民
預期壽命起初較高的國家，例如挪威、法國或瑞士。但這
無法解釋希臘和西班牙的情況：兩國人民的預期壽命本來

就比較高，而且死亡率在實行緊縮政策期間也都顯著降低了。[18]著眼於歐洲對我們提出關於失業、所得萎縮和死亡率的一般敘事毫無幫助。

是否有富裕的工業國家可能步上美國的後塵，走上勞工階級家庭生活條件長期惡化和絕望死流行的路？目前英國似乎正處於暴風雨的前夕，自1990年代中期以來，英國低收入勞動家庭的所得幾乎沒有成長。1980年至2011年間，英國人的預期壽命以每年逾五分之一年的速度增加，但此後一直持平。而一如美國，中年心臟病死亡率降低的趨勢已告一段落，英格蘭和蘇格蘭也出現了絕望死增加的現象，蘇格蘭的情況尤其嚴重。（相對於美國目前的情況，英國的絕望死案例相當少，但美國的絕望死問題1990年代初剛出現時，規模也很小。）英國目前正經歷長期的財政緊縮和地區不平等加劇的現象——倫敦欣欣向榮，但英國多數其他地區並非如此。一如美國，英國也處於政治分裂的狀態：一半選民在公投中支持英國脫歐，另一半選民則主張留在歐盟。雖然截至2019年中，英國的死亡率將受到怎樣的長期影響仍不清楚，但美國白人勞工階級1970年以來生活水準長期惡化的現象可能將發生在英國，絕望死問題也開始出現。[19]但是，有關英國死亡率近年的變化，至今未有明確和公認的解釋。[20]

死亡與去工業化

關於所得與失業問題，我們還沒講完。一些探討絕望死流行現象的著作，例如山姆・魁諾伊斯（Sam Quinones）的傑作《夢境》（*Dreamland*），強調了這個問題：在曾經繁榮但已流失大量職位的城鎮，許多人濫用鴉片類藥物並因此死亡；在這些地方，曾經雇用很多人的工廠遷往外國，或因為自動化技術的應用而關門，而留下來的人至少有一部分濫用鴉片類藥物。

利用我們劃分出來的美國一千個小區域，將各區的絕望死與就業率聯繫起來，可證實魁諾伊斯的發現。壯年就業人口比例偏低的地方，也是絕望死亡率偏高的地方；逐一檢視自殺死亡率、濫藥死亡率和和酒精性肝病死亡率，會發現全都是這樣。若干研究著眼於中國2000年加入世界貿易組織這個具體事件，以及便宜得多的中國商品突然帶來的競爭，導致美國各地失業人口急增的現象。這些研究也發現，這些失業惡化的現象，與死亡率上升有關。[21]

本書的主要論點是，絕望死現象反映美國的一個長期趨勢：教育程度較低的白人勞工階級，逐漸喪失他們曾經享有的一種生活方式；失業是這個故事的一部分，但只是一部分。已經放棄找工作的人在統計上不算是失業者，但他們仍拖低了就業人口比例。失業率起伏波動，整個國家無疑如此，特定地方也是這樣；一種工作可能會被另一種工作取代，通常是較差的工作取代了較好的工作。在一些已經完全失去製造業的地方，失去高薪工作的人找到其他工作，可能是服務業、物流業或客服中心的工作，也可能是當 Uber 司機。這些工作的薪酬可能比較少，工作環境可能比較緊張，但它們可以留住一些人在勞動市場。記者艾美・葛斯坦（Amy Goldstein）講述了威斯康辛州簡斯維爾（Janesville）的故事：那裡是美國前眾議院議長保羅・萊恩（Paul Ryan）的故鄉，通用汽車（General Motors）在當地生產雪佛蘭（Chevrolet）汽車八十五年之久，因為員工時薪很高，被稱為「慷慨汽車」（Generous Motors），2008年關閉了當地工廠。葛斯坦的故事結束時，簡斯維爾的失業率只有4％，但這並不意味著當地一切都好。[22]

較低的失業率與較低的絕望死亡率有關，但可能也有一些人失去工作之後退出了勞動市場，因此在統計上不算是失業者。這種情況也會造成困苦和絕望，因此即使失業率很低，但因為很多人無所事事、無事可為，絕望死人數還是很高。

總而言之，我們並非總是可以從失業統計中看出一個地方的社會和經濟結構已遭破壞。爛工作仍被視為工作，如果失去工作的人完全放棄找工作，他們就不再被視為失業者。但是，這種變化只要持續夠久，就會破壞社會生活和社會結構，正是這種破壞導致絕望死。死亡與失業的關係是這個過程的一部分，「中國衝擊」也是。對我們的故事來說，這些結果指向同一方向是很重要的，但它們只是一部長片的最新一部分。

重思大衰退

我們已經強調，大衰退並未像大蕭條在美國和英國造成自殺潮那樣導致絕望死流行，但這並不意味著大衰退不重要。我們懷疑右翼民粹主義高漲和左翼對不平等的憤怒，皆與金融危機大有關係。在全球金融危機爆發之前，人們有可能相信精英階層知道自己在做什麼，企業執行長和銀行業者的天價高薪符合公共利益，以及經濟成長和繁榮可以彌補這個體制的醜惡之處。在危機爆發之後，大量一般民眾損失慘重，包括失去工作和房子，但銀行業者不但沒有受到懲罰，還繼續得到獎勵，而政界則繼續保護他們。此時，資本主義開始看似一場向上再分配的騙局，而非造就普遍繁榮的引擎。

11
就業兩極化

　　教育程度的差別，尤其是擁有與沒有學士學位者之間的鴻溝，使美國人日益分裂為富足者與困苦者。如前所述，絕望死（濫藥、自殺和酗酒致死）空前增加，基本上是教育程度較低者的問題。一如第6章和第7章指出，健康狀況不佳（包括身心健康和疼痛）的問題也是這樣。

　　這些健康問題，只是教育程度較低者種種不幸的一部分。高低教育程度者在經濟方面的差距正在擴大，包括薪酬、勞動參與率、可選擇的工作類型，以及成功的機會。人口的地域分布也愈來愈受教育程度影響：受過良好教育的人遷往成功和創新的城市，那裡有好工作、好學校和好娛樂；教育程度較低的人留在農村、小城鎮、停滯或衰敗的社區，這些地方最有才華的孩子都已經遷往其他地方。六十年前，楊格預言功績制度將導致這種分裂，而如第5章指出，美國的黑人社區在1970年代和1980年代已經經歷了這種變遷。

工作收入藉由它可以購買的商品和服務，為美好生活提供物質基礎，但工作對生活的其他方面具有同樣重要，或甚至更重要的意義。工作賦予生活結構和意義；它賦予勞動者地位，而地位與收入不同。工作支撐婚姻和育兒。在這些方面，高低教育程度者的差距也正在擴大：教育程度較低者結婚的可能性愈來愈低，離婚、婚外生育、與子女分開的可能性則愈來愈高。有關生活的這些方面，我們將在第12章討論。

認為幸福就是金錢或金錢可以買到的東西，是錯誤的觀念。人們大有理由在乎的許多東西不可化約為金錢，也不能以金錢衡量。缺錢確實會使人們在諸多方面比較艱困，物質福祉衰退因此是生活其他方面困苦的一個原因。經濟上落後於人，是絕望死故事的關鍵一部分，但也只是故事的開端。我們使用「絕望死」一詞時，絕望的涵義比物質匱乏廣得多，也比物質匱乏慘得多。

本章集中討論物質福祉的基礎——工資與工作，以及教育程度差別造成的愈來愈大的鴻溝。在下一章，我們將討論其他方面的差距。

一條電扶梯變成了兩條，其中一條停了

美國還有一種分裂不是人與人之間的，而是時代之間的。對立的兩個時代是1970年之前和之後，雖然不同事件適用的時間點略有不同。從第二次世界大戰結束（1945年）到1970年，經濟成長相對快速，經濟成果的分配也

相對平均。在這段時期，經濟成長是一條電扶梯，載著所有美國人（無論教育程度和所得水準如何）向上移動。1970年之後，這條電扶梯變成了兩條──一條載著受過良好教育和本已富裕的人，以更快的速度向上移動；另一條載著沒有學士學位、本來就不寬裕的人，而它幾乎完全停了下來。1970年之前，經濟相對快速成長，不平等並未擴大。1970年之後，經濟成長放緩，不平等加劇。我們將討論導致這種變化的其中一些原因，但在此先要指出的是，其後果是勞工階級經歷了一場慢慢展開的大災難。

在第10章，我們說明了為什麼始於2008年的大衰退雖然是一場災難，但美國的絕望死流行問題不能歸咎於它──絕望死流行遠在大衰退發生前就已開始，而問題在大衰退期間持續加重。相對之下，可追溯至1970年的生活水準長期變化與絕望死流行有很大的關係。

生活水準惡化，以及白人勞工階級的社會解體（social disintegration），是一個緩慢的過程，政治學家羅伯特・普特南（Robert Putnam）將它恰當地比作氣候變遷，兩者都是冷酷但緩慢展開，而且基本上是人們看不見的。氣候變遷及其後果不會呈現在每年的氣溫波動上，但其長期（和有時有爭議的）後果危及人類文明。隨著經濟成長放緩，以及經濟成果愈來愈集中流向教育程度較高的人，勞工階級在經濟上愈來愈嚴重落後於人。

經濟成長、所得不平等與工資

在一個經濟體中，個人和家庭的經濟條件可以好到什麼程度，取決於總體經濟狀況。人均GDP成長的果實可以有許多用途，例如可用來支持政府支出、民眾消費或企業在設備上的支出，而人民分享到的部分可以流向有錢人、窮人或所有人；總體經濟成長是一個起點，我們必須加以剖析，了解成長果實的分配。在1950年代，美國人均GDP成長率平均為每年2.5％；到了1960年代，年均成長率升至3.1％，是二戰之後最高的十年均值。在1960年，美國人均GDP比1950年時高28％；到了1970年，人均GDP比1960年高36％，比1950年高75％。在1970年代和1980年代，年均成長率降至2.2％，而在我們現在認為表現相當好的1990年代，年均成長率略低於2.0％。

二十一世紀的第一個十年發生了大衰退，年均成長率不到1.0％，但即使在經濟復甦的第二個十年，截至2018年，年均成長率也只有略低於1.5％。值得注意的是，美國並非成長放緩的唯一富裕經濟體。經濟合作暨發展組織（OECD）由先進國家組成，如今有34個成員國，其中多數為富裕國家，而該組織整體而言在二戰之後，也出現成長放緩的大趨勢。

經濟成長放緩時，決定誰得到什麼的資源分配，會變得比較困難。[1]成長率看似微小的差異，長期而言影響很大。一個經濟體每年成長2.5％，生活水準提升一倍需要

28年，也就是一代人多一點的時間。如果每年成長1.5%，則需要47年。經濟大幅成長時，分配問題沒那麼迫切，因為即使某個群體拿走的超過合理應得的，其他群體通常還能得到他們可以接受的分配。成長若顯著放緩，徹底排擠弱勢群體的壓力就會變大。成長放緩導致資源爭奪加劇，賦予每個團體進行遊說的動機（目的是得到超出合理水準的分配），並且敗壞政治（資源分配是政治關注的主要問題之一。）自1970年以來，美國經濟成長的果實，主要流向本已富裕的人，他們捍衛自身利益的能力比其他人強得多。人們覺得世道艱難，必須設法保護自己的經濟地位，於是將自己的時間和資源，從創新和成長的正和遊戲，轉移到經濟成果分配這個零和遊戲中。尋租取代了創造，美國人可能陷入一種會使所有人變窮的惡性循環。

關於所得不平等的事實，如今已廣為人知：處於所得分配中間和底部的人最近數十年沒什麼長進，中間以上、尤其是最頂層的人（著名的頂層1%）則大發利市。經濟成長低迷加上分配不平等，對非頂層人士的生活水準構成雙重打擊。

精英階層與大眾分道揚鑣不僅發生在美國，還發生在許多其他先進國家。但是，雖然經濟成長放緩的情況是美國與其他富裕國家相似，不平等加劇則並非如此。若干先進國家（例如德國、法國和日本），成功避免了所得不平等顯著擴大的問題，直到最近才有所改變。除此之外，美國的不平等程度一開始就遠高於其他先進國家。長期以來，美國一直是富裕國家當中最不平等的國家之一，雖然許多富裕國家近年都出現了不平等加劇的問題，但美國是較早出現問題而且情況惡化得比較嚴重的國家。

思考成長與分配的另一種方式，是看國民所得分別有多少流向勞工（工資）和資本（利潤）。經濟學家以前一直認為工資對利潤的比率是永恆不變的，約為二比一。但是自1970年以來，這種情況也改變了：工資占國民所得的比例，從67％降至60％左右。類似的跌勢也發生在其他富裕國家，以及包括印度和中國在內的若干開發中國家。[2] 利潤並非全都落入有錢人的口袋裡（例如許多退休者持有股票作為養老金的來源），但利潤確實主要歸有錢人所有，而利潤占國民所得的比例上升，乃是家庭所得不平等加劇的原因之一。勞工占國民所得的比例降低，意味著經濟中的生產力成長，不再能夠促成工資以相同幅度增加。自1970年代初以來，美國的生產力成長放緩了，而工資的成長速度更緩慢。1979年之前，生產力與勞工薪酬大致同步成長，但從1979年到2018年，生產力成長了70％，勞工時薪卻僅成長12％。[3]

收入與工資

國民所得是經濟狀況的一個重要總體指標，但它並不提供有關經濟成果分配的資訊。要了解分配情況，我們必須著眼於個人或家庭。我們的故事的一個核心要素，是教育程度不同的人收入有何不同，尤其是擁有與沒有四年制大學學位者之間的差異。考慮到教育程度的差異對健康和其他結果影響巨大，我們在這裡比較關注的是教育程度如何影響收入，而不是一般的所得不平等。

我們在此再次強調，收入很可能沒有社會變化那麼重要，而後者包括工作性質、地位、婚姻和社會生活的變化。這些社會和經濟變化全都同時發生，全都嚴重影響人們的生活。但它們也相互影響，而我們將試著釐清它們如何相互影響。勞動收入據稱是影響這些其他結果的主要因素之一，先加以檢視因此是有用的。

在美國，擁有學士學位者的收入高於沒有學士學位者。正如第4章指出，擁有學士學位以上學歷的人收入超過高中畢業者的幅度，在1980年至2000年間增加了一倍——原本40％的收入差距擴大至80％。[4]接受高等教育可以在市場上獲得獎勵，因為在大學確實可以學到東西，因為上大學的人本來就有更強的動力或認知能力，因為上大學的人享有更強的家族人脈關係，或者三者兼而有之。人們對大學教育溢價倍增的主要解釋是：隨著經濟生產變得更依賴複雜技術，更仰賴電腦和腦力，而非農業和體力，教育程度和認知能力在勞動市場變得更受重視；這個過程被稱為「有利於技術勞工的技術變革」（skills-biased technical change）。

大學教育溢價上升，同樣不是美國特有的現象，但一如整體所得不平等，美國的大學教育溢價及其成長率都高於其他先進國家。有利於技術勞工的技術變革發生在所有先進國家，但美國是最極端的例子，其次是顯著落後的其他英語國家。美國的情況並非獨一無二，只是與眾不同和比較誇張，這是我們在本書多次看到的情況。

學士學位帶來的額外收入是對接受高等教育的獎勵，也是鼓勵人們上大學的一種誘因；它告訴那些追求物質報酬的年輕人，上大學是好事，而且愈來愈好。以這種方式理解，它似乎無傷大雅，因為它只是告訴我們，資本主義有效運作，將資源導向最需要的地方，創造出經濟運作需要的人力資本。但是，這種誘因看來不是很有效：1996年至2007年間，完成學士學位的年輕成年人比例並未改變，此後也僅緩慢上升——2008年25歲的美國人有27％完成學士學位，2017年時增加至33％。[5]

更糟的是，所得差距擴大，不僅是因為擁有學士學位者的收入增加了，還因為沒有學士學位者的收入減少了。事實並非只是受過大學教育的人獲得獎勵（收入增加），那些忽略上大學誘因的人還受到懲罰（收入減少）。勝利者得到獎賞，失敗者蒙受損失。

圖11.1依出生世代追蹤白人男性的時薪，呈現了這種情況如何發生在他們身上。每一條曲線呈現一個出生世代經通膨調整的工資中位數在該世代職涯中的變化；橫軸顯示年齡，我們因此可以追蹤每一個出生世代隨著年齡增長的工資變化。為免這張圖變得太雜亂，我們僅畫出四個世代的結果，他們分別出生於1940-1944年、1955-1959年、1975-1979年和1990-1994年，而每一個世代我們都分為擁

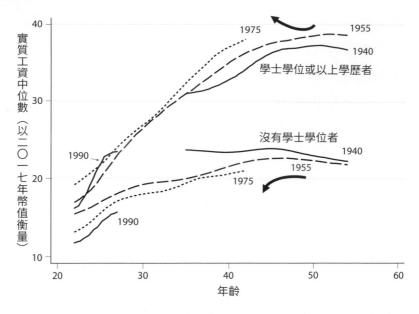

圖11.1　美國非西班牙語裔白人男性的收入中位數，依出生世代和是否擁有學士學位區分。本書作者利用「當前人口調查」的資料計算得出。

有與沒有四年制大學學位兩組。圖中曲線經平滑處理，以便讀者理解圖示。

　　我們從這張圖中立即看到，擁有與沒有學士學位者的工資有非常明顯的差距：高學歷者的工資曲線（位於頂端），全都總是在低學歷者工資曲線（位於底部）的上方。在擁有學士學位的人當中，1940年代、1950年代、1970年代出生者的工資曲線是一代高於一代。1990年代出生者因為還年輕，未來情況如何尚不清楚。在沒有學士學位的人當中，工資曲線卻是逐個世代下移，愈晚出生者工資愈低。圖中兩個箭頭指出高低學歷兩組人收入演變的相反趨勢。

　　兩組曲線之間的差距，隨著年齡增長而擴大；高學歷男性剛畢業時，收入比沒上大學的人多一些，而此一差距隨著年齡增長而擴大。就1955年出生的男性而言，在他們22歲時（這是完成學士學位者剛進入勞動市場全職工作的年紀），有學位者的工資比沒有學位者多7％。到他們54歲時，這個溢價已經擴大至77％。擁有學士學位者工資隨年齡增長而上升的速度，每一個世代皆遠快於沒有學士學位者，後者的工資根本沒什麼希望隨著年齡增長而大幅增加。在1955年出生的世代中，沒有學位者的最高工資中位數（出現在45歲時），比他們22歲時高50％，而擁有學位者的最高工資中位數（出現在50歲時），則是他們22歲時的2.5倍。從事專業工作者的收入在職涯大部分時間持續成長，體力勞動者的收入則在中年達到頂峰，隨後下降。

　　因為長期而言，高教育程度者的收入趨升，低教育程度者的收入趨跌，同一世代裡擁有與沒有學士學位者的收入差距是一代大於一代，愈年輕的人面對的大學教育溢價愈大。

　　圖11.1所含的訊息很多，但高學歷與低學歷兩組人的關鍵差異是：低學歷者的工資每況愈下，一代不如一代，在他們相對年輕時尤其如此，而高學歷者的工資則近乎不斷成長，一代高於一代。工作的報酬變得對沒有學士學位者愈來愈不利。

　　女性方面，擁有學士學位者的時薪，也呈現一代高於一代的現象，一如圖11.1呈現的高學歷男性的情況。至於沒有學士學位的女性，1940年至1950年出生者的工資有所成長，但隨後出生者就不再成長。1965年之後出生的女性，沒有學士學位者的工資中位數也下降了。

　　就25歲至64歲的所有白人勞工而言，他們經通膨調整的時薪中位數在1979年至2017年間成長了11％。這相當於每年平均成長0.4％，而期間美國經濟的年均成長率為2.5％。美國男性的工資中位數停滯了五十年，就沒有學士學位的白人男性而言，他們的工資中位數在1979年至2017年間的年均成長率為 0.2％。

　　工資中位數長期停滯，似乎是美國獨有的現象，至少在先進國家中是這樣。在歐洲，大衰退及其後果也使工資受損，許多歐洲國家遭受的打擊比美國更嚴重，若干歐洲國家經歷了雙底衰退。在2007年之後的十年裡，希臘、西班牙、葡萄牙、愛爾蘭和英國的工資中位數都有所下降，但這些國家沒有一個出現美國這種工資長期停滯的現象。英國的例子具有啟發意義，在工資開始下跌之前的二十年裡，英國實質工資中位數增加了接近一半（美國則是停滯），因此即使工資開始下跌，一般英國勞工的工資高於二十年前，而沒有學士學位的美國一般勞工拿到的工資卻低於二十年前。[6]

我們是否誇大了衰退與停滯？

然而，或許是政府的數據有誤，又或者我們對數據的理解有誤，美國人的工資其實比圖11.1所呈現的情況來得好。[7]如果工資其實並未長期停滯，或許統計數據未能充分反映美國資本主義帶給勞工的好處。本書的論點是美國勞工階級近數十年的境況並不好，雖然工資只是故事的一部分，卻是重要的一部分。

我們應注意的第一點是大家熟悉的：工資與物質福祉不是同一回事，而物質福祉這個概念本身又比福祉狹窄得多。即使工資率（wage rates）表現不佳，人們可以花的錢仍有可能增加。相對於1970年，美國的女性現在更有可能外出工作（參見稍後提供的圖11.2），因此即使個人收入停滯，家庭收入仍有可能增加，而事實上，家庭所得中位數的表現，確實好過個人收入中位數。如果女性投入勞動市場是出於自己的偏好，而非只是為了在日益困難的環境中維持生計，則她們的勞動參與率上升是好事，其意義並非僅限於她們賺到錢。但如果夫妻中有一方為了育兒而不想工作，但為了幫忙撐起家計而外出工作，則家庭裡所有成員的福祉都可能受損。一項調查就指出：「過去二十年裡（1978-1999年），全職工作的美國女性增加，幾乎全都是受經濟壓力驅使，而不是為了追求個人成就。」[8]雖然有一半的雙親家庭是父母皆全職工作，但59％的美國人（和一半的職業母親）認為，父母中有一人在家照顧孩子會比較好。[9]即使有多一人外出工作，托育和通勤費用往往吃掉那份額外收入很大一部分，而這是我們檢視家庭收入時不會考慮的。

只看工資也會忽略賦稅和福利，而一些福利（例如勞動所得稅額抵減）會提高低收入勞工的稅後所得。勞工也從多方面獲得重要福利，例如從雇主那裡得到醫療保險，從政府那裡得到聯邦醫療補助（聯邦醫療保險照顧65歲以上的人，他們不是我們在這裡的主要關注對象），以及從社會安全網得到食物券和殘障給付之類的福利。這些福利不容易計算，尤其是那些並非以現金形式提供的項目，例如醫療福利。雇主或國家提供這些福利的成本，並不等於福利接受者得到的價值，我們必須小心避免將美國過高的醫療成本，當成是勞工階級得到的現金福利。如果醫療產業藉由遊說、併購或避免競爭而提高價格，剝奪了一些人的醫療保險和壓低了由雇主提供醫療保險者的工資，則所得是從勞工轉移到醫療產業，而將這種情況視為提高了人們的福祉就非常離譜，因為事實恰恰相反。醫療保險福利成本增加，主要是因為價格上漲，因此將醫療福利的成本加到家庭所得裡，一定會顯著高估所得成長，而且問題幾乎肯定比忽略這項福利低估了所得成長來得嚴重。雇主提供的醫療保險成本上漲，也助長了收入成長與生產力成長之間的差距。

即使這些福利以人們願意付錢購買的價格衡量價值，它們也不是現金福利，而除非它們可以釋放出原本將用於購買這些福利的收入,它們無法像現金那樣賦予人們自由。聯邦醫療補助不能用來買食物或付房租;現金賦予人們的能力,始終不是實物福利可比。稅後現金收入,以及作為其基礎的稅後工資,仍是衡量人們按自身意願生活的能力的關鍵指標。

工資和收入被用在食物、居住、娛樂和醫療等方面,如果物價上漲,工資的價值就會萎縮。因應這個問題,我們利用消費者物價指數(Consumer Price Index, CPI)調整工資金額以反映其購買力。(在美國,CPI是勞動統計局公布的一個常用物價指標。)如果CPI經常高估了每年的物價漲幅,則長期而言,美國人的收入其實比我們所想的來得好:高低教育程度者的收入,都好過圖11.1所呈現的。

CPI高估物價的一種可能,是它未能充分考慮到許多產品和服務的品質進步了。醫療成本雖然上升,但醫療服務也大有提升,髖關節置換術、白內障手術、控制高血壓的藥物如今都很平常,此外還有許多其他奇蹟是半個世紀前辦不到的。確實有許多科技上的進步改善了我們的生活,卻並未反映在我們的收入上或降低了物價,但是為此修正數據比不做任何修正更有爭議。

關鍵問題是:品質進步是否能使人們減少支出,並且得到相同的東西?若是,品質進步就真的增進了人們的福祉。某些情況下確實就是這樣,例如倘若汽油品質提升,每公升可以支持汽車多走一倍的距離,則效果完全等同汽油價格減半。但品質變化多數不是這樣的,品質較差的舊商品往往就此消失，消費者別無選擇，只能購買改良版。你的汽車現在有安全氣囊，因此是品質更好的車子，但你現在買不到沒有安全氣囊的車。你可能喜歡某種新商品，例如你的手機，但它通常不會降低你的生活成本。一個極端的例子是美國人曾經享有的預期壽命延長。如果65歲之後可以活的日子愈來愈長，則老年人的福祉無疑有所增加，但我們真的要提出這種主張嗎：因為老年人變得比較富裕（這是事實）而生活成本降低了，他們的養老金現在是太多了？若要這麼說，又或者要說一般勞工的經濟條件好過其收入所顯示的，則種種進步（無論是醫療上的進步、網路帶給我們更好的娛樂，還是ATM帶給我們更多方便），必須可以藉由幫助我們減少購買相關商品或某些其他東西，使我們有更多現金可以花用；但這種可能性無論有多可取，現實中往往不存在。創新發明確實可能使我們變得比較幸福，雖然經常有人爭論金錢是否能夠買到幸福，我們至今仍未發現一種以幸福換取金錢的方法。

進出勞動市場

近數十年來的情況，並非只是教育程度較低者的工資停滯或甚至萎縮，若以聲稱受雇的人口比例衡量，他們根本就是減少勞動。就黃金工作年齡（25歲至54歲）的男性而言，就業人口比例呈現長期下降的趨勢。在1960年代末，這個群體只有5％的人沒在工作；到了2010年，也就是大衰退結束時，該群體有20％的人沒在工作。在2018

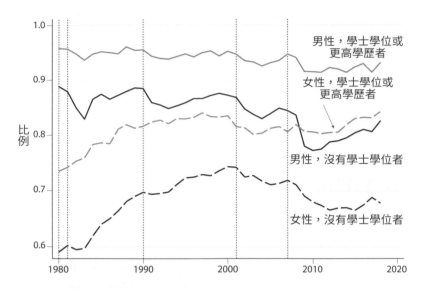

圖11.2　美國25-54歲白人非西班牙語裔男性和女性的就業人口比例。垂直線標示經濟衰退開始的年分。本書作者利用「當前人口調查」的資料計算得出。

年，也就是經濟展開復甦多年之後，還有14％的人沒有工作。在這14％的人當中，只有五分之一的人表示失業和正在找工作，其他人都退出了勞動市場。

　　此一趨勢也因教育程度不同而呈現顯著差異。圖11.2呈現1980年至2018年25歲至54歲白人男性和女性的就業人口比例，擁有學士學位者（灰色曲線）與沒有學士學位者（黑色曲線）分開呈現。圖中的垂直線標出經濟衰退開始的時間點，我們預期隨著經濟衰退導致許多人失業，就業人口比例將下降。景氣好轉時，許多失業的勞工恢復工作，但並非所有壯年男性都會在每次衰退過後恢復工作，因此雖然就業人口比例在每次經濟衰退之後都有所回升，卻從未回到衰退前的水準。隨著時間推移，就業人口比例逐漸降低。

2000年之後，低教育程度男性減少勞動的情況比較嚴重；他們可以找到的好工作愈來愈少，有些人乾脆退出勞動市場，擁有與沒有學士學位者的就業人口比例差距因此擴大了。在二十世紀下半葉，某程度上因為避孕藥面世和歧視減少，愈來愈多女性進入勞動市場。事實證明，她們在就業方面比男性更能抵禦經濟衰退的衝擊，但在2000年之後，女性的就業率也下降了——擁有學士學位者的就業率稍微下降，沒有學士學位者降得比較多。這些不同的演變導致從某一年起，擁有學位的女性的就業人口比例高於沒有學位的男性。

就業人口比例降低，可能有一半可歸因於工資下跌[10]——工資萎縮會使人比較不想留在勞動市場；此外，也可歸因於我們之前討論過失能者增加的問題（包括依賴鴉片類藥物），以及勞動市場上的工作變得沒那麼吸引人。

自1970年以來，在美國這個經濟體中，許多工作消失了，其中很多是薪酬優厚的工作，例如通用汽車（還記得「慷慨汽車」嗎？）或伯利恆鋼鐵公司（Bethlehem Steel）提供的工廠工作。以前美國許多男性追隨父親（有時甚至是祖父），投入高薪的製造業工作並加入工會，收入足以建立中產階級生活，擁有自己的房子，孩子上好學校，全家定期度假。他們被稱為藍領貴族，如今許多這種工作消失了。雖然美國製造業的產出繼續增加，但製造業職位已大幅減少：1979年至2007年間，製造業職位減少逾500萬個；1979年是美國製造業就業的高峰，當時共有1,950萬個職位，2007年則是經濟大衰退的前夕，製造業職位已經縮減至1,380萬個。金融危機期間，製造業就業再受重創，流失了200萬個職位，而雖然製造業就業如今有所反彈，但不大可能完全收復大衰退期間的失土，許多製造業工作已被進口商品、工廠自動化、全球化或機器人取代了。

這些情況全都不利於失業勞工。有些人放棄找工作。多數人找到其他工作，但這些工作通常比較低薪，又或者在其他方面不如以前的工作，例如自主空間較少、主動進取或與他人互動的機會較少、福利較少，或比較沒有保障。舉例來說，勞工若被視為臨時工，就不在事故賠償的保障範圍內；他們可能從事可以隨便換人做的工作，員工流動率相當高，而雇主根本不願意承擔什麼。做同一份工作的人極少會被減薪，低教育程度美國人的工資下降，因此主要是因為許多人換了比較差的工作。我們撰寫本章時（2019年），美國25歲至54歲男性的失業率約為3%，由此可見市場上有足夠工作滿足有意求職者，只是這些工作和以前不大一樣了，尤其是不再有低教育程度男性可以做的高薪製造業工作，而這也是很多人不再找工作的一大原因。

人不工作，通常是因為他們考慮過自己的選項之後決定不工作。當然，選擇不工作並不意味著他們樂於不工作。聖女貞德選擇在火刑柱上被燒死，只是因為其他選項可怕得多，至少對她來說是這樣。現在選擇不工作的人，沒有前人曾經享有的一些選擇，但這並不排除這種可能：他們變得比較懶惰或不願意工作，又或者他們因為有能力靠別人或國家生活，頂不住放棄工作的誘惑。

　　一如我們在第5章討論1970年代和1980年代美國黑人的經歷時看到的，放棄勞動的人增加到底是因為人們不再勤勞還是因為環境惡化，已經是個老問題。本章的資料明確指向環境惡化論。圖11.2顯示，勞工在經濟衰退期間退出勞動市場，圖中因此出現清晰的就業人口比例逐漸降低的形態。如果懶人激增不知為何剛好與經濟衰退同時發生，那就實在奇怪；我們認為懶人如果真的增加，變化應該是比較平穩的。[11]人們退出勞動市場是因為他們的工作消失了；許多人會找其他工作，一段時間之後會找到工作，但有些人會放棄找新工作。支持環境惡化論的另一證據，是圖11.1和圖11.2綜合呈現的情況。就教育程度較低的美國人而言，勞動參與率降低的同時，工資也在下跌。如果人們變得沒那麼勤勞，因此退出勞動市場去享受生活，工資將會上升而非下跌，因為工作的數量沒變，但願意做的人減少了。工資和勞工一起減少，是雇主想請的員工減少的明顯證據。

　　有些人選擇不工作，可能是因為社會安全網使他們不工作也可以生活下去，尤其是利用失能給付制度，愈來愈多不工作的人靠這種給付維持生活。但是，別忘了本書第6章和第7章指出，美國人疼痛增加和身心健康惡化的問題非常嚴重；失能者增加很大程度上可歸因於健康不佳的情況變得比較普遍，而不是人們鑽制度漏洞。[12]歐洲擁有比美國周全得多的社會安全網，包括為沒有工作的人提供長期給付，並設有慷慨的失能保障制度，尤其是針對年長勞工。但儘管福利制度以慷慨著稱，多數歐洲富裕國家（包括丹麥、挪威和瑞典）的勞動參與率相當高。有人指出，這些國家補貼包括托兒在內的一系列服務，使國民比較容易投入工作。[13]也有人認為，美國人與眾不同，對哪怕只是少少的福利都特別敏感，但證據顯示並非如此。[14]

如果很多人選擇不工作，勞動力供給會減少，工資的跌幅將可縮減——相對於失業者全都必須找新工作的情況而言。反對提供周全的社會安全網，或主張要求使用安全網的人工作，是一種支持工資降低的觀點。如果更多人被迫工作，圖11.1中低教育程度美國人的工資跌幅會更大。有些提議以當事人投入工作為獲得醫療或其他福利的條件，還有一些計畫僅服務有工作的人（例如勞動所得稅額抵減），全都將人推向勞動市場，因此會增加勞動力供給，結果是壓低勞動力的價格，也就是壓低工資。

如果工作本身確實是好事，則投入工作的好處可以抵銷工資降低的損失。人們想要工作，工作賦予他們生活意義和社會地位，他們從工作中學到東西、接觸他人，因此享有比較美好的生活。相反的觀點則認為，許多工作是純粹苦工，休閒本身是愉快的，可以使人更自由，因此即使支持休閒的成本是別人支付的，仍可能是好事。我們常常樂於為無法自給自足的人提供食物或居住補助，既然如此，補助休閒有何不可？正如哲學家伯特蘭·羅素（Bertrand Russell）曾經指出，最強烈主張窮人應該增加工作的人，包括一些無所事事、從不曾工作的有錢人。[15]我們在第16章思考該做什麼時，這些論點很重要，尤其是對人們已廣泛討論的全民基本收入構想。

低教育程度者面臨的工作性質轉變

美國勞工階級並不是一直存在的。支撐和定義美國勞工階級的製造業工作，在十九世紀開始將勞工從農場轉移到工廠，這種轉變在美國內戰之後加快，並在1950年左右達到頂峰。即使在1950年，家庭主婦增加也是比較新的現象；在那之前，夫妻通常合作謀生。然後拜製造業崛起所賜，男人前往工廠工作，而他們在那裡需要的教育程度並不高於務農，他們在工作方面的意義源自辛苦但有生產力的勞動得到敬重，而不是相當好的薪水。[16]他們外出工作，孩子留給妻子在家照顧；他們為家庭工作，而不是在家裡工作。這種生活附帶嚴格執行的社會規範，包括先有安穩的前途再結婚、不得有婚外性行為，更不得婚外生子。製造業和隨之而來的勞工階級生活界定了男性和女性的角色，也決定了家庭生活應有的模樣。[17]

製造業崛起帶來新的生活方式，以及在工作和生活中尋找意義的新方式。工會成員人數幾乎在同一時間達到頂峰，雖然歷史上工會的作為並非全都是好事，雖然工會長期主張的一些福利如今由雇主按照法律規定提供，但工會確實曾極力捍衛勞工利益，至今無人能及。企業分配利潤時，工會在談判桌上有一席之地。工會提高了工會成員的工資，此外也提高了非工會成員的工資，但幅度低一些，並且監督工作場所的衛生和安全條件。加入工會的勞工比較不容易辭職，而且生產力通常較高。[18]工會使勞工在工作和較廣的範圍享有某程度的民主控制權，而工會也往往是在地社交生活的重要組成部分。美國工會勢力在1950年代初達到頂峰時，約33％的勞工是工會成員。[19]該比例在2018年僅為10.5％，而民間部門只有6.4％的勞工是工會成員。[20]

隨著製造業工作大量消失，美國勞工不得不轉投比較不理想和沒那麼正式的工作，而它們多數是服務業提供的，例如醫療照護、餐飲服務、清潔和保安。雇主與雇員都變得不再那麼重視彼此之間的關係，工會與雇主之間的戰爭消失了，取而代之的是勞資之間的互相疏離。[21]許多不理想的服務業工作，幾乎不存在個人成長或生產力成長的空間，也可能是勞工必須嚴格遵照指示去做，包括嚴格服從時間要求等，完全沒有個人主動發揮的空間。從事這些工作的勞工，實際上是機器人的臨時替身，等到程式設計師能夠教會機器人做那些工作，他們就會被淘汰。[22]

詹姆士・布拉德渥斯（James Bloodworth）在著作中提到亞馬遜在英國的一座倉庫，該倉庫位於伯明罕以北一個前礦區，他在那裡遇到的亞歷克斯（Alex）對他說：

「這裡的人真的會說:『我只是在亞馬遜工作』,但他們過去絕不會說:『我只是在礦坑工作。』他們會說:『我是礦工』,因為他們正是礦工,而且為此感到自豪。」[23]

在美國和其他富裕國家,如今有一些大公司為其他公司提供勞動力,包括清潔工、保全人員、餐飲服務人員和司機之類的。這些勞工以前直接受雇於他們服務的公司,賺取比較高的薪酬,如今他們不是所服務公司的員工,工資較低,而且往往沒有員工福利或全面的勞動保障。高科技公司(例如Google)因此得以僅雇用擁有學士學位或更高學歷的人,而這些人周遭支援的則是外包業者派來的。根據布拉德渥斯在英國看到的情況,以及來自美國幾乎完全相同的敘述,[24]亞馬遜倉庫的工人極少直接受雇於亞馬遜。在美國的案例中,人力派遣公司 Integrity Staffing Solutions 為亞馬遜的倉庫提供許多「臨時工」,他們與極少數亞馬遜正式員工唯一看得見的差別是識別證的顏色:藍色為正式員工,白色為臨時工。一切看似毫無改變,類似的人在做類似的工作,但外包業者提供的人員(以前可能是公司的正式員工),往往面臨較差的工作條件,包括工資較低、福利較少,以及晉升機會非常有限,或甚至沒有機會。

才華橫溢的孩子如果因為各種原因,並未接受符合能力的良好教育,如今已不可能以自己的方法從工友做起,最後晉升為公司執行長,因為在現今的世界,工友與執行長受雇於不同的公司,生活在不同的世界裡。[25]高學歷者屬於一個世界,低學歷者屬於另一個世界,後者無法成為前一個世界的一員。或許最重要的是,外包人員不再是所服務公司的一部分,對所服務的公司沒有歸屬感,而且正如經濟學家尼可拉斯・布魯姆(Nicholas Bloom)令人難忘地指出,公司不再邀請他們參加節日派對。[26]他們不再能夠以身為一家優秀企業的一員(無論是多麼卑微的一員)而感到自豪,無法從中找到意義和希望。

美國白人勞工階級的崩潰還有另一面。在許多地方和許多公司,以前只有白人勞工階級,黑人被排除在外。相對於黑人,白人享有一種持續了很多年的特權,這種特權如今已經受損或完全消失。社會學家安德魯・薛林(Andrew Cherlin)這麼說:「在藍領勞工整體機會受限的環境下,白人勞工看到黑人的進步,認為這是機會被不公平地奪走,而不是白人的種族特權地位遭到削弱。」[27]皮尤一項調查顯示,美國白人勞工階級超過50%的人認為,針對白人的歧視已經成為大問題,一如黑人和其他少數族裔受歧視的問題那麼嚴重,但受過大學教育的美國白人有70%認為事實並非如此。[28]

白人同時失去好工作、好工作成就和支持的家庭生活,而且至少自覺喪失了種族特權或甚至反過來受到歧視,這是一種非常有害的情況,影響比真實但可應付的收入萎縮強烈得多。

12
家庭生活差距擴大

　　隨著市場為低學歷勞工提供的好工作愈來愈少，許多人被迫轉做較差的工作或乾脆不工作，結果他們的職業生活以至家庭生活都受到重大影響。教育程度較高者與較低者之間的差距愈來愈大，不僅在勞動市場這樣，在婚姻、生育、宗教、社會活動和社區參與方面皆如此。經濟學家往往以實質所得作為衡量人們生活狀況的主要標準，雖然所得確實很重要，但遠非唯一重要的東西，如果我們想了解生活不如意如何驅使許多人自殺或死於其他絕望死，就必須關注所得以外的重要生活面向。本章概括的關於這些方面的研究，多數是社會學家做的；這並不令人意外，因為社會學家研究人類生活時著眼的東西，比經濟學家廣泛。

婚姻

　　在西方歷史上，男人若想與女人一起生活並生兒育女，必須是「適婚的」。這意味著他必須符合若干條件，包括有能力養家，以及「前途看好」。從前，新郎向準新娘求婚前，必須徵得準新娘父親的同意，而新娘父親的責任是查證新郎是否有能力擔起家計。這種習俗延續至今，但查證財力的事如今通常由一對新人自己負責。隨著低學歷男性愈來愈難找到好工作和工資下跌，適婚男性顯著減少，結婚率隨之降低。[1]美國勞工階級家庭的鼎盛時期出現在1950年代，當時這種家庭通常只有男主人一個人在賺錢，因為他的工資足以撐起家計；但是，對教育程度較低的男性來說，這種理想狀況如今已經變得有點遙不可及。勞動市場的變化，正在破壞勞工階級的婚姻。

我們可以從圖12.1中看到，低學歷非西班牙語裔白人的結婚率，近數十年來發生了巨大的變化；該圖每隔十年呈現1980年至2018年間30歲至70歲白人自稱目前已婚的比例。[2]左圖呈現沒有四年制大學學位者的情況，右圖呈現擁有學士以上學位者的情況。在1980年（左圖和右圖最上方的長虛線），擁有與沒有學士學位的白人，在任何一個年紀的已婚率幾乎完全一樣。到了1990年，擁有與沒有學士學位的白人，在任何一個年紀的已婚率都有所降低，而沒有學位者的已婚率降幅普遍較大。從1990年到2018年，與擁有學士學位者不同的是，沒有學位者的已婚率持續下降，每過十年都進一步降低。1980年時，擁有與沒有學士學位的白人45歲時的已婚比例均為82％；到了1990年，該比例降至75％，高低學歷者相同。1990年之後，擁有學士學位者維持該已婚率，沒有學士學位者的45

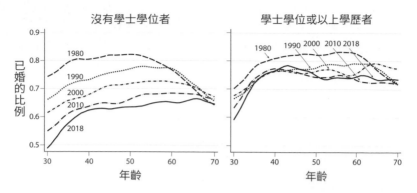

沒有學士學位者　　　　學士學位或以上學歷者

圖12.1　美國非西班牙語裔白人的已婚比例，按年齡、年分和教育程度區
　　　　分。本書作者利用「當前人口調查」的資料計算得出。

歲已婚率則持續降低，2018年時跌至62％的低點。

　　結婚有許多好處，當然不是人人都想結婚，但對想結婚的人來說，婚姻可以帶來親密關係、伴侶、滿足，而且很多人可以享受到子孫帶來的歡樂。結了婚的人比較長壽、比較健康，也比較滿意自己的生活（已婚男性尤其如此），而雖然比較健康的人確實更有可能結婚，這一點不大可能解釋已婚者與未婚者的差別。結婚率降低某程度上是因為低學歷男性變得沒那麼「適婚」，就此而言，勞動市場的問題不但損害他們的物質福祉，還剝奪了婚姻可以帶給他們（以至社會）的所有好處。

　　有些人不想結婚，有些人過去可能感受到必須結婚的壓力，結婚率降低對這些人來說是好事。有些人可能選擇較晚結婚（以過去的標準衡量，他們是「太晚」結婚了），因為他們想接受更多教育、發展事業，又或者盡可能找到理想的伴侶。延後結婚解釋了為什麼擁有學士學位者的結婚率在30歲至40歲之間急升。1960年代後期避孕藥普及，加上1965年至1975年間的性革命根本改變了美國人對性的態度，社會因此普遍接受一對伴侶不必結婚也可以有性關係，而且拜避孕方法普及所賜，人們不必擔心性行為導致意外懷孕。1973年的「羅訴韋德案」（*Roe v. Wade*）使女性可以合法墮胎，可能也使美國人變得沒那麼擔心性行為的後果。這些變化賦予人們更大的自由，提高自己的教育程度或發展自己的事業，對許多女性來說尤其如此——經濟學家會說，這些變化降低了人們做這些事的代價。在避孕藥協助下，愈來愈多女性進入學校接受專業教育。[3]1960年代和1970年代女性主義迅速傳播，鼓勵女性利用這些新出現的自由。選擇晚婚或乾脆不結婚的人，是在利用以前不存在的機會，他們的境況改善了。不過，受過大學教育的人看來只是將結婚時間延後數年，在這些人當中，35歲以上的中年人75％已婚。

因此就出現了這樣一種分化：有些人因為自身選擇變得比較有限，錯失了自己想要把握的結婚機會；另一些人則因為自身選擇變多了，自願選擇暫時或永遠不結婚。無論是源自科技或社會方面的變化，新的可能性出現時，通常會有贏家和輸家，而經濟條件或教育程度較好的人，通常更有可能掌握相關資訊，也更有能力把握新的機會，因此比較可能成為贏家。一如本書常提到的情況，這種分化大致上也是明顯有利於高學歷者。

低學歷白人的這種婚姻形態變化，與三十年前開始的
黑人社區變化類似，[4]而且大致上是出於相同原因。[5]沒有
一份足以養家的工作，使男人變得比較不適婚，穩定生活
的一條支柱可能因此變得遙不可及。

生育

曾幾何時，婚姻與生育密切相關，結婚率降低意味著
生育率也將降低。事實上，在西方歷史上大部分時間裡，
男性的工資率是生育調節機制的一部分。[6]在過去半個世
紀裡，婚姻與生育的關聯已被打破，或至少變得可隨意打
破。社會容許人們經由許多途徑發生性關係，而拜安全、
方便和可靠的避孕方法所賜，性行為導致意外懷孕的風險
已顯著消除。人們可以延後結婚而不必放棄親密的伴侶關
係，也可以延後生育，直到已建立穩固的事業基礎，或照
顧孩子變得相對方便時。與此同時，因為避孕方法普及，
加上必要時可以墮胎，男性不再像以往那樣有奉子成婚的
責任（無論女方家人是否持槍脅迫）。未婚性行為和婚外
生育，在社會上不再是恥辱。[7]

但是，這種解放有其黑暗面，至少對某些人來說是這
樣。在美國，懷孕後生下孩子時沒有結婚的女性，有很多
並未與孩子的父親一起生活（甚至彼此不再聯繫），而是
與其他男性建立了關係，而這些關係可能帶給她們新的孩
子。同居現象在其他富裕國家和美國的高學歷人士當中都
有所增加，但不穩定和脆弱、而且帶著孩子的連續同居關

係，在其他國家和美國的高學歷女性中都相當罕見，美國的高學歷女性通常延後生育，直到完成學業並且已經結婚。[8]借用社會學家薛林的論點，[9]我們可以說美國人現在有兩種不同的成年模式：高學歷者是一種，他們先完成大學學業，找一份工作，建立一定的事業基礎之後才結婚生子；低學歷者是另一種，他們連續與不同的人同居，未婚就生下孩子。與多個伴侶生下孩子的美國人，最有可能是沒有學士學位的人。

社會學文獻正確地集中關注這些形態對孩子的影響，因為相對於父母皆在的完整家庭，破碎、脆弱的關係，往往嚴重損害孩子的發展。不過，連續同居和婚外生育往往也嚴重影響成年人；這種功能失調的家庭安排，是絕望蔓延的主要嫌犯。

對於女性選擇連續同居和婚外生育，我們可能覺得難以理解：正常人都知道，男人現在已不受舊規則約束，而如果女人婚外產子，很可能將面臨一種難以掙脫的循環：經濟困難、情緒不穩，以及孤立無援。但是，或許她們本來就沒有很多選擇。如果很多女性願意投入未婚性關係，寧願等待的人就會面臨議價能力降低的問題。一旦懷孕，很多女性不想墮胎，雖然也有很多人想墮胎，而即使墮胎人數正迅速減少，目前墮胎並不罕見。根據2014年的情況估算，美國每四名女性就有一名會在45歲前墮胎，而在這一年，15歲至44歲女性每一千人有14.6次墮胎[10]（和62.9次活產）。對許多女性來說，生孩子是一種祝福、對生命價值的肯定、一種救贖，以及一種對未來的希望。對那些無法想像自己上大學的女性來說，生孩子是一種力所能及的成就。宣布懷孕的喜悅與宣布考上好大學或在工作上獲得重要晉升的喜悅一樣真實，也一樣充滿希望。未來看似一片光明和充滿祝福──哪怕僅限於那一刻。[11]

對單身母親來說，一旦有了孩子，為她們提供福利的撫養兒童家庭援助計畫（Aid to Families with Dependent Children, AFDC）就會懲罰結婚的人。這可能在某種程度上導致女性懷孕後不願結婚，而這也是AFDC實施了六十年之後，在1996年被取代的原因之一。

至於那些父親也是受害者，這可能是許多人覺得不大可能的事，因為他們不必對女性承諾什麼就得到快樂，而且不必承擔經濟和情感方面的某些責任。但他們其實做了一筆浮士德交易──起初看似非常美好，最終必須付出高昂代價。他們其中很多人到了中年時，不但事業和收入不如他們的父母，或達不到自己的期望，也沒有穩定的家庭，沒有與自己有共同生活和回憶的家人。他們可能因為多次與女性同居而有多個孩子，但可能完全不認識這些孩子，而這些孩子可能與母親和其他男人一起生活。這種破碎和脆弱的關係，幾乎完全無法帶給他們日常的歡樂和慰藉，也無法使他們相信自己正過著美好的生活。

無論是對男性還是女性來說，舊的社會規則雖然可能妨礙自由和相當無情，但體現了長期積累的社會智慧，可以防止人們做一些他們將來大有可能後悔的終身決定。

　　我們在這裡是在談美國低學歷白人的情況，但長期以來，人們也是這樣描述美國黑人之間的家庭安排。我們再次看到不同種族情況趨同的現象。沒有大學學位黑人女性的婚外生育率自1990年以來一直相當高，但保持穩定，而且自2010年以來持續降低。相對之下，沒有大學學位白人女性的婚外生育率，則在1990年至2017年間上升一倍以上，從占出生者20％升至超過40％。隨著黑人的婚外生育減少和低學歷白人的婚外生育增加，階級正成為比種族更重要的鴻溝。社會學家薛林指出：「關於那些在養育孩子的過程中有過多名親密伴侶的女性，如果你需要她們的一個典型形象，你可以想像一名只有高中學歷的白人女性。」[12]

社區參與

　　在其名著《獨自打保齡》（*Bowling Alone*）中，政治學家普特南闡述了美國社會資本在二十世紀最後三分之一的日子裡如何顯著受損；[13]美國人愈來愈少參與涉及他人的各種社交和社會活動，包括家庭聚餐、與朋友在家晚間聚會，以及教會、工會和俱樂部之類機構的活動。自普特南2000年出版該書以來，這些衰減趨勢多數一直持續，有些趨勢還加快了。一如家庭安排，這當中有教育程度不同造成的鴻溝，其中一些正在擴大。

　　物質生活水準、健康、家庭和子女是幸福的基礎，社區參與也是，而宗教信仰對多數美國人也很重要。蓋洛普2008年至2012年的調查數據顯示,三分之二的美國人認為宗教在他們的日常生活中非常重要。[14]我們不必跟隨經濟學家的做法,試圖估算這些事物的價值,將它們化約為某個金額。我們不必將財富度量的嚴格標準強行套在健康、家庭、社區和宗教上;它們的重要性不能以成本或人們願意為它們付出的金錢衡量。

人們涉入地方和國家層面社會事務的方式之一是參與政治,最顯而易見的是投票支持屬意的候選人或政策。社區或社會參與本身可以帶給當事人直接報酬,雖然當事人並非總是能夠得到他們想要的,但是相對於不參與的人,參與者確實比較可能得到他們想要的東西。65歲以上的美國人在總統大選中投票的可能性,比18歲至29歲的美國人高50%(在1996年至2016年的選舉中,長者的投票率為78%,年輕成年人的投票率則只有53%),而這與公共政策對長者相對慷慨大有關係。所得與投票率相關,教育程度也是,而國會議員很可能傾向重視比較富裕和高學歷的選民。[15]

圖12.2呈現最近六次美國總統大選(1996年至2016年)按種族和教育程度區分的投票率,每一個數據點代表25歲至64歲選民自稱在那一年的選舉中投票的比例。投票率從1996年上升到歐巴馬首次當選的2008年,隨後下跌。圖12.2呈現的顯而易見的鴻溝,是教育程度差異造成的:擁有四年制大學學位者的投票率,一直比沒有學位者高20個百分點左右。在歐巴馬當選的那兩次選舉中,

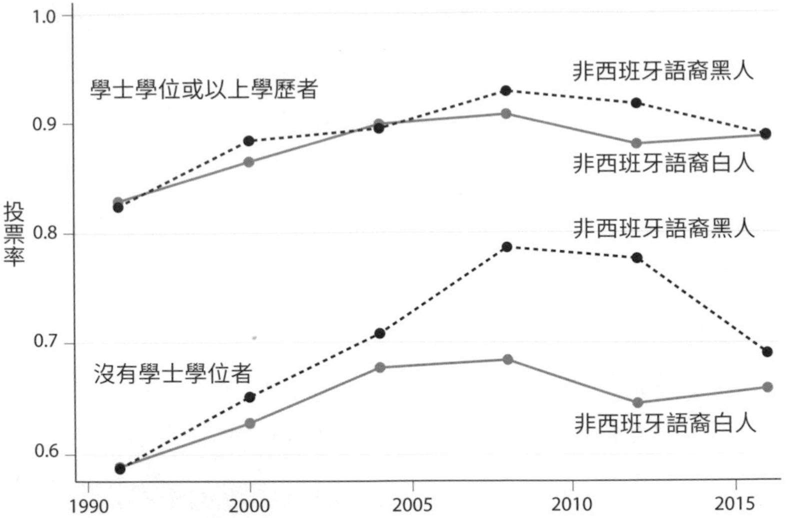

圖12.2 美國總統大選投票率，按種族和教育程度區分，25–64歲的選民。本書作者利用「當前人口調查」的資料計算得出。

黑人投票率顯著高於白人，但除此之外，黑人與白人如果教育程度相若，投票率沒有明顯差別。投票率鴻溝源自階級，而非種族。

自上世紀中期以來，美國人的工會參與率迅速降低；參與工會這種社會資本，顯然對勞工階級最重要。在1950年代中期，美國逾三分之一的非農業雇員加入了工會；該比例隨後降低，2017年降至低於10%，而公共部門與私營部門的工會會員人數相若。但私營部門的雇員人數遠多於公共部門，只是後者雇員加入工會的可能性是前者的五倍以上。私營部門工會勢力迅速衰落，是資本相對於勞工的力量增強的一大因素，我們將在第15章討論這個問題。

一如政治參與，加入工會並非只是有助於保護勞工的經濟
利益。在美國許多地方，工會會議和以工會為基礎的俱樂
部是（或曾經是）社會生活的一部分。

如果我加入某個工會，得到好處的不僅是我，還有其
他人；因為我加入有助於壯大該工會，其他會員也能夠
得到好處。如果我加入某個俱樂部或教會，情況也是這
樣；事實上，社會資本一般都是這樣。我的參與產生所謂
的「網絡外部性」（network externality）：一個人的行為影
響其他人的成本和效益。社群媒體（例如臉書）和教會也
是這樣，屬於某個網絡的好處，隨著該網絡成員增加而擴
大。一如臉書，網絡外部性可以導致網絡成員人數迅速增
加，因為成長率隨著成員人數增加而上升；成員愈多，成
長速度愈快，至少直到不再有人想加入為止。這種過程也
可以反向運作，隨著成員退出，工會或教會對餘下成員的
吸引力會降低；具網絡外部性的組織衰落時，速度可以一
如它壯大時那麼快。對私營部門的工會來說，這個問題無
疑是故事的一部分。工會流失會員到某個程度，工會會堂
或工會球隊就無法運作下去，而工會造福會員的能力也將
受損，當工會的會員也就愈來愈沒有意義。

對多數美國人來說，宗教是生活重要的一部分；除了
義大利和愛爾蘭，其他富裕國家的民眾，遠沒有美國人這麼
重視宗教。篤信宗教者在許多方面表現較佳：他們比較快
樂和慷慨，也比較不會吸菸、酗酒或濫藥。朋友使美好的生
活更美好，而教會的朋友比其他朋友更能做到這一點。[16]

近數十年來，美國的教會成員人數一直趨跌，低學歷信徒尤其如此，而低學歷人士上教會的可能性本來就比較低。聲稱宗教對他們很重要的人，並不是人人都加入了某個教會或經常上教會；如今約有三分之一的美國人，聲稱自己過去一週去過禮拜場所。[17]該數字在1950年代末為接近一半，隨後緩慢下跌至1980年，然後持穩於約40％至2000年，然後急跌。

我們通常認為，宗教是人們從父母那裡繼承下來的，而且終身不變（至少如果當事人沒墮落的話）。事實上，美國東北部天主教徒眾多，是愛爾蘭和義大利人移民當地的歷史遺留，而現在美國南部和西部天主教徒增加，則是西班牙語裔移民當地的結果。但宗教信仰並非只是僵化的移民歷史遺留，它還反映人們改變信仰這個事實：有些人離開了他們在成長過程中參加的教會，有些人從一個教會轉投另一個教會，因為舊教會的教義似乎與時代脫節，又或者不再符合人們的政治和社會信仰。1960年代和1970年代是美國社會在性規範和民權方面經歷巨大震盪的時期，也是民眾愈來愈不信任政府的時期，當時很多人完全停止上教會，另一些人則對社會變化感到不安，而且不滿主流教會未能提出有力的因應措施，於是轉投福音派或社會保守派教會。[18]2000年之後，主流教會和福音派教會雙雙流失信眾，尤其是年輕信眾，因為年輕人不像他們的父母那樣，被這些教會信奉的社會保守政治信仰所吸引。許多美國人似乎選擇宗教以配合他們的政治信仰。

近數十年來,自稱不信任何宗教的美國人迅速增加,從1970年代中到1990年,只有7%或8%的美國人自稱不信任何宗教。到了2016年,該比例已升至近25%,而年輕的白人勞工階級(18歲至29歲)更有接近50%不信任何宗教。[19]這些現象是美國人的宗教信仰以至整個美國的廣泛變化的一部分。如今只有43%的美國人認為自己是白人基督徒,而該比例在1996年高達65%,在2006年時還有54%。在美國,白人基督徒已不再居多數地位,而這可能是白人勞工階級某些成員不樂見的又一項變化。

福音派與主流教會的差異,並非僅在於它們的政治信仰。許多主流教會提供社會學家羅伯特·伍斯諾(Robert Wuthnow)所謂的「居所的靈性」(spirituality of dwelling)。[20]這些教會是精神家園,是多代信眾的避難所和禮拜場所,往往可以追溯至第一代移民的故國,例如天主教徒來自義大利、愛爾蘭或墨西哥,信義宗教徒則來自斯堪的納維亞或德國。在信徒的經濟或家庭生活遇到困難時,這些教會為他們提供精神避難所,但人們也可能認為這些教會極度乏味和具有壓迫性。在伍斯諾的論述中,與「居所」相對的是「尋求」(seeking)——人們試圖以自己的方式滿足靈性需求,例如轉投福音派教會以迎合自己的社會保守思想,又或者在有組織的教會之外創造自己獨特的混合信仰。這是個人主義壯大的一個面向,而社會學家薛林認為,個人主義壯大是「過去幾個世紀西方社會發展的主要趨勢」之一。[21]這些另類出路有助人們比較自由地探索靈性，不必受制於某些人認為不正派的教會組織，但它們可能無法像主流教會那樣使人安心，或是得到人們毫無懷疑的接受——畢竟主流教會的儀式和傳統是許多人從小就熟悉的，而且在人們遇到困難時予以救濟，服務了很多代的人。目前許多美國人與有組織的宗教完全沒有關係，但經由自我建構的信仰探索靈性，而這有時令他們相當孤立；社會民族誌學者凱瑟琳・艾丁（Kathryn Edin）及其同事就曾提出一個例子：有個人以古代太空人論（ancient-astronaut theories）作為信仰中心，然後抱怨很難找到人討論這種信仰。[22]這種孤立是艾丁及其同事所講的勞工階級脆弱情感的一個例子。

綜合社會調查（General Social Survey）詢問受訪者多常上教堂，圖12.3以該項調查為資料來源，呈現中年白人（40-59歲）自稱每週上教堂的比例。因為樣本相當小，我們採用20年的年齡範圍，並對年度波動做了平滑處理。

擁有學士學位者比較可能每週上教堂，而且隨著時間推移，高低學歷者的差距愈來愈大。相對於年輕人，這些中年人比較不容易退出教會，但是連他們也愈來愈少上教堂，而低學歷者減少的速度更快一些。白人勞工階級正失去工會和教會可以提供的社群支持。

如果我們為美國黑人畫同一張圖，並且注意樣本較小的問題，我們不會看到沒有學士學位者每週上教堂的比例降低的跡象。沒有學士學位的中年黑人約有三分之一每週上教堂，與低學歷中年白人在1970年代初的比例相若，

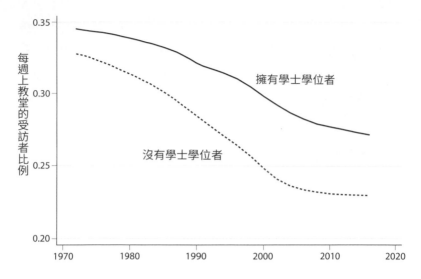

圖12.3　美國40–59歲白人每週上教堂的比例。本書作者利用「綜合社會
調查」的資料計算得出。

但與白人不同的是，黑人的比例隨後一直保持穩定。

　　為什麼缺乏宗教信仰和上教堂的人減少會有問題？西
維吉尼亞州是受絕望死影響最嚴重的州，也是美國最重視
宗教的州之一；該州勞動年齡白人高達70％聲稱，宗教在他
們的生活中非常重要。紐約州和加州受絕望死影響的程度
輕得多，這兩州只有51％的人表示宗教對他們很重要。如
果西維吉尼亞州居民沒那麼篤信宗教，或許完全不是壞事？

　　這個問題的答案之一是：只要時間夠長，一個地方的
宗教虔誠程度，會因應社會和經濟環境而改變。在世界各
地的貧窮國家，尤其是在亞洲和非洲，幾乎人人都自稱
篤信宗教，但在比較富裕的工業國家，宗教虔誠程度就

比較低,西歐尤其如此。根據世俗化假說(secularization hypothesis),隨著教育普及、收入增加,以及國家接手教會的許多功能,人們會疏遠宗教。講白一點是:面對比較困難的環境,人比較需要宗教。這種說法符合美國各州的情況:在所得較低和州政府的救濟較少的州,篤信宗教的人口比例較高。這也解釋了為什麼比較虔誠的人在許多方面表現較佳(他們比較快樂,比較不可能犯罪、濫藥、酗酒和吸菸),但宗教虔誠程度較高的地方(包括美國各州)在同一些方面表現較差。[23]宗教幫助信徒取得較好的表現,而他們信奉宗教的部分原因是當地環境困難。如果宗教虔誠程度隨著時間推移而降低,那是這個故事中人的一面起作用,而人們將會失去宗教帶來的好處。

人們如何評價自己的生活?

許多人很想找到一個可以反映人們生活狀況的總指標,該指標能夠綜合人們重視的所有東西,包括物質福祉、健康、家庭、社區和宗教,我們認為這既不可能也不可取。將生活的不同面向強行納入單一指標,會忽略太多東西,而且相對於逐一檢視每一面向,這幾乎完全未能提供有用的額外資訊。近年來,有些作者改變了觀點,認為如果我們問人們他們有多幸福,或者他們的生活過得如何,我們就能得到一個可以代表一切的神奇數字。[24]我們可以找到很好的哲學和實證論點來駁斥這種說法,但只要我們不抱太高的期望,人們如何評價自己的生活,仍是有價值的資訊。這種資訊反映人們自己的想法,而不是所得、預期壽命或上教堂頻率之類的「專家」衡量標準——這些指標充其量只是替代指標,看起來可能與當事人無關。除此之外,有證據顯示,當事人對自身生活的評價,會隨著生活環境(包括所得、健康、宗教、教育)的變化而改變,而這正是我們預期會發生的。人們認為自己的生活過得好,這本身是好事,即使這種評價未能涵蓋他們關心的所有事物。我們嘗試了解人們的生活品質時,可以利用當事人的自我評價作為其他指標的補充。

我們在上一節討論宗教時,引用了綜合社會調查的資料,該項調查也詢問受訪者對「最近一切」的滿意程度,而受訪者可以選擇的答案有三個:非常滿意、相當滿意、不大滿意。圖12.4呈現1972年至2016年間,40歲至59歲者多個不同群體表示「不大滿意」的比例。我們可以看到,所有中年白人的這個比例(圖中虛線)大致持穩至1990年代末,隨後開始上升。比較不同教育程度中年白人的情況,就能看到此一變化源自沒有學士學位的人。在這整段時期,沒有學士學位的白人自稱不滿意的比例較高,但該比例大致持穩至1990年代中期,隨後開始上升,而擁有與沒有學士學位的白人之間的差距穩步擴大。

美國中年黑人不快樂的程度高於中年白人,但他們自稱「不大滿意」的比例穩步降低至2010年,隨後持穩於20%。(因為調查樣本太小,我們在此不區分學歷不同的黑人。)如果事實如此(我們要再次提醒大家,源自當事

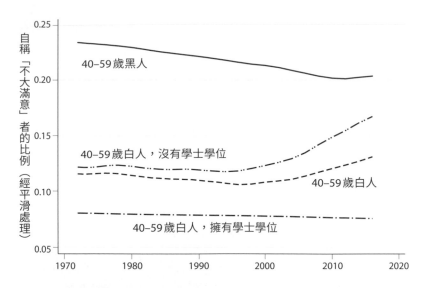

圖12.4　美國40–59歲人士自稱對生活「不大滿意」的比例。本書作者利用「綜合社會調查」的資料計算得出。

人自我評價的幸福指標有其局限），則這種調查揭露了物質福祉數據並未反映的一件事：美國黑人的生活雖然沒有白人那麼幸福，但多年來顯著改善，而白人（尤其是低學歷白人）就不是這樣。

　　另一種測量方式，提供了對生活較為精確的評價。坎特里爾階梯量表（Cantril ladder）要求受訪者想像一個共有11級的階梯，底層的0級代表受訪者能夠想像的最惡劣生活，頂層的10級則是最美好的生活，該量表有時被稱為「生活階梯」。注意，這種測量方式不提及幸福或快樂，僅要求人們評價自己的生活。自2008年以來，蓋洛普要求數百萬美國人以這種方式評價自己的生活，因此雖

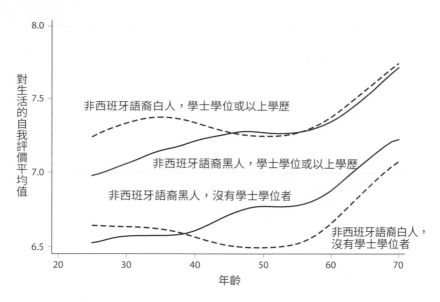

圖12.5　美國人對生活的自我評價，按年齡、種族和教育程度區分。本書
作者利用蓋洛普美國2010–2017年追蹤調查數據計算得出。

然我們不能溯及以往，但我們有足夠資料細察不同群體的
情況，尤其是依種族、年齡和教育程度區分。

　　圖12.5最顯而易見的一點是：巨大的差異出現在擁有
與沒有學士學位者之間，而不是在黑人（以實線表示）與
白人（以虛線表示）之間。事實上，在沒有學士學位的
人當中，過了40歲之後，黑人對生活的自我評價好過白
人；但在擁有學士學位的人當中，年輕黑人的情況不如白
人。白人在中年時期出現幸福感降低的情況，黑人無論是
否擁有學士學位都沒有這樣。為免別人誤解我們的意思，
我們在此再次指出，自我評價並不能反映對人們重要的一
切，而學歷相若的黑人與白人對生活的自我評價相距不

遠，並不能成為忽視黑人表現較差的指標的理由，也不能
成為忽視這個事實的理由：擁有大學學位的黑人比白人少
得多。

　　蓋洛普也問受訪者，是否正承受壓力或身體疼痛，以
及是快樂還是悲傷？一如生活階梯，多數此類指標呈現的
結果，最大的差距源自教育程度，而非種族差異。日常正
面情緒的綜合指標，例如受訪者多常微笑、自得其樂、感
到幸福的平均值，以及疼痛的指標，都是這樣；[25] 這些方
面的差異，完全是教育程度不同造成的──在教育程度
相若的人當中，不同種族的人之間並無差別。相對之下，
承受壓力的情況，並不因為教育程度不同而有明顯差異，
但不同種族之間有巨大差異。值得注意的是，這種差異有
利於黑人──聲稱受訪前一天承受了很多壓力的黑人少
得多。整體而言，就這些體驗指標而言，重要的是教育程
度，而非種族（壓力是例外）。

總結

　　影響生活品質的遠非只有金錢，在本章，我們檢視了
影響生活品質的若干非金錢因素，包括家庭、生育、宗
教、政治參與，以及人們對生活的自我評價。低學歷白人
的工資率半個世紀以來不進反退，他們的境況不如高學
歷白人，而且在幾個方面，尤其是婚姻和生育方面，高低
學歷者之間的差距，正以令人不安的方式擴大。工會衰落
也損害低學歷白人的職業和社會生活，而他們因為疏遠宗

教，愈來愈無法享受到宗教可以提供的救濟或社群支持。我們很難相信網際網路和社群媒體普及已經彌補了這些機構衰落造成的損失。

當然，我們最終是希望解釋可怕的絕望死流行現象。工資降低是故事的一部分，但我們認為物質優勢縮減，不可能解釋許多人的絕望。我們認為就「絕望」而言，家庭、社區和宗教衰落是重要得多的因素。如果工資沒有降低，如果造就傳統勞工階級生活的就業品質沒有受損，家庭、社區和宗教或許就不會衰落。但我們認為，關鍵在於傳統的勞工階級生活方式被摧毀了，而不是物質福祉受損；工資降低是經由這些因素產生影響，而不是直接影響勞工。

我們可以從美國黑人截然不同的情況得到啟示。雖然黑人的工資近年最多只是略有增加（而自1970年代以來近乎沒有成長），雖然黑人在許多方面境況不如白人（甚至不如低學歷白人），但黑人的生活在許多方面正在進步，而低學歷白人的生活卻在惡化。如果我們放寬眼界，就會發現黑人與白人之間的死亡率趨勢容易理解得多。

資本主義為什麼辜負了那麼多人？

　　我們已經闡述了部分美國人遇到的絕望和困苦，包括死於自殺、濫藥和酗酒，以及疼痛增加、就業惡化、工資下跌和家庭生活破碎。低學歷白人過去三十年間遭遇的這種災難，五十年前降臨在美國黑人身上。雖然許多方面的種族差異正在縮窄，階級差異卻正在擴大，至少如果我們從教育的角度考慮階級的話。

　　在本書最後這一部分，我們將解釋這一切為何發生，並且說明我們可以做些什麼。是什麼侵蝕了美國勞工階級生活的基礎？

　　本書四部分只有這一部分有引言。前面三部分主要是講述發生了什麼事，這一部分則是講述這一切為何發生，而解釋原因總是比講述發生了什麼事複雜一些。接下來的三章講述低學歷美國人在勞動市場的遭遇，解釋他們的實質所得為何下跌（因為工資降低、物價上漲，或兩者皆有），以及工作條件為何惡化。許多不同力量正在破壞低學歷人士的職業生活，它們全都導致我們已經闡述的婚姻和社區受到的破壞，最終奠下了絕望死增加的基礎。

　　我們要講的第一個故事是美國特有的：美國資本主義某個獨特之處辜負了很多人。若干其他富裕國家也出現絕望死增加的問題，但它們的問題都遠比美國輕微。本書的書名提到「資本主義」，或許應該改為「美國資本主義」？

　　第二個故事則是：當代資本主義的弊端普遍存在，一場普遍的災難已在美國以外的地方扎根，未來將進一步擴散，美國只是在受災程度上領先各國。

　　我們估計這兩個故事均含有部分真相：美國的某些獨特做法誇大、加劇了這場災難，因此雖然美國確實走在前面而其他國家跟在後面，但後者很可能永遠不會像美國那樣受到那麼嚴重的影響。

　　美國有許多獨特之處與這場災難有關，美國的種族歷史與眾不同，奴隸制和種族主義的陰影，至今仍困擾美國人的生活。一如第11章指出，美國黑人的生活改善，在許多白人眼中並不是純粹的好事。另一種重要的解釋聚焦於社會保障，相對於美國，其他富裕國家擁有比較周全的社會安全網，而且組織方式不同，比較仰賴政府而非私營部門。美國的政治運作也與眾不同，非常仰賴巨額競選資金和政治遊說。

　　但是，我們認為罪魁禍首不是這些，而是美國的醫療體系，這是第13章的主題。

　　此處有個相當弔詭的現象。美國在醫療照護方面的支出全球第一，而且擁有世界上最好的一些醫院和醫生，世界各地許多病人前往美國的醫院接受治療；既然如此，美國人的出生時預期壽命怎麼會連續三年下跌？這是其他國家並未發生的事，而美國上一次發生這種事，是在一個世紀前的大流感時期。事實是：這種恐怖的事之所以發生，正是拜美國的醫療體系所賜，而不是儘管美國醫療體系發揮了作用，仍舊發生了這種事。我們將在下一章說明我們的看法，我們的論點並不是美國醫療服務不濟，或是美國人缺乏醫療保障，雖然兩者都大有可議之處。美國人死於鴉片類處方藥,是美國的醫療體系造成的,而即使在歐巴馬健保推行之後,美國仍有2,700萬人沒有醫療保險。[1]但嚴重得多的問題是極度高昂的醫療成本。美國人花在醫療上的巨款拖累經濟,是不可持續的;它壓低工資,導致好工作減少,並損害教育、基礎建設和公共財的融資。勞工階級的生活,無疑受自動化和全球化威脅,但醫療成本正在誘發和加速這種衰敗。

對美國人來說,承受高昂的醫療成本,就像是被迫向外國勢力進貢。[2]一個可比的例子是德國在第一次世界大戰之後被迫支付的賠款;凱因斯(John Maynard Keynes)寫過一本名著,預言這種賠款將導致災難。[3]雖然今天的歷史學家還在爭論德國到底支付了多少賠款,以及這對威瑪共和的毀滅和希特勒的崛起有何影響,但戰爭賠款顯然主導歐洲國際關係多年之久。[4]儘管如此,德國在1920年代支付的賠款占國民所得的比例,遠遠低於美國人如今不必要花在醫療上的支出占國民所得的比例。[5]即使美國醫療體系真的發揮了照顧國民健康的作用(實際上並沒有),其成本仍會削弱經濟,尤其是為低學歷美國人服務的那一部分經濟。股神巴菲特認為,醫療成本對美國企業的影響,有如條蟲對宿主的影響;我們認為,醫療成本有如已經擴散到經濟各領域的惡性腫瘤,扼殺了經濟運作滿足美國人需求的能力。

我們認為,醫療災難是勞工階級衰敗和絕望的原因之一,但不是唯一的原因。其他敘事指向現代資本主義的運作方式，認為它已經變得愈來愈不利於低學歷勞工，但有利於受過良好教育的少數人。有個關鍵論點指出，企業已經累積了巨大的市場影響力，而企業運用這種力量的方式愈來愈不利於勞工和消費者。這些做法有很多是反壟斷法禁止的，而很多人認為反壟斷法的執行未達到應有的力度。此外，工會曾經是一股制衡力量，有助防止資本為所欲為，保護勞工的工資與工作條件，但工會的重要性已經大大降低，尤其是在私營部門。企業之間也經歷了很多合併，因此如果美國企業的競爭力不如以往，它們仍有能力人為壓低員工的工資，並且人為提高商品價格；這些行為導致實質所得向上再分配，勞工和消費者的收入流向企業管理層和資本的主人。如果政府並未偏袒特殊利益集團和權貴，在反壟斷法有效執行的自由市場資本主義體制下，這種向上再分配是不可能發生的。

有關傷害的論點，在職業經濟學家之間、從政者和政策制定者之間是有爭議的。一方面有人聲稱現代大公司是壟斷企業，帶來了一個新鍍金時代，而消費者和勞工在這個時代裡都變窮了。另一方面則有人認為大公司帶給所有人極大利益，因為它們壓低了物價，並且帶給人類了不起的創新。批判資本主義並非美國特有的現象，但歐洲規管資本主義運作的政策有所不同。也有一種可能是資本主義的利與弊在美國都特別發達；果真如此，我們所闡述的美國現象，可能只是預告了其他地方將會發生的事。

針對這些問題，我們無法在這裡提出結論，因為相關研究遠未完成。我們將試著在第15章提出一種平衡的說法，哪怕它只能指出現代資本主義有哪些方面堪稱正在損害低學歷美國人的生活。

接下來三章的論點適用於所有美國人，並非僅限於非西班牙語裔白人。但是，正如我們在第5章看到的，絕望死主要是白人的災難，至少直到黑人社區2012年之後受芬太尼衝擊是這樣。

我們的論點是：若不是白人勞工階級遭摧毀，白人不會受絕望死流行打擊，又或者問題不會如此嚴重；而若不是醫療體系失靈和資本體制出現我們現在看到的其他問題，尤其是藉由操縱市場促成持續的向上再分配，白人勞工階級就不會遭摧毀。我們在第5章指出，美國黑人並沒有避開這種危機，而是比白人早三十年經歷了類似危機。在之前黑人絕望、失業、家庭和社區毀壞的那段時期，許多人認為問題主要是黑人文化的特殊性造成的。眼下這段白人絕望時期看來則有所不同；我們從中看到，任何一個群體受到足夠惡劣的對待，而且持續的時間夠久，該群體的生活方式就很容易崩潰。長期以來待遇最差的美國黑人首當其衝，但隨後就輪到低學歷白人遭受打擊。如果你認為接下來將是教育程度較高的群體經歷這種困苦，你的想法並不荒謬。

黑人面對的種族敵意減少，加上他們的機會逐漸增加，某種程度上替黑人抵銷了所有勞工面臨的負面壓力。我們已經看到，美國黑人過去二十年間的進步，並非只是相對於白人而言，有一些是絕對的進步。黑人死亡率迅速下降，至少直到2014年是這樣。擁有學士學位的黑人百分比顯著上升：1945年出生者為16％，1985年出生者已增至25％。[6]一旦將教育因素納入考量，我們會發現一系列的生活滿意度和感受指標顯示，黑人的表現和白人的一樣好，甚至更好。但是，我們檢視近數十年的經濟數據，發現沒有任何跡象顯示，黑人的物質福祉相對於白人出現了系統性的改善。黑人的相對進步無疑來自其他方面，最明顯的或許是黑人的生活在非物質方面比較好。歧視遠未消失，但沒有過去那麼嚴重和普遍，而且社會不再贊同歧視。社會對異族通婚的接受程度，是弱勢族群得到多大尊重的一個極佳指標；異族通婚在美國曾是禁忌，如今則被視為正常現象。蓋洛普的資料顯示，2013年受訪的美國人有87％贊成黑人與白人結婚；在1958年，該比例只有4％；1973年則只有29％；到2000年時，仍低於三分之二。蓋洛普民調專家法蘭克‧紐波特（Frank Newport）表示，這是「蓋洛普歷來發現的最大民意轉變之一。」[7]美國多年來有過很多成功的黑人從政者，最重要的是還出了一位黑人總統。黑人與白人的差異，曾經主要是膚色和種族主義的問題，如今則主要是與教育和技能有關。

對白人來說，我們或許可以說，同樣的過程產生了相反的作用，因為種族隔離制度賦予白人的特權被取消了。社會學家薛林寫道：「二十世紀最後數十年制定的法律削弱了白人的優勢，白人在此之前一直沒有考慮自身地位問題。在那個時代的後期，以白人為基礎的舊制度因為存在已久，對白人來說就像隱形的，而新的機會平等法律在白人勞工看來，與其說是廢除了種族特權，不如說是將反向歧視強加在他們身上。」[8] 經濟學家伊蓮娜‧庫西姆克（Ilyana Kuziemko）及其同事從實驗室研究發現，無論物質條件如何，人們都非常不喜歡敬陪末座，因此如果某種變革可以改善底層者的境況，可能淪為新底層者的人就會非常抗拒。[9]

最後說一下我們對「原因」的想法。我們看待原因的方式，比較像歷史學家和社會學家，這與現今許多經濟學家對因果關係的看法非常不同。有些經濟學家現在認為因果關係要靠對照實驗證明，又或者至少要有某種歷史狀況，將原本完全相同的人分為不同群體，使他們面對同一事件受到的影響有所不同。這些研究方法有其用途，但對我們沒什麼用，因為我們是想描述一種緩慢發展和大規模的解體過程，涉及一組歷史上偶然的力量，其中許多力量相互影響。一些講求實際的社會科學家認為，在這種情況下學到的任何東西都是虛幻的，[10] 我們完全不同意這種看法。我們的敘事沒有對照實驗或類似的東西支持，是否具有說服力，只能留待讀者判斷。

13

美國醫療如何傷害美國人

　　美國人在醫療照護上耗費巨資，這種支出影響經濟的幾乎每一部分。無論在哪裡，醫療照護莫不成本高昂，富裕國家動用相當大一部分資源，延長民眾壽命和減少他們的痛苦，是大有道理的。但美國在這方面的作為，幾乎是我們所能想像的最差表現。

　　我們關注的主要不是醫療體系有時可能造成的直接傷害，例如醫療失誤、治療不當、過度處方鴉片類藥物，或未提供必要治療造成的傷害。我們更在意的是美國醫療驚人昂貴和驚人不當的成本，如何間接傷害美國人的生活和就業。美國醫療體系消耗了美國18％的國內生產毛額（GDP），2017年相當於人均10,739美元，[1]約為美國國防支出的四倍或教育支出的三倍；這種支出不必要地蠶食了美國勞工的工資。為醫療埋單壓低了勞工實際拿到的薪酬，也損害這些薪酬的購買力。它推高了醫療從業人員的收入，使該產業超出應有規模。雇主為員工提供醫療保險的成本，基本上不為員工所見，而這種成本不但壓低工資，還破壞就業機會，尤其是低技能勞工的就業機會，並導致爛工作取代好工作。勞工接受較差的工作，工資就會降低。醫療成本還直接打擊那些沒有保險或保險不足的人，並且影響那些靠部分負擔、自負額和員工繳費獲得保險的人。醫療成本也影響聯邦政府和各州政府，因為它們必須為聯邦醫療保險（Medicare）和聯邦醫療補助（Medicaid）埋單。為此政府必須加稅，減少提供其他東西，例如美國窮人特別倚賴的基礎設施或公立教育，又或者承受可能損害未來經濟成長的財政赤字，將負擔留給子孫後代和未來的納稅人。

借用亞當‧斯密針對壟斷事業的說法，美國醫療體系既「荒謬又壓迫」。[2]

醫療照護必然是昂貴的，我們無疑應該花很多錢在這上面；捨棄部分財富以延長壽命和改善生活品質，愈富裕為此投入愈多資源，是大有道理的。[3]人類持續開發出延長壽命或改善生活品質的新醫療技術，這些技術的發明或使用可能涉及高昂成本，而承擔這種成本往往是可取的。話雖如此，美國人花太多錢在醫療上，這是不必要的。我們將指出，美國人可以縮減醫療支出至少三分之一而不會損害健康。

一如第9章指出，醫療產業的一部分（藥品製造商和分銷商），藉由引發鴉片類藥物流行，害死數以萬計的人而暴得巨富；這是民眾健康直接受傷害和所得向上再分配的一個極端例子。在這種再分配中，頂層人士靠損害其他人發大財，許多人面臨濫藥成癮和致死的風險。這種對民眾健康的直接傷害，以及整個經濟體被迫向醫療產業進貢造成的間接傷害，必須歸咎於醫療產業。藥物過量意外致死是三種絕望死當中最常見的一種，而許多個案可歸咎於醫療產業引發的鴉片類藥物流行，雖然我們也必須關注導致一些人容易濫藥成癮的生活惡化問題。就業和家庭生活愈來愈困難的美國人，死於自殺和酗酒的人愈來愈多。高昂的醫療費用，加快了這種死亡增加的速度。

在下一章，我們將討論其他產業，說明它們可能如何共同助長了絕望死。但是，醫療產業與眾不同，不僅是因為它可以直接害死人，還因為醫療產業的經濟原理與其他產業根本不同。在許多經濟領域，自由市場競爭是一個很好的基準，我們可以依靠市場產生良好的結果，但醫療就不是這樣。自由市場競爭並不提供、也無法提供社會可接受的醫療照護。[4]

醫療照護的支出與結果

美國的醫療照護是全世界最昂貴的，但美國人的健康在富裕國家當中卻幾乎是最差的；此一事實存在已久，遠在近年絕望死流行和預期壽命降低之前就已是這樣。提供醫療照護的成本嚴重拖累經濟，是工資長期停滯的原因之一，也是劫貧濟富式再分配的一個好例子。美國醫療產業不大擅長促進健康，但非常擅長幫助醫療照護業者發大財，包括一些生意極其賺錢的私人執業醫師。該產業也為製藥公司、醫療器材製造商、保險業者（包括「非營利」業者），以及壟斷程度愈來愈高的大型醫院的股東和高層創造了豐厚報酬。

圖13.1呈現其他國家與美國的差異，以及這種差異如何隨著時間推移擴大。我們拿英國、澳洲、法國、加拿大和瑞士與美國比較，它們可以代表美國以外的富裕國家。[5] 縱軸和橫軸分別顯示預期壽命和人均醫療支出，每一條線呈現這兩個數值在1970年至2017年間的每年變化。（支出單位為實質國際元，美國2017年的數字因此並非我們稍早提到的10,739美元。）

我們可以從這張圖中看到，美國在富裕國家中與眾不同：美國人的預期壽命顯著較低，但人均醫療支出卻遠高於其他國家。在數據開始的1970年，各國差距並不大，美國人的預期壽命並不比其他國家的低很多，醫療支出也沒有高很多，但隨後其他國家的表現比美國好得多，民眾壽命延長，而且醫療成本增加得比較慢。瑞士是情況最接近美國的國家，其他國家的情況彼此接近；如果納入其他富裕國家，它們會比較接近醫療支出較低的國家，而不是瑞士或美國。

2017年，瑞士人比美國人多活5.1年，但人均醫療支出少30％；其他國家的民眾預期壽命與瑞士相若，但醫療支出較低。2017年，美國醫療支出相當於GDP的17.9％，而該比例全球第二高的瑞士僅為12.3％。如果有個神仙教

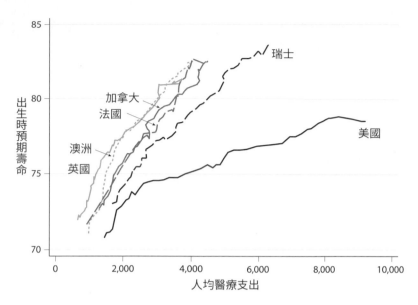

圖13.1　美國和瑞士等國家的出生時預期壽命和人均醫療支出。預期壽
命以年計，醫療支出以2010年國際元計。本書作者根據Roser
(2017) 更新資料得出。

母能以某種方法將美國醫療支出對GDP的比例降低，不
必降至富裕國家的平均水準，只須降至全球第二高的瑞士
的水準，美國將多出5.6％的GDP可用於其他事情，也就
是多出逾1兆美元可用，[6] 相當於男女老少每人有逾3,000
美元可用，或每個家庭約有8,300美元。美國2017年的家
庭所得中位數為61,000美元，而兩大兩小家庭的貧窮線為
25,000美元。如果每個家庭2017年的所得額外增加8,300
美元，過去三十年的家庭所得中位數成長率將是實際水準
的兩倍。既然神仙教母可以將美國醫療支出降至瑞士的水
準，何不降至加拿大的水準？這樣的話，美國將可節省1.4

兆美元，相當於每人4,250美元，或每個家庭11,000美元。

　　估算浪費的另一種方式，是直接找出對美國人的健康沒有貢獻的那些支出。根據最新的估算，[7]浪費約占美國醫療總支出四分之一，和我們拿瑞士來比較得出的結論差不多。

　　近半個世紀以來，這種規模驚人的浪費，逐漸侵蝕美國人的生活水準，而且影響持續累積。如果美國勞工不必向醫療產業進貢那麼多，他們現在的生活會好得多。

美國人為醫療耗費巨資，結果得到什麼？

　　既然耗費巨資在醫療上，美國人的健康理應特別好，對吧？但事實並非如此。正如我們看到，美國在民眾預期壽命方面，顯著不如其他先進國家，而預期壽命是個重要的健康指標。雖然在醫療之外，還有許多因素影響預期壽命，但醫療很重要，而且近年愈來愈重要。2017年，美國人的預期壽命為78.6歲，西班牙語裔顯著高於全國平均水準（81.8歲），非西班牙語裔黑人則顯著較低（74.9歲）。[8]美國的民眾預期壽命低於OECD其他25個成員國，在這些國家當中，預期壽命最低的是德國的81.1歲，比美國長兩年半，最高的是日本的84.2歲。[9]無論美國人從醫療體系得到什麼，長壽都不是其一。

　　或許美國人得到了一些其他東西？美國是個非常富裕的國家，美國人尋求更好的醫療照護並為此埋單是很合理的。但就多數醫療服務而言，美國人的使用量並沒有多過其他國家。不過，美國醫療照護領域的就業大有擴張，2007年至2017年間增加了280萬個職位，占美國新增職位三分之一，主要靠非營利組織的「利潤」提供資金。[10]事實上，美國的人均醫生數量低於其他富裕國家（美國醫學會藉由壓低醫學院學生名額，有效維持醫師的高薪酬），人均護士數量則與其他富裕國家差不多。醫學院學費高昂，這一點常被拿來替醫師的高薪酬辯解，但如果醫學院開放競爭，不限制學生名額，學費將可降低。如果美國不是非常有系統地排斥合格的外國醫師在美國執業，醫師的薪酬和醫學院的學費都會降低。就某些手術而言，美國所做的次數與其他富裕國家相若，但比較有利可圖的手術則是美國做得比較多。[11]美國人的醫療系統確實看似比較豪華，提供的是商務艙而非經濟艙，但商務艙與經濟艙的乘客通常同時抵達目的地——在我們這個例子中，如果目的地是來世，美國人可能更早抵達。相對於一些國家的病人，美國人等待做手術（例如髖關節或膝關節置換）或檢查（例如乳房X光攝影）的時間較短，這是因為美國有很多昂貴機器沒有被非常密集使用。美國醫院的病房是私人或半私人的，而在其他國家，多床位大病房很常見。

民眾的病痛比死亡率或手術次數難測量得多，但一項研究在英國和美國使用相同的健康調查，結果發現一系列的健康結果，包括受訪者自報的指標，以及一些「硬性」生理指標，例如驗血結果等均顯示，中年晚期的英國人健康狀況好過美國人。[12]英國的醫療支出不到GDP的10％，人均醫療支出約為美國的三分之一。

美國人並不滿意他們的醫療體系。在2005年至2010年的蓋洛普世界民意調查中,針對「你對醫療照護系統有信心嗎?」這個問題,提供肯定答案的美國人只有19%,這使美國在130個國家中排在第89位。[13]蓋洛普還問受訪者,是否滿意他們所在城市或地區的「優質醫療服務的可用性」?美國在這個比較具體和地方性的問題上表現較好,77%的受訪者給予肯定的答案,與加拿大或日本相若,但不如其他富裕國家,也不如一些比美國窮得多的亞洲國家,例如柬埔寨、台灣、菲律賓、馬來西亞和泰國。在瑞士,94%的人滿意當地「優質醫療服務的可用性」,58%的人認為國家的醫療照護系統運作良好。美國人的不滿,主要是關於在不公平的醫療體系中獲得醫療服務的問題;聯邦基金(Commonwealth Fund)2007年一份報告顯示,美國在醫療服務的「可用性、病人安全、協調、效率和公平性等方面」,在七個富裕國家中敬陪末座。[14]

錢都跑到哪裡去了?

美國人怎麼可能在醫療方面付出那麼多,卻得到那麼少?那些錢肯定流向了某些地方。對病人來說是浪費的支出,對醫療業者來說是收入。比較美國與其他富裕國家的情況,同樣有助我們了解這個問題。醫療成本上的差異,很大程度上源自美國較高的物價和醫療服務提供者較高的薪酬。美國醫師的收入,幾乎是OECD其他成員國醫師平均收入的兩倍,[15]但因為美國醫師人數對人口的比例較低,他們對美國較高醫療成本的「貢獻」相對有限。[16]美國的醫師無法大幅增加,一來是因為代表醫師的美國醫學會和美國國會限制醫學院的學生名額,二來是因為外國醫師很難在美國執業。[17]2005年,所得最高的1%美國人當中,16%是醫師;所得最高的0.1%美國人當中,6%是醫師。[18]美國護士的薪酬也比較高,但與其他國家的差距較小。藥品在美國的價格,則約為其他富裕國家的三倍。[19]抗膽固醇藥冠脂妥(Crestor)在美國的費用是每月86美元(折扣後),但在德國只要41美元,在澳洲更是只要9美元。如果你患有類風濕性關節炎,你需要的藥物復邁(Humira)在美國的費用是每月2,505美元,在德國是1,749美元,在澳洲是1,243美元。美國的手術費用也比較高,在美國,髖關節置換手術的平均費用超過40,000美元,在法國只要11,000美元;髖關節或膝關節置換手術需要的器材,在美國的費用是其他地方的三倍以上,即使它們是同一廠商提供的完全相同的東西。磁振造影(MRI)檢查在美國要花1,100美元,在英國只要300美元。美國醫師在失職責任保險方面花費較多,但這種支出僅占總醫療支出2.4%,相對於花在醫院(33%)、醫師(20%)和處方藥(10%)上的支出是相當少。[20]相對於其他富裕國家,美國的醫院和醫師更密集採用「高利潤、高用量」的手術或程序,例如造影檢查、關節置換、冠狀動脈繞道術、血管成形術和剖腹產術。[21]2006年,本書作者迪頓在紐約一間著名醫院做髖關節置換手術,(與人合住的)病房每天收費10,000美元;那間病房景觀不錯,可以看到船隻在東河上往來,但看電視必須額外付費,藥物和治療當然也必須額外付費。

為美國製藥業者辯護的人表示,藥物研發多數是在美國完成的(雖然未必是美國公司做的),美國的創新發明貢獻巨大,其他國家搭了便車。批評者則指出,藥廠的行銷支出超過研發支出,許多基礎研究是政府做的,或是政府出資的(例如有賴美國國家衛生院);他們也認為,縮短專利保護期或甚至取消專利保護,後果不會像製藥業者所講的那麼災難性。[22]現行制度往往是無法辯解的,舉個例子:如果沒有胰島素,糖尿病患者會死,而當年胰島素的三位發明者,為了確保胰島素可以永遠免費供應,將他們的發明以每人一美元的價格賣給多倫多大學。但如今,有些糖尿病患者每月為胰島素付出多達1,000美元,有時甚至放棄治療,而藥廠則不時微調藥品以維持專利。[23]與此同時,根據《經濟學人》的報導,製藥公司分拆出大型慈善基金會,由這些基金會支付病人的部分負擔,使製藥公司比較容易維持高昂的藥價。此外,每一美元的部分負擔,可以使製藥公司報稅時獲得兩美元的扣除額。[24]降低藥品成本,可以為美國國家衛生院大幅擴大研究提供資金,也可以省下一大筆錢,減輕我們在各種必要支出方面的壓力。

除了價格,還有其他因素。新藥物、新掃描器和新手術不斷出現,其中一些可以救人性命或減少痛苦,但許多新發明其實沒有作用,可是無論如何,它們還是會投入使用並獲得付費。這就是「曲線持平的醫療」(flat of the curve medicine):在醫療上投入更多資源、花更多錢,但對促進健康幾乎完全沒有幫助。英國則與美國不同,設有名為國家健康與照顧卓越研究院(National Institute for Health and Care Excellence, NICE)的監理機關,負責評估新藥和新手術,估算多花一英鎊在這些新發明上可以帶來多大的額外健康效益,並在成本效益未達最低門檻時建議不採用(在英國的制度下,這等同將這種新藥或新手術排除在英國之外。)在美國,這種機關會直接危及業界的利潤,將遇到業界的誓死抗爭,而最終死的是監理機關,而非業界。

NICE首任主席邁克爾‧羅林斯爵士(Sir Michael Rawlins)表示,NICE檢視的第一款藥物是葛蘭素威康(Glaxo Wellcome)生產的抗流感病毒藥物瑞樂沙(Relenza)。NICE建議不採用該藥,不是因為它無效,而是因為它的「外部」影響——流感患者在診所等待處方會傳播流感。葛蘭素威康的主席「衝進唐寧街,威脅要把該公司的研發部門撤出英國。」但首相布萊爾和衛生大臣杜布森支持NICE,使它免於剛投入運作就受到重挫。[25] 事情如果發生在美國,我們認為華府的決定可能大不一樣。此外我們也要注意,美國的法規不容許食品藥物管理局在其藥品審核過程中考慮較廣泛的社會影響,例如鴉片類藥物被挪作他用的可能。

　　醫療保險公司常在媒體上受到嘲笑，尤其是在它們拒絕將某種療法納入保障範圍，或對那些以為自己得到全面保障的病人開出無法理解的帳單時。這當中的大問題是：在私營制度下，保險公司、診所和醫院耗費巨資在行政管理、費率協商和費用控制上。在單一支付制度（single-payer system）下，這種成本超過一半可以省下來（單一支付制度有其他優點和缺點，視其設計而定。）有問題的並非只是醫療保險公司的利潤，如果醫療體系改變組織方式，保險公司所做的很多工作根本是不必要的。[26]

　　最後這一點也很重要：醫院提高收費，不是因為成本上漲，而是因為它們正在合併以減少或消除競爭，並且利用市場影響力提高收費；它們正穩步贏得對保險公司（和大眾）的戰爭。相對於面對競爭的醫院，壟斷某地區市場的醫院收費高12％。此外，如果一家醫院與五哩之內的另一家醫院合併，醫院之間的競爭會減少，醫療收費平均會上漲6％。[27]

　　病人遇到緊急醫療狀況時至為脆弱，但愈來愈多醫療業者視這種狀況為獲利機會。美國許多醫院把救護車服務和急診室外包給醫師和救護車服務公司，這些業者不時開出「令人錯愕的」醫療帳單。很多此類服務不在醫療保險的保障範圍內，因此即使病人被送往其保險涵蓋的醫院，仍必須為這些服務付費。2016年，很大一部分急診服務產生了「令人錯愕的」的救護車帳單。隨著農村醫院關閉，出動直升機送病人看急診愈來愈常見，而病人可能被收取高達數萬美元的驚人費用。一個人遇到危急狀況或甚至不省人事時，根本無法與人討價還價，此時也不會有業界競爭者前來發揮約束價格的作用。在這種情況下，即使你是清醒的，也只能接受業者開出的價格。這些業者（很多是由私募股權公司擁有）非常清楚這種情況是抬高價格的極佳時機。[28]救護車服務業者趁人之危，交通事故的受害者在醫院醒來時，發現病床上貼著一張2,000美元的帳單。

這種掠奪行為是一個極好的例子，彰顯制度如何將金錢向上移轉——在這個例子中，金錢從遇到危急狀況的人，流向私募股權公司及其投資人。它也說明了為什麼資本主義雖然在許多情況下具有很多優點，但無法以社會可容忍的方式提供醫療照護。在緊急醫療狀況下，人們幾乎不可能做出有效競爭所仰賴的知情抉擇，就像對鴉片類藥物上癮的人無法做出明智抉擇那樣。

醫院以前由醫師經營管理，如今則由企業高層負責（其中有些是棄醫從商的前醫師），他們領取執行長的薪酬，肩負建立醫療帝國和提高收費的重任。紐約長老會醫院（New York Presbyterian Hospital）就是一個好例子，它有如醫界的八爪魚，擁有多家曾經獨立營運的醫院。紐約長老會醫院是非營利機構，執行長史蒂芬・科文（Steven Corwin）醫師2014年的薪酬為450萬美元[29]〔北岸大學醫院（North Shore University Hospital）執行長的薪酬是科文的兩倍。〕[30]紐約長老會醫院買下公共電視頻道播出極受歡迎的電視劇《唐頓莊園》（*Downton Abbey*）之前的廣告時段，播出它製作精良的一系列短片，每一支短片講述只可能發生在紐約長老會醫院的神奇康復故事。[31]這些廣告旨在誘使企業員工要求他們的醫療保險納入紐約長老會醫院，藉此提高該醫院面對保險公司的議價能力，進而幫助它提高收費，可以付給執行長科文豐厚薪酬。其他醫院很快就紛紛仿效，推出了類似的廣告。2017年，美國的醫院花了4.5億美元在廣告上，[32]我們很難看出這種做法對改善病人的健康有什麼幫助。

醫師、醫院、製藥公司和醫療器材廠商合作的方式推高了醫療收費。高科技掃描器的製造商為醫師、牙醫和醫院提供誘人的租賃和定價方案，而這些醫療業者只需要能夠產生現金流，不必證明採用這些機器有助改善醫療效果。這種做法有時與騙局難以區分。製藥公司與醫院和醫師合作，促進新產品的開發，並提高對新產品的需求。2018年，著名的乳癌研究者荷西·巴塞爾加（José Baselga）被迫辭去紐約斯隆凱特琳癌症中心（Memorial Sloan Kettering Cancer Center, MSKCC）醫療長一職，[33]MSKCC自稱是世界上歷史最悠久、規模最大的私營癌症中心。巴塞爾加下台是因為他在發表的論文中未揭露潛在的利益衝突，這些利益衝突源自他與一些生物科技新創企業和製藥公司的財務關係；阿斯特捷利康（AstraZeneca）是牽涉其中的藥廠之一，事後立即任命他為該公司研發主管。一如MSKCC管理層（正確地）指出，[34]醫院安排病人試用新藥，醫師發現有效的新產品時幫助宣傳，是醫院與藥廠之間一種可能有益的合作關係。事實上，近年抗癌新藥降低癌症死亡率的表現相當好，但病人的最佳利益未必與藥廠一致，病人因此可以合理期望了解自己的醫師為誰服務，也有理由期望醫院保證它並非只是藥廠的分支。

醫藥業的執行長薪酬豐厚，《華爾街日報》2018年一篇報導指出，美國醫藥業2017年薪酬最高的十名執行長，最高的是Iqvia（一家為製藥公司、保險公司和政府分析病人資料的數據公司）的博安睿（Ari Bousbib；年薪3,800萬美元），最低的是默克（Merck）的肯尼斯‧佛瑞澤（Kenneth Frazier；年薪1,800萬美元。）[35]2014年，美國所得最高的人比大公司的執行長賺更多，他們的收入來自非上市小企業的利潤，其中有很多是私人執業的醫師。[36]

美國醫療產業成本驚人，花在醫療上的錢流向醫院、醫師、醫療器材製造商和藥品製造商。站在民眾健康的角度，醫療產業浪費和濫用了上兆美元的巨資，但站在醫療服務提供者的角度，這些錢是他們應得的收入。這留給我們兩個問題：這些成本對美國人的生活有什麼影響？醫療產業為何可以發這種財而不受懲罰？

誰埋單？醫療成本高昂的後果

機械式了解誰為醫療照護埋單是很簡單的事，釐清美國人的生活受到怎樣的影響則困難得多。說到底，無論直接付錢的是誰，埋單的是每一個人，因此應該記住的一個重要數字是：美國平均每人一年承擔了10,739美元的醫療費用。許多美國人對自己承擔這種費用（這甚至是全美人均費用）感到難以置信。醫療帳單通常是由保險公司、雇主或政府付款，多數美國人因為運氣夠好，從不曾收到、甚至不曾見過後果嚴重的巨額醫療帳單。但是，透明度不足加上人們覺得醫療費用通常是別人在付，成為支撐現行制度的助力；如果人們更了解現行制度的影響，它將受到比較有力的挑戰。[37]

圖13.2呈現過去半個世紀裡，美國醫療照護消耗的國民所得比例，如何從1960年的5％大增至2017年的18％。對應的數字可能更有用：可用於醫療以外事項的國民所得比例，從1960年的95％顯著萎縮至現在的82％。該圖也告訴我們，醫療支出負擔在1980年代初至1990年代初，以及2000年至2008年間增加得最快。伊澤克爾‧艾曼紐（Ezekiel Emanuel）與維克多‧福克斯（Victor Fuchs）指出，[38]這些時期也是美國人的平均時薪表現不佳的時期，尤其是相對於1990年代中期而言——當時美國人的平均時薪表現不錯，國民所得花在醫療上的百分比有所降低。如果我們著眼於45歲至54歲、沒有大學學位的白人男性（他們2017年的工資中位數比1979年低15％），我們會看到相同的形態：他們的工資在1980年代快速降低，隨後在1990年代中期和過去數年間有所回升。當然，工資也受許多其他因素影響，尤其是勞動市場的普遍情況，而醫療支出負擔則是持續和緩慢產生影響的，因此這種數十年

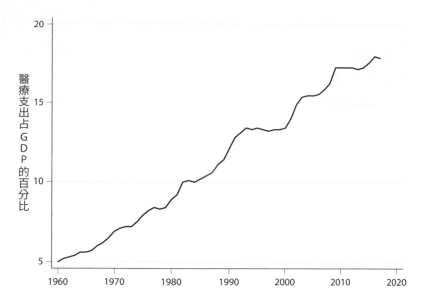

圖13.2　美國1960-2017年醫療支出占GDP的百分比。資料來源為美國聯
　　　　邦醫療保險和聯邦醫療補助服務中心。

間的大形態，或許已經是我們可以得到的最佳觀察。

　　我們從誰支付醫療帳單說起：個人和聯邦政府各付了
28％，企業替員工付了20％，州與地方政府付了17％，其
他私人支付者付了餘下的7％。[39]在2017年，9％的美國人
（2,970萬人）沒有醫療保險，必須直接支付醫療費用，而
他們面臨的收費往往遠高於政府或保險公司所支付的。無
力付款的人可以接受免費或慈善醫療（charity care），或
由其他人補貼他們的費用，又或者欠下醫療費用，然後被
討債人糾纏多年。許多人注意到，醫療保險與其說是為了
保護你的健康，不如說是為了保護你的錢包免受醫療體系

傷害。沒有醫療保險的人通常會放棄非緊急治療。因為較少接觸醫師，他們比較可能沒有採用救命的預防措施，例如服用降血壓或降血脂的藥物。個人支付醫療費用損害當事人購買其他東西或為未來儲蓄的能力，這是導致美國家庭儲蓄率降低的因素之一。[40]

處於勞動年齡的美國人約有一半（約1.58億人）經由雇主獲得醫療保險，[41]65歲以上的美國人受聯邦醫療保險（Medicare）保障，這項法定福利由聯邦政府埋單。聯邦醫療補助（Medicaid）是照顧低收入人士的全國醫療計畫，由聯邦政府和州政府各承擔部分費用。

雇主提供的醫療保險通常很受受保人歡迎，但員工並非完全不必為此付費。2017年，雇員平均為個人保單支付約1,200美元（18％），為家庭保單支付5,700美元（29％）。[42]他們還必須繳納醫療相關稅款，接受治療時必須承受部分負擔，申請理賠時還必須扣掉自負額。病人往往很難事先知道一項治療的費用，事後收到帳單也往往看不懂。例如，保險公司可能聲稱會支付某項手術90％的費用，但原來90％是以保險公司的內部價格為基準，而該價格可能遠低於醫療業者的實際收費。即使是受醫療保險保障的人，即使是接受非緊急醫療，令人錯愕的醫療帳單仍然相當常見。與此同時，在醫療成本不斷上漲的情況下，雇主提供的醫療保險品質日差，保障愈來愈不周全。[43]

一項研究檢視截至2009年的十年，期間獲雇主提供醫療保險的四口之家的所得中位數，從76,000美元增加至

99,000美元。但如果扣掉員工保費、自付醫療支出、醫療稅款和其他商品價格上漲的影響，前述所得增幅就只剩下95美元。[44]

雇主提供的醫療保險有一些嚴重的問題，對受保人並非總是顯而易見。許多雇員認為雇主支付的保費，是他們的一項免費福利；家庭保單每年保費平均為20,000美元，雇主承擔71％。但這對公司來說不是免費的，會影響公司願意支付多少工資和雇用多少人。對決定請人的雇主來說，必須考慮的並非只有工資，真正重要的是雇用一名員工的總費用，包括醫療保險和其他福利。雇主承擔的員工醫療保險保費是一種薪資成本，一如工資本身，保費不斷上漲（例如個人保單平均保費從1999年的2,000美元，漲到2017年的6,896美元）因此是壓低工資的一個重要因素。員工可能以為自己得到了一份禮物，並未想到雇主在乎的是公司為員工支付的總費用（錢付給誰並不重要）。員工可能沒有意識到「禮物」的部分或全部成本，是員工的工資吸收的。[45]在前述的例子中，如果雇主承擔的保費沒有上漲，四口之家2009年的所得，很可能超過99,000美元。

問題並非僅此而已。雇主面對醫療保費大漲的情況，可能決定某些職位不再提供醫療保險，甚至更斷然決定減少員工人數，或至少將一些工作外包出去。一名企業高層告訴我們，他們公司有一年被大幅調漲醫療保費，於是請來管理顧問幫他們裁員縮編，找出完全可以砍掉的員工，或一些可以外包的工作，例如餐飲服務、保全、總務或運輸方面的工作。工作外包出去之後,那些員工的工資和醫療保險就由外包承包商負責,而外包承包商未必會替員工支付醫療保費。相對於直接受雇於大公司,為外包承包商工作通常比較沒有吸引力和意義。低薪員工的醫療保險費用占總薪資成本較大的比例:員工如果年薪15萬美元,一般的家庭醫療保單只會使雇用該員工的總成本增加不到10%;員工的薪資如果僅為工資中位數的一半,則該數字是60%,這正是不斷上漲的醫療成本將好工作變成爛工作或直接消滅工作的原因之一。

雇主提供醫療保險助長醫療成本上升和醫療產業擴張。高技能和高薪的勞工比較可能獲得雇主提供醫療保險,保單的設計因此迎合他們的需求和偏好。雇主承擔的醫療保費在稅務上不被視為所得,因此有動機提供愈來愈豪華的免稅醫療福利,而不是由員工以他們的稅後所得支付醫療保費。這不但導致聯邦政府損失約1,500億美元的稅收,[46]還鼓勵雇主與雇員協商出醫療福利占較大比例的薪酬方案。正如福克斯指出,這就像政府鼓勵人們選擇比較豪華的「全食」(Whole Foods)醫療而非「沃爾瑪」醫療,雖然很多人(可能是多數人)因為預算有限,其實喜歡比較實惠的後者。無論是在獲得醫療服務的機會,或是可選擇的醫療服務類型方面,基於雇主的制度都偏袒高薪勞工。[47]

聯邦政府和州政府也承擔很大一部分的醫療費用。就聯邦政府而言,為民眾的醫療福利埋單,必然影響它所做

的（或可能做的）所有其他事情。基礎設施維護不周就是
一個好例子：因為美國的道路狀況不佳，聯邦快遞的卡
車如今更換輪胎的頻率，是二十年前的兩倍。[48]聯邦醫療
補助對州政府的財政負擔，則可能沒那麼顯而易見。由
於聯邦醫療補助是一項法定福利，各州別無選擇，只能承
擔費用；各州在設定接受補助的資格條件方面享有一定彈
性，但除此之外沒什麼能力控制獲得補助的醫療服務數量
或成本。在州的層面，高漲的醫療支出同樣正在蠶食其他
重要支出，尤其是教育和交通方面的支出。聯邦醫療補助
占州政府支出的比例，從2008年的20.5％升至2018年的
29.7％，中小學教育占州政府支出的比例則從22.0％降至
19.6％。各州在醫療補助上的支出，如今比K-12教育支出
多一半。[49]對那些經濟條件夠好、不必仰賴政府提供這些
東西的人來說，它們相對不重要。

在理想情況下，我們可以釐清醫療成本負擔確切由誰
承受，但在現實中，因為相關金額極大、在整個經濟體中
廣為分散，而且非常不透明，這是不可能做到的。但我們
每天都在為此埋單──有時顯而易見，但更多時候並非
如此。更糟的是，我們為此埋單極少是出於我們有意識的
選擇，極少是我們在充分了解成本的情況下，自願為自己
想要的東西付款。醫療體系是美國經濟的寄生蟲，就像巴
菲特所講的條蟲──美國人很久以前不小心吞下了這條
蟲，它現在已經長到很大了，正在吸走身體需要的營養。
我們自己的說法則是：過去局限於一個小型醫療系統的惡

性腫瘤，如今已經擴散至整個經濟體。

醫療為何如此麻煩？

　　無論在哪裡，醫療照護的融資和組織方式都是棘手問題，並非只有美國這樣。多數商品和服務的問題可以交給市場解決，但醫療就不是這樣。肯尼斯‧阿羅（Kenneth Arrow）是二十世紀最傑出的經濟學家之一，他證明了經濟學的一組重要定理，告訴我們市場在什麼情況下可以和不能做到什麼事。阿羅的定理，比較精確解釋了亞當‧斯密很久以前提出的論點。阿羅還寫了醫療經濟學的關鍵論文（這絕非偶然），解釋為什麼醫療問題的市場解決方案是社會無法容忍的。[50]當然，市場基本教義派會說，競爭的自由市場（加上有效的反壟斷執法），幾乎肯定可以帶給美國人低於現行水準的醫療價格。但醫療不同於其他服務，病人欠缺醫療服務提供者掌握的資訊，我們因此很大程度上受他們控制。我們無法抗拒醫療服務提供者過度提供服務；我們去修車時也可能遇到這種事，但後果輕微得多。

　　在鮪魚、汽車、房屋和航空旅行的市場，消費者很快就能知道哪些產品適合自己、哪些不適合，而供應商之間的競爭，將淘汰那些有缺陷或不適合任何人的產品。但如果你想找最好的骨科醫師替你做手術，問題就沒那麼簡單。本書作者迪頓確定要做髖關節置換手術之後，我們看了蒐集得到的所有資料，與所有可能提供有用資訊的人討論，但都得不到令人信服的答案；我們最喜歡的一個答覆是：「之前教宗的手術就是他做的，但他現在不太行了。」手術完成後，一名夜班護士立即告訴我們她的想法：她說手術很快完成，非常了不起；她重視的顯然與病人不大一樣。很久之後，我們發現一名骨科醫師朋友接受膝關節置換術而手術失敗，此時我們才知道，即使是優秀的骨科醫師，也可能做出錯誤的選擇。

在沒有管制的市場裡，醫療保險運作效果不佳，甚至可能完全行不通。醫療服務提供者和病人都有花錢的動機，這會導致醫療服務成本超過病人願意支付的保費可以支撐的水準，對健康的人來說尤其如此。結果是健康的人選擇不買他們並不需要的昂貴保險，留在保險市場的人愈來愈不健康，服務他們的成本愈來愈高，最後市場根本無法運作下去──這就是臭名昭著的「死亡螺旋」。

生病的人和健康的人，必須一起留在保險市場，醫療保險才行得通。在美國，這有賴雇主為雇員提供醫保；在其他富裕國家，則靠政府勒令全民投保。如果不補貼低收入人士的保費，或不強制投保，醫療保險就行不通，又或者只有那些身體健康、並不需要保險的人買得到保險。將醫療照護交給市場，沒有社會的支持和控管，將會導致許多人沒有醫療保險，生病時無法獲得醫療照護。在沒有管制的市場裡，我們確實看到的是在弱勢者遇到醫療緊急狀況、至為脆弱時，私募股權公司控制的醫療服務業者對他們予取予求。

相對於歐洲人，美國人比較不願意接受政府對醫療產業有時相當嚴厲的管制，寧願相信美國醫療體系是一個自由市場體系，儘管事實上政府支付了一半的醫療費用，不經談判就接受藥廠要求的價格（往往被荒謬說成是「市場定價」），授予醫療業者器材和藥物專利，容許專業團體限制供給，並且利用稅法補貼雇主提供的醫療保險。除此之外，還有這個關鍵的政治事實：美國人不知道自己支付了多少醫療費用。如果在納稅的時候，美國人收到10,739美元的年度醫療帳單，又或者看到雇主支付的員工醫療保費，其實是從員工薪資中扣掉的，那麼要求改革的政治壓力無疑將大得多。成本不透明助長了過度收費，由於醫療成本是隱蔽的，它們造成的問題沒有得到足夠重視，例如相對於近10％的美國人沒有醫療保險這個事實而言。後者確實是醜聞，而且是其他富裕國家全都沒有的情況，美國經濟之所以愈來愈無法為低技能勞工發揮應有功能，卻是拜美國醫療成本暴增所賜。

政治勒索？

醫療業者還有一道重要的防線，該防線也負責進攻，那就是這些業者駐華府的遊說團體。遊說遠非只有醫療業者在做，它對本書的故事有重要的普遍意義，我們將在第15章加以討論，但在這裡我們只關注醫療業者的遊說。在美國醫療產業以至許多其他行業，企業遊說活動近四十年來急增。它是促進權力再分配的力量之一，而近數十年來，權力是從勞動力流向資本，從勞工和消費者流向企業和富有的專業人士。遊說和尋租並非僅限於企業,代表小企業的同業公會:美國醫學會(會員約25萬)和美國驗光師協會(會員4萬)是兩個好例子,成員遍及美國各地,因此可對每一名國會議員施加影響,並擁有支撐組織財力的堅強在地力量。政治與經濟力量相互加強,發揮作用提升協會成員的利潤,而為此埋單的是他們的病人。[51]

2018年,美國醫療產業雇用2,829名說客,是國會議員人數的五倍以上。超過一半的說客是「旋轉者」,也就是國會前議員或前工作人員,有些人甚至把國會本身稱為政治遊說業的「小聯盟」。[52]2018年,醫療產業的遊說支出超過5.67億美元,製藥公司占一半以上。[53]醫療產業是遊說支出最多的行業,支出甚至超過金融業,是勞工組織遊說支出的十倍以上。此外,醫療產業還花了1.33億美元支持國會議員或潛在議員,民主黨和共和黨分別占7,600萬美元和5,700萬美元。醫療產業的遊說主要以維持現狀為目的,但說客也會把握機會,在醫療問題上了國會議程時,幫忙撰寫和通過對醫療業者有利的法案。說客具有很好的條件成為國會議員及助理尋求資訊和分析時求助的專家;美國國會曾設有獨立的科技評估辦公室(Office of Technology Assessment),類似英國的NICE,但在紐特‧金里奇(Newt Gingrich)等人推動下,1990年代遭廢除。

我們當然不是要說美國醫療產業決定自己的遊戲規則;事實上,說客並非總是可以達到目的,他們可能相互對立。不過,現實中並無有效的說客或勢力相若的說客幫助另一方，也就是付錢養肥了醫療產業的人，或可以對醫療產業產生制衡作用的人。

在立法活動期間，醫療產業的說客有時效能驚人。美國國會沒有考慮建立單一支付制度或提供公營醫保選項的可能，就通過了「歐巴馬健保」，而美國也沒有像英國那樣的評估制度。為了支持通過《平價醫療法》（Affordable Care Act），醫院、醫師和藥廠實際上被收買了。[54]這是為了將更多沒有保險的人納入制度的必要之舉，但它擋下了有望節省醫療成本的所有措施——考慮到醫療產業說客的強大力量，這種取捨幾乎肯定是必要的。國會保護醫療產業的另一個好例子，就是要求聯邦醫療保險為美國食品藥物管理局核准的任何藥物付費，而且不得與藥廠談判價格。（製藥業長期以來一直反對聯邦醫療保險提供藥品給付，理由是聯邦醫療保險會壓低藥價，但隨著該行業的說客人數和影響力增加，業者改變了立場，爭取到現今對藥廠有利的安排。）[55]

多數美國人經由雇主獲得醫療保險是歷史的偶然，而此一偶然如今已成為醫療困難和改革障礙的一大源頭；那正是美國人吞下條蟲和第一個癌細胞出現的時候。不過，華府保護醫療產業的方式，也是該產業財源滾滾的關鍵，其說客大有條件擋下任何威脅。這使我們想起這個故事：有個店主被要求支付保護費，他威脅報警，但被告知勒索者是警察。美國政府是醫療產業勒索美國人的同謀，這種勒索是美國現今劫貧濟富式再分配的一個重要部分。本應促進民眾健康的醫療產業正在損害民眾的健康,而本應代表美國民眾利益的國會,正在支持該產業對民眾的敲詐勒索。[56]

14
資本主義、移民、機器人與中國

　　美國資本主義當前的運作方式，不利於教育程度較低的美國人。過去半個世紀裡，美國流失了許多好工作，低學歷勞工的實質工資萎縮，不但降低了生活水準，還損害勞工階級的生活方式，結果是許多人的生活變得困難。對許多美國人來說，過去支持他們的婚姻、教會和社群已經失去作用，他們的身分認同和地位受到挑戰，生命的意義也已喪失。社會學家涂爾幹如果看到這種情況，想必會預測美國自殺率上升。在美國這個例子中，自殺率上升不僅是因為蓄意自我傷害的人增加了，還因為社會變遷製造出一種環境，導致抑鬱和成癮流行，結果是絕望死大增。

　　到底是哪裡出了問題？問題可以如何解決？

　　我們並不反對資本主義，我們相信競爭和自由市場威力巨大。過去兩百五十年間，資本主義在現今的富裕國家，終結了無數人的困苦，救了無數人命；過去五十年裡，資本主義以快得多的速度，在中國和印度等國家發揮這種作用。競爭的自由市場體制，幫助人類蓬勃發展——過去如此，如今在世界各地仍是這樣。貿易、創新和人員流動，是這個故事中的關鍵積極因素。但這當中的訣竅是確保市場、貿易、創新和移民為人類服務，而非與人類作對，或造福少數人、損害多數人。在今天的美國，市場的運作太少嘉惠勞工階級了。鴉片類藥物氾濫和美國醫療產業的現狀，使我們看到了資本主義最惡劣的一面——如果這種體制還能稱為資本主義的話。

在經濟的許多領域，補救方法不是以某些東西取代市場，而是設法使市場變得比較像真正自由和競爭的市場——市場理應如此，但愈來愈不是這樣。就另一些問題而言，政府代表人民介入是必要的。政治權力如今日益疏遠勞工階級，這個問題有賴政治和經濟改革解決。

不平等常被視為現今美國資本主義的核心問題，歐巴馬總統曾稱為「我們這個時代的決定性挑戰」。許多左派人士認為，美國需要一個有效的再分配方案，對有錢人課較重的稅，以便救濟窮人，同時增加造福所有人的公共財支出。不平等確實是個問題，但在我們看來，它實際上是一個更深層問題的症狀。我們將指出，現今的美國就像羅賓漢社會的「鏡像」：美國這個社會確實有資源再分配這回事，但資源是從窮人流向有錢人，而不是像羅賓漢社會那樣從有錢人流向窮人（羅賓漢據稱「劫富濟貧」。）在上一章，我們看到這種劫貧濟富的「諾丁漢治安官再分配」，我們認為美國醫療體系常以這種方式運作。許多人可能以為劫貧無法發大財，因為窮人沒什麼錢。但因為窮人夠多，每個窮人搶他一點就有很多錢，而有錢人並不多，諾丁漢治安官及其朋黨因此可以靠劫貧過很好的生活。

所得向上再分配有助解釋為何美國勞工階級境況艱難。向上再分配不是資本主義的固有特徵（資本主義並非必然產生這種情況，但風險一直存在），但在政府的同意和縱容下，美國經濟很大的一部分，已被有心人控制來服務有錢人。不平等的問題在於頂層很多財富和收入是不義之財；換句話說，問題不在於我們的社會不平等，而在於我們的社會不公平。我們對那些靠造福大眾致富的人完全沒有意見。

低薪勞工面臨的三大威脅廣受關注。低技能勞工面臨來自低薪國家的移民競爭，也必須與外國的低薪勞工競爭，因為美國進口這些勞工製造的商品，而它們以前是美國勞工在本地生產的。除了與其他人競爭，勞工也愈來愈必須與機器人競爭，因為機器人已經悄悄接手了許多工作。機器人不需要醫療保險或其他福利，不需要人力資源代表，也不需要替它們加薪以反映生活成本上漲。此外，美國的稅制補貼企業購置新機器，但不補貼勞動力成本。我們認為雖然移民問題廣受關注，但它不可能是美國勞工階級工資長期停滯或通往中產階級的階梯被移走的主要原因。全球化和自動化是更重要的因素，它們對美國的影響之所以比其他地方更嚴重，是因為美國的種族歷史與眾不同、社會福利相對有限，以及醫療費用高昂得荒謬。

　　低學歷勞工面臨的三大威脅，出現在美國經濟成長放緩之際，而因為成長放緩，即使經濟成長的果實全民均享，美國人的經濟條件仍將無法像他們的父母那樣快速進步，也可能無法達到他們自己的期望。光是受此影響，工資成長就必將放慢。在分享不均的情況下，低學歷人士因為經濟成長放緩而受到更大傷害，而事實正是這樣。如果所有人的經濟條件愈來愈好，尋租（例如醫療產業的尋租）或許是可以忍受的，但如果經濟成長顯著放緩，尋租就很可能是人們無法容忍的。除了成長放緩，經濟結構也已經改變，從偏重製造業轉為偏重服務業，而服務業的工作薪酬較低（即使勞工資歷相同），工會也沒那麼普遍，勞工相對於雇主比較弱勢。

外來移民

　　關於失業的流行敘事，往往指責外來移民搶走本地人的工作。民粹政客煽動民眾對外來移民的恐懼，這是美國以至歐洲多數國家都面對的問題。

　　我們應該先說明一下我們自己的情況：本書作者迪頓在美國生活，是第一代移民；另一位作者凱思出生於美國，但她的祖先是在十九世紀中期從愛爾蘭移民到賓夕法尼亞州東北部，她的家族仍受他們的民族和宗教傳承影響。或許更重要的是，我們兩人都有博士學位，都在美國高等教育界工作，而外來移民在這一行很常見。美國新頒發的經濟學博士學位超過三分之二是頒給並非出生於美國的人,而這種情況因為存在已久,大學經濟系的教職員也是這樣。普林斯頓大學經濟系三分之二的教師並非出生於美國,我們這行認為這種多樣性是一大好事:來自不同國家的人帶來不同的觀點、經驗和價值觀,而這些東西正是創造性互動的基礎。話雖如此,許多大學教授如果必須在美國某些社區生活和工作,會相當不安;那些社區雖然確實是在美國,但比較像聯合國的前哨基地。我們很難基於我們的個人經驗,想像低學歷美國人在他們的工作受威脅時,對外來移民有何感受。

美國的外來移民極其多樣,平均教育程度與本地人差不多,但這掩蓋了此一事實:許多外來移民的教育程度很高,但也有許多外來移民沒受過什麼教育。[1]高學歷外來移民,例如我們在普林斯頓的同事,可能幫助他們的同事提高生產力和實際收入。外來移民有悠久的創新歷史。發明電話的貝爾,出生和成長於愛丁堡。詹姆士·卡夫(James L. Kraft)發明了起司的巴氏殺菌法,他是從加拿大移民到美國的。美國外來移民發明的產品,包括正子掃描儀、電玩控制器和鋰離子電池。伊隆·馬斯克(Elon Musk)是外來移民,他的事業包括PayPal、特斯拉和SpaceX;Google的共同創始人塞吉·布林(Sergey Brin)也是外來移民。[2]2016年榮獲諾貝爾獎的六名美國人,全都是第一代外來移民;2015年,本書作者迪頓獲得諾貝爾經濟學獎,當年四名得獎的美國人有三人是第一代移民,另一個人是外來移民的兒子。我們很難相信美國限制這種外來移民會是好事，雖然移民輸出國可能會有不同想法。人們關注的主要是沒受過什麼教育的外來移民，他們與低學歷的美國人競爭，而後者的絕望正是本書的主題。

我們撰寫本書時（2019年），外國出生者占美國人口約13％，接近一個世紀前的歷史最高水準。在1980年代，每年約有60萬人合法移民到美國，1990年代增至約80萬人，自2001年以來則是每年超過100萬人。非法入境美國的外國人也非常多，但近年此類人士的流入與流出量相若，總人數因此大致不變，估計約為1,100萬，相當於合法居於美國的外國出生者的四分之一。[3]如果美國開放南部邊境，會有很多移民進出，就像1970年代和1980年代初那樣。邊境控管阻礙了這種移民進出，將一些人困在美國，並將另一些人拒之門外。[4]如今外國出生人口成長最快的，不是向來接收較多移民的州，例如加州、紐約州、佛州和紐澤西州，而是以前很少接收移民的州，其中有多個州在南方。這些地方的人對外來移民的反應可能比較負面（即使移民人數不多），因為他們不熟悉移民過程，也沒有來自以往移民流入潮的朋友或鄰居。

美國的有錢人、農民和雇主，普遍喜歡低技能外來移民，因為他們喜歡收費低廉的園丁、農場工人、家庭傭工和保姆。他們可能與勞工一樣，相信外來移民會壓低工資，但這正是他們喜歡的結果，因為雖然這會損害勞工利益，但經營利潤會增加。雇主經常抱怨人手不足，如果沒有外來移民，他們可能被迫支付較高工資或增加福利。外來移民的批判者說：事實正是這樣。[5]一如國外廉價勞工增加或企業增加使用機器人，國內多了勞工競爭工作無疑可能壓低工資，至少原則上是這樣。但關鍵問題是：這種事真的發生了嗎？

為了解釋勞工階級勞動力市場的崩潰，我們希望找到可能導致半個世紀以來低學歷美國人實質工資萎縮的因素。因此，我們考慮外來移民與就業問題時，必須區分短期與長期影響。如果工作數量在幾個月以至幾年的時間裡保持不變，這對原本在地者的工資最不利。外來移民取代了在地勞工或壓低他們的工資，同時提高了經營利潤和資本報酬率。失業的勞工、較低的工資和較高的利潤，造就創業或擴張業務的機會，雖然開設新公司或興建廠房、購置設備都需要時間。但假以時日（儘管可能需要頗長一段時間），資本將會調整，經濟將會成長。畢竟歷史上有過人口大幅成長，但長期而言失業率並未上升、實質工資還增加的情況。如果有足夠長的時間調整因應，這樣的假設根本不成立：職位總數和工資總額都是固定的，勞工增加必然導致工作機會減少和所有人的工資降低。只要時間夠長，資本將調整適應新環境，創造出更多職位，我們因此很難將工資長期下跌歸咎於外來移民。但是，如果移民流入一波接一波，經濟可能一直沒有機會充分調整，低學歷者的工資就可能永久降低，至少在移民停止流入之前是這樣。

美國國家科學院、工程學院和醫學院在2017年關於移民的報告中，檢視工資受影響的證據後，得出下列結論：

「尤其是著眼於十年或更長的時間，外來移民對本地人整體工資的影響可能很小，甚至是接近零。」[6]如果著眼於較短的時間，相關研究得出一系列的結果，其中有些顯示工資受到負面影響，尤其是之前一波外來移民。此外，別忘了許多外來移民並非沒有技能，而是擁有大學學位的。在1980年代和2000年代，大學畢業生的工資溢價有所上升，即使期間外來移民帶來的大學學歷人口多過學歷較低者。無論短期結果如何，我們認為外來移民並非導致低學歷美國人工資長期下跌的重要因素；這符合我們據理推斷的情況。但我們也承認這個問題遠未有定論，即使在學界經濟學家之間也是這樣。

移民流入不是人口或勞動力成長的唯一途徑。人口成長使更多人需要工作。美國女性的勞動參與率在2000年前大幅上升，沒有大學學歷的女性升幅更大（見圖11.2）。她們的工資往往低於男性，一如外來移民相對於本地人的情況。雖然有一些研究檢視女性勞工增加，是否對男性的工資產生了負面影響（結果為不確定），但這個話題不曾引起移民辯論常見的喧譁騷動。這使我們認為此處的爭論主要不在於數字，不在於新勞工搶走既有勞工的工作，不在於勞工增加壓低工資，也不在於人口超出美國的容納能力，雖然最後一點也是嚴肅的辯論題目。爭論肯定是關於另一些東西，例如外來移民就是跟「我們」不一樣，而且危及「我們的文化」。尤其是在一些地方，當地人不熟悉外來移民，而當地的就業機會正在消失，或整個地方因為其他原因走下坡，人們會將問題歸咎於外來移民也就不難理解。

本書作者之一曾在印度從亞美達巴德（Ahmedabad）乘坐擁擠的火車前往孟買。我們十來個人占據車上一個地方，與其說是個隔間，不如說是堆放一起的一些長椅，一半在上層，一半在下層。幾個小時前，我們全都互不相識，但眼下已經成為好朋友，彼此分享食物、飲料和火車旅行故事。每到一站都有新乘客上車，有些人會試圖加入我們這個俱樂部，但會遇到無聲的敵意。最後我們別無選擇，只能彼此靠近一些，挪出位置讓一個陌生人加入。到了下一站，這個陌生人已經成為我們的一員，準備好排斥新一輪的「外來移民」。當然，每過一站，我們全都變得稍微沒那麼舒服。

全球化、貿易、創新與機器人

在許多人看來，貿易和自動化顯然是美國勞工的敵人。中國和其他低薪國家生產的商品大量出口至美國，導致過去在美國生產這些商品的許多勞工失去工作。取代美國勞工的不僅是深圳或墨西哥提華納（Tijuana）的工人，還有機器和電腦輔助製程。中國或墨西哥的勞工無法在美國賣漢堡、在機場為乘客辦理登機手續或在超市為顧客結帳，但自動化的機器可以做到這一切。勞工若擁有使用新技術所需要的技能和教育程度，可以得到更好的工作和更高的工資，技能或教育程度較差的勞工則恰恰相反。

低學歷美國人現今的處境，使人想起兩百年前英國的手搖織布工。隨著紡織機器取代手搖織布工，他們的工資一直下跌，直到手搖織布工作完全消失。如果現在的美國低學歷勞工也經歷同樣或類似的過程，則所有可以交給機器人或外國低薪勞工做的工作，工資都將下跌，直到這些工作消失，或中國人的工資與美國人一樣高。到那個時候，除非工資政策有所改變，美國將有更大比例的勞工，從事不能轉移至海外的服務業工作，而他們的工資將僅夠勉強維持生活。有些服務業工作的薪酬很高：《美國新聞與世界報導》（*U.S. News & World Report*）的報導指出，紐約州水管工2017年平均收入為78,000美元。[7]一名單身人士如果在2018年賺取聯邦最低工資（時薪7.25美元），全職工作的收入僅高於美國普查局設定的貧窮線1,400美元（14,500美元對13,064美元）。[8]這將是一個漫長而淒涼的經濟、社會和社區毀壞過程。

經濟學家大衛・奧托（David Autor）及其同事寫了一系列的論文，記錄了中國崛起成為製造業大國，以及美國勞工及其社區因此受到的影響。[9]雖然很難得出確切（或沒有爭議）的數字，奧托及其同事估計，中國導致美國損失200萬至300萬個職位；1970年至1990年間，美國約有1,800萬名製造業工人，而現在（2019年）則約有1,200萬。美國損失的就業集中在過去生產現今進口商品的地方，而且影響持續很久，失業率偏高的情況持續十年或更久。

在受中國衝擊影響的社區，結婚率下跌而死亡率上升，這呼應和支持本書的發現。[10]我們重視的是漫長和緩慢的就業受損與社區毀壞過程，奧托及其同事則比較關注來自中國的進口商品何時快速增加和具體影響美國哪些地方。

對美國人來說，全球化的故事並非只是關於失業，還關乎美國勞動市場經歷的巨大震盪。尼可拉斯‧布魯姆（Nicholas Bloom）及其同事的研究顯示，[11]在美國一些地區（主要是沿海地區），大學學歷勞工的比例較高，當地雖然有製造業工作被外國搶走了，但新增就業抵銷了這種損失；新工作的類型包括研發、行銷和管理，頗大一部分是那些砍掉製造業職位的公司創造的。隨著世界貿易擴張，美國出口更多商品（一如中國），而這創造出新工作，例如製造汽車和半導體出口商品的工作。經濟學家羅伯特‧費恩斯查（Robert Feenstra）及其同事的研究估計，出口為美國創造了200萬至300萬個新職位，與中國對美國造成的就業損失相若。但在低技能勞工相對集中的地區，並沒有積極因素抵銷製造業就業損失。[12]

失業勞工的傳統出路，是從沒有就業機會的城市遷往有就業機會的城市，但近年來，因為成功的城市生活成本高昂，此一出路嚴重受限。成功城市的生活成本之所以高昂，可能是因為當地人利用土地使用和其他方面的政策，保護自己和排斥外來者。成功的城市成功地為高學歷勞工提供工作和提高薪酬，但不怎麼照顧低學歷勞工。[13]許多因為經濟變遷而失業的勞工無處可去，如果他們遷往其他地方，很可能只是陷入更差的境況。

　　這個關於貿易和創新破壞經濟的故事很有說服力，但非常不完整，也與經濟學家對貿易和技術進步的常見想法非常不同。這方面的傳統敘事，從物價降低的好處說起：中國製造商提供的商品，填滿了塔吉特（Target）和沃爾瑪的貨架，許多商品的售價只是以前價格的零頭。我們最近買了一個十呎長的鱷魚毛絨玩具給孫子；五十年前，這種東西會出現在紐約第五大道著名的玩具店如 FAO Schwarz，吸引很多人圍觀，但很少人會買。事實上，美國製造商之所以處境艱難，正是因為進口商品壓低了物價，帶給消費者許多好處。

　　貿易的傳統敘事的錯誤，在於假定勞工可以迅速和無痛地轉業，而消費者得到的好處可以彌補（被淘汰的）生產商的損失，但沒有提出有效的政策促成這種結果。

　　較廣泛而言，全球化和技術進步是好事，兩者都有助我們提高集體所得，因為它們擴大了經濟體的生產能力。但是，即使是最天真樂觀的評估也承認，貿易和創新除了產生贏家，也會製造輸家。曾幾何時，美國的工會比現在強大，可以向雇主施壓，使勞工得以分享創新產生的利益，而如今這種利益都流向資本、資本管理者或新技術的操作者。著名的「底特律條約」（Treaty of Detroit）是美國汽車業工會與車廠之間的利益分享協議；聯合汽車工會（UAW）的領袖華特‧魯瑟（Walter Reuther）與通用汽車公司達成長期協議，UAW 承諾不罷工，換取工會成員獲得醫療、養老金和其他福利。全球化使美國企業面對來自國外的激烈競爭，破壞了這種規範。隨著美國本地生產的汽車受到比較便宜的進口汽車挑戰，美國汽車製造商為了競爭，必須想出新方法壓低成本，例如將一些工作轉移到國外以壓低工資成本，以及削弱它們為員工提供的福利和保障（我們稍後將會談到）。全球化以這種方式助長了工會的衰落。消費者受惠於更好、更便宜的汽車，但勞工的利益受損。我們必須重視效率甚於一切，才會認為這是不折不扣的好事；但多數人會認為，為求公平，某程度上犧牲效率是可以接受的。工資受損和流失好工作的影響，並非僅限於直接受打擊者，還危及相關社區。勞工失去他們喜歡的生活方式，絕對不是巨大的鱷魚毛絨玩具可以補償的。

政策與全球化

如果中國摧毀了美國某些本地產業，而美國國內其他地方（或不久後）有工作可以提供給失業的勞工（雖然是不一樣的工作），則政府可以提供福利幫助失業者度過難關（可能需要多年時間），或支付勞工的再培訓費用。美國確實有這樣一套方案，名為「貿易調整協助計畫」（Trade Adjustment Assistance, TAA），但保守派政客不喜歡，甚至大力支持貿易的政客也不喜歡，其規模因此受限。參議員菲爾・葛蘭姆（Phil Gramm）2002 年強烈支持一項貿易法案，該法案會傷害一些人，因此有項措施幫助這些受害者，但葛蘭姆談到該措施時輕蔑表示：「世界各地的社會主義政府，全都正在嘗試停止做這種事，我們現在卻要這麼做。」[14]幫助受傷害的人彷彿是不可接受的，即使你正是造成傷害的人。TAA和（提供短暫給付的）失業保險對失業勞工的幫助不大，作用不如並非旨在救濟失業勞工的失能給付、醫療和退休福利。但即使這一切全部加起來，美國失業勞工得到的補償仍非常少。[15]

如果沒有創新和貿易幫助擴大生產能力，我們就會失去提高集體所得的可能。我們無疑不能放棄經濟成長，因此必須更好地確保經濟成長嘉惠每一個人。問題不在於全球化或創新，問題在於處理相關問題的政策。經濟學家丹尼・羅德里克（Dani Rodrik）1997年出版極有先見之明的著作《全球化是否已經走過頭？》（*Has Globalization Gone Too Far?*），討論了全球化對富裕國家的影響，而他這麼回答他的問題：「如果政策制定者能採取明智和富想像力的行動，全球化就並未走過頭。」[16]如果技術變革和全球化確實傷害了勞工階級，那不是因為技術變革和全球化必然如此，而是因為國家的政策既不明智，也缺乏想像力。美國的問題並非只是在工會勢力式微的情況下，雇主和企業幾乎完全無意保護勞工（如果一如許多人主張，企業的首要功能是為股東賺錢，則企業不保護勞工可能是合理的）；問題還在於政府沒有盡力而為，尤其是在社會保障方面──當局對此的解釋在一個民主國家是遠遠不夠的。

顧名思義，全球化是全球現象，自動化也是。美國以外的地方也有電腦，所有富裕國家都必須因應低成本製造的興起，但許多富裕國家並未像美國那樣，工資和就業受到嚴重負面影響，也沒有出現絕望死流行的現象，雖然它們也經歷了社會分裂和政治動盪。自全球金融危機之後的大衰退以來，英國的實質工資中位數有所降低，但在大衰退之前的二十年間穩步成長，而在此期間，美國的工資停滯不前。法國和德國也從中國進口許多商品，但這兩國都很少絕望死案例。美國的窘境必須以美國的情況解釋。全球化和自動化造成的困難是非常真實的，如果沒有這些困難，美國勞工階級的衰落就不會發生，但造成這些問題的是美國的制度（例如醫療體系），而不是挑戰本身，因為這些制度決定了美國如何應對相關挑戰。

美國安全網：全球化與種族

美國與其他富裕國家的一個巨大政策差異，在於其他國家的政府藉由社會安全網保障勞工，做得遠比美國政府多。在這些國家，勞工如果因為經濟衰退、國際貿易或技術變革而失業，政府會提供失業給付和其他福利，以免他們生活困苦，同時幫助失業者尋找新工作，而且這種救濟往往持續很長時間。在這方面，比較英國與美國的情況，同樣具有啟發意義。

從1994/95到2015/16年，英美兩國都是低薪勞工的工資成長比高薪勞工慢得多；在這兩個國家，市場運作都是愈來愈有利於高技能勞工和不利於低技能勞工。家庭所得也呈現類似的趨勢，低收入家庭的表現不如高收入家庭。在英國，家庭稅前所得第10百分位數（10％家庭的所得

低於該數值）停滯了二十年，第90百分位數則年均成長
1.4％，二十年間累計增加約三分之一。但英國家庭計入政
府福利的稅後所得就不是這樣，底層與頂層的年均成長率
均為1.2％。[17]在美國，賦稅和福利的作用太小，無法顯著
影響實際家庭所得，不計政府福利的稅前所得與計入政府
福利的稅後所得畫成圖表看起來很像，都是底層所得萎縮
而頂層所得膨脹。在這兩個國家，市場對低技能勞工都相
當無情，但在英國，賦稅和福利制度補償了低技能勞工。

較普遍而言，對貿易較開放的國家擁有較大規模的政
府，因為這些國家與美國參議員葛蘭姆所見不同——他
們承認如果勞工的損失完全得不到補償，貿易的好處就無
法充分實現。相對於其他富裕國家的勞工，美國的勞工可
憐得多，只能自求多福。

我們並不是說英國的安全網是萬靈丹；英國脫歐災難
暴露了英國與美國差別不大的嚴重社會分裂，而正如我們
之前提過，英國也面臨絕望死增加的問題（尤其是蘇格
蘭）。但相對於美國，英國的絕望死規模小得多，而英國
的安全網無疑發揮了作用。我們在第10章指出，無論是
在美國還是歐洲國家，過去二十年間，國民所得與死亡
率並無簡單的關聯。絕望情緒升溫是多年累積的結果，而
美國製造業就業是在1970年代末達到頂峰，此後一直萎
縮。安全網的作用是提供保險，把風險分攤給整個社會，
而不是任由低學歷人士承受風險。美國正是欠缺這種有效
分攤風險的安全網，而這無疑是導致低學歷美國人死於絕

望的一個因素,即使它可能只是其中一個因素。

美國的安全網為何如此薄弱?許多美國人認同個人主義,認為人即使遇到困難,也不應該依賴他人。同樣重要的還有美國的種族和移民歷史。美國人不大願意與他們認為不像自己的人一起參加互助保險計畫;即使在今天,在黑人人口比例較高的州,州層級的福利也相對有限。[18]當年英國在建設二戰之後第一個現代福利國家體制時,美國的杜魯門政府試圖引入全民健保制度,但因為南部民主黨參議員的反對而失敗。[19]

第二次世界大戰期間,美國企業為了規避工資管制,承擔起照顧員工醫療需求的責任,這個歷史偶然事件對美國的未來影響重大。美國企業後來也藉由確定給付的退休金計畫,承擔了照顧員工養老需求的責任,因此美國的安全網主要是美國企業而非美國政府提供的。一如底特律條約,這種安排在1970年之前運作得相當好——那段時期醫療支出較低,美國企業幾乎完全不必面對來自海外的競爭。但隨著美國在1970年代進口日本和德國製造的汽車,隨後面對全面得多的全球化,加上美國醫療成本快速增加,這種安排變得不可能維持下去。企業無法再保證員工退休後可以領到多少養老金,於是利用員工自己作主的401(k)退休儲蓄計畫,將養老責任轉移到員工身上;此外,如前所述,醫療成本高漲導致大眾可以利用的醫療保險計畫的質與量都降低。[20]但是,即使在今天,美國的安全網由私營部門出資的程度,仍遠高於任何其他富裕國家。OECD 2013年至2015年的數據顯示，美國私營部門花在社會保障上的支出相當於GDP的9％，而英國和法國的此一比例分別為4.6％和3.3％。相對之下，法國在社會保障方面的公共支出相當於GDP的28％，英國為20.5％，而美國僅為19.8％。[21]

全球化和來自國外的競爭，使美國企業較難為員工提供醫療保險、養老金和其他福利，而機器人完全不需要福利。這些廣泛的全球力量支撐我們關於低學歷美國人工資停滯、福利萎縮和就業權利減少的故事。但這些力量並不是單獨發揮作用，而如果美國的安全網不是比所有其他富裕國家薄弱得多，這些力量的影響也會有所不同。一如許多其他事情，美國的社會保障之所以如此設計，很大程度上是因為這個國家不願意建立納入黑人的全民保障制度。這種解釋早就有人提出，但另一個故事則較晚出現：相對於企業，勞工的力量衰退，不僅是在工作場所和市場，在國會也是這樣，這是我們接下來要討論的事。

15
企業、消費者與勞工

　　亞當・斯密在《國富論》中有此名言:「同業中人很少相聚,甚至不會為了娛樂消遣而常相聚,但他們談話的結果卻往往是陰謀對付公眾,或以某種手段抬高價格。」[1]一如美國醫療產業的情況顯示,業者利用市場影響力抬高價格,至今仍是令人擔心的問題。業者的「陰謀」並非只是操縱商品價格,還可能危及勞工的工資。經濟學家艾倫・克魯格(Alan Krueger)最晚發表的其中一篇論文,記錄了他與傑佛瑞・蘇勒(Jeffrey Suhre)的談話,蘇勒曾是密西根州沃倫市聖約翰天佑醫院(St. John Providence Hospital)重症加護病房的護士。該地區的醫院希望阻止護士藉由跳槽提高薪酬,「醫院高層在他們參加會議時討論這些問題,並交換員工工資資料」,這無疑使他們的聚會更加歡樂。蘇勒後來成為一宗(最終成功的)集體訴訟的原告代表,他的雇主則利用一些手段迫使他辭職,結果其他醫院也不願意雇用他。蘇勒認為醫院之間的勾結並未停止，雖然做法沒有以前那麼明顯。[2]

　　克魯格並不是對一群勞動經濟學家或工會成員講述這個故事，而是在傑克森洞的全球央行官員年度會議上講，由此可見政策制定者普遍擔心，隨著企業規模愈來愈大，大企業可能濫用市場影響力。人們對企業的整體狀況有一些擔憂，例如擔心許多產業出現勢力日益集中的情況，擔心企業製造不平等，尤其特別擔心企業未能為許多人（尤其是低學歷勞工）提供薪酬夠好的好工作。但是，這些擔憂並未得到普遍認同。雖然藉由比較美國與其他富裕國家的情況，我們知道美國醫療產業並未造福美國人，但就其他經濟領域而言，我們未能提出類似的簡單直接論證。企業帶給消費者和雇員巨大、廣泛共享的利益，但我們考慮這些利益時，必須顧及企業造成的傷害和濫用權勢的情況。我們自己的看法是：利益是真實的，但傷害也是真實的，尤其是對低學歷勞工的傷害；有些傷害源自企業的合理抉擇，有些則源自企業的反競爭行為。

美國資本主義今昔

　　美國的第一個「鍍金時代」，出現在十九世紀末至二十世紀初，當時的所得與財富不平等一如今天這麼嚴重。當時，美國已成為全球最重要的工業經濟體，而且一如現在，經濟正經歷快速變化。一些偉大的創新，使人們普遍受惠，同時帶給一些創新的企業家巨大財富。資本主義正是以這種方式創造進步，如果財富來自造福大眾的活動，只要那些沒有受惠的人得到公平對待，我們就完全沒有理由抱怨。採用經濟學的說法是：在私人誘因與社會誘因一致的情況下，有些人致富的方式不但對自己有利，還造福了許多人。

但是，這齣戲還有第二幕，贏家很快就面臨來自模仿者和新一代顛覆者的競爭。在第一幕中勝出的一些贏家，致力創造新進業者無法企及的新創新，但其他贏家會動用所有可用的手段扼殺競爭。方法之一是尋求政界的幫忙；在第一幕，你只需要有想法和競爭力，但來到第二幕，政界的保護變得有用，有時甚至是必要的。[3]在第一個鍍金時代，標準石油公司（Standard Oil）收購競爭對手，並設定鐵路費率，令其他公司無法經營下去。肉類加工業是古斯塔夫・斯威夫特（Gustavus Swift）創立的，他想出方法，利用冷藏火車車廂和一個冰塊供應系統，將廉價新鮮肉品運往東部城市。該產業後來利用卡特爾（聯合壟斷）和統一訂價協議對付競爭對手。[4]此時，私人誘因與社會誘因不再一致，企業變成藉由壓榨消費者致富。

原本造福大眾的人變成了「強盜大亨」，包括鋼鐵大王安德魯・卡內基（Andrew Carnegie）、銀行家安德魯・梅隆（Andrew Mellon）、焦炭實業家亨利・克雷・弗里克（Henry Clay Frick）、石油大亨約翰・洛克菲勒（John D. Rockefeller）、鐵路開發商傑・古爾德（Jay Gould）和金融家約翰・皮爾龐特・摩根（John Pierpont Morgan）。老羅斯福（Theodore Roosevelt）稱這些人為「巨富作惡者」

（malefactors of great wealth），州和聯邦層級的政客為這些人服務並保護他們，作惡者與行善者的差別並非總是那麼顯而易見，正如經濟歷史學家娜歐蜜・拉莫羅（Naomi Lamoreaux）指出，[5]當年要判斷某些活動是好是壞往往相當困難（現在也是這樣）。企業可以藉由創新擴大規模（這是好事），也可以藉由操縱價格擴大規模（這是壞事）。但如果是收購供應商或分銷商，降低成本之餘也限制競爭，那又如何？如果托拉斯以前的高價競爭對手針對托拉斯提出抗議，但這種業者消失對所有人都是好事，那又如何？即使只是分析，公共利益的判斷拿捏也從不容易，政治爭議熱烈的時候就更不用說了。

如今地位與當年的強盜大亨相若的是一些科技創新者，他們是現今的巨富，而與他們一起位居所得分配金字塔頂層的是企業執行長、企業主和年收入以百萬美元計的金融業者。這些人對政界也有巨大的影響力，有些公司以前完全不花錢在政治遊說上，現在卻是華府說客的大金主。Google（Alphabet）就是這樣：2006年之前，該公司的政治遊說支出是零；到了2018年，該公司的遊說支出高達2,100萬美元，在企業界高居第一。美國人普遍關注不平等問題，而且像一個世紀前那樣，關注不平等產生的方式：企業在政客保護下，為少數人創造巨額財富，同時卻使勞動階層的生活愈來愈差。如今，並非只有激進左派關注美國資本主義和民主的前途，近年有大量的相關著作出版，作者除了美國資本主義和民主的長期批評者，還有昔日的捍衛者、成功的企業家和富影響力的前政策制定者。[6]

第一個鍍金時代讓位於進步時代；在後一個時代，美國制定了一些限制托拉斯和壟斷企業的法律，多數維持至今。但有人懷疑當局忽略了反托拉斯法的執行，使托拉斯能以現代的形式重新發展，這個問題也在媒體和職業經濟學家之間引起廣泛辯論。反托拉斯政策及其執行可以、也應該保護美國勞工和消費者免受企業濫用市場影響力傷害，但我們不能對此期望過高，因為反托拉斯政策旨在促進競爭，而不是縮減競爭或腐敗的金權政治造成的不平等。

現今的許多巨大財富來自新的高科技公司，它們從事的行業在半個世紀前並不存在。Google、蘋果、微軟、臉書和亞馬遜，取代了當年鐵路和鋼鐵業者的地位；銀行和金融業者則在新舊兩個時代都能賺大錢。新科技改善了我們的生活，有些進步令人歎為觀止，在第一個鍍金時代也是這樣。一個世紀前，我們不可能與親友經常保持聯繫，因為通訊又慢又貴。當年人們不惜千里迢迢，只為了聽一曲很少演出的交響樂，或是找一本絕版圖書；現在我們可以瞬間取得世界各地的音樂、電影和文學作品。我們可以利用的娛樂和資訊豐富多樣，是我們的父母或祖父母（或甚至我們年輕時）做夢也想不到的。企業為許多美國人提供了很好的工作，這些工作不但收入豐厚，還賦予當事人尊嚴和意義。

但是，沒有大學學位的美國人，未能分享這種進步的果實。隨著企業因應全球競爭，以及機器人成本降低、能力提高的情況，美國勞工的就業機會變得比較黯淡，技能較低者尤其如此。全球化和自動化最終是有益的，但它們會擾亂既有秩序，尤其是短期而言，而許多低技能勞工將淪為輸家。但一如我們在第14章看到的，損害美國低學歷勞工的因素，並非只有全球化和勞動市場變得不利於低技能勞工。

　　過度高昂的醫療保險費用，導致企業減少雇用員工；這不是一種天災，而是人為的災難，其基礎是尋租、受政治勢力保護的暴利行為，以及醫療產業反壟斷執法不力。反競爭和尋租行為，並非僅限於醫療產業。企業合併可能賦予雇主在地方層級市場設定工資水準和工作條件的能力，大公司或許能夠利用市場影響力提高商品價格，這種反競爭行為傷害消費者，因為他們必須承受較高物價；勞工更是受到雙重打擊，因為他們的工資降低了，消費時又必須面對較高物價。競爭是美國資本主義的標誌之一，但如今在美國已經消退，在其他地方則（可說是）相當有力。[7]在經濟中，反競爭行為無論出現在哪裡，都會助長所得向上再分配，並非只有在醫療產業是這樣。

壟斷與寡頭壟斷：收取過高價格的能力

　　收取過高的價格，是企業犧牲眾人利益自肥的手段之一。在一個理想（和只是稍微簡化的）世界裡，人們只需要為商品支付合理價格，也就是生產該商品涉及的額外勞動力和材料的成本，外加廠商的正常利潤。不會有什麼因素阻止消費者購買這種東西,因為商品是消費者負擔得起的,而且生產成本低於該商品對消費者的價值。這種理想狀態理論上靠廠商之間的競爭達致:如果有廠商收取高於成本的價格,潛在的利潤將誘使競爭對手收取較低的價格。如果既有業者居壟斷地位(可能是因為國家授予獨家銷售權,又或者業者控制了某種關鍵原料或生產程序),競爭就會遭到扼殺,壟斷者可以隨心所欲設定價格。消費者的負擔加重了,而壟斷者的行為不受競爭約束。

在1984年解體之前,貝爾系統(現在的AT&T)是一家壟斷企業,雖然它面對的指控主要是未能創新,而不是牟取暴利。現在許多美國人只有一家有線電視公司或寬頻服務商可以選用,它們是地方層級的壟斷企業,雖然在全美的層面有競爭對手。這些地方壟斷企業如今面臨網路串流服務的挑戰;存在已久的壟斷事業,往往會受到新技術的挑戰。比壟斷更常見的是寡頭壟斷,也就是市場上只有幾個賣家,每一個都對價格有一定程度的控制能力。例如你家附近可能只有一家豐田汽車經銷商,其他品牌的經銷商僅造就不完全的競爭。蘋果不是唯一的手機品牌,但擁有大量不大可能轉用三星手機的忠實顧客,因此有能力將iPhone的價格設在遠高於生產成本的水準。航空公司設計了飛行常客方案,使顧客面對加價也不願改搭其他航空公司。寡頭壟斷者有時或明或暗串通抬高價格。

市場影響力過度集中的證據

許多跡象顯示，美國的市場運作出了問題。許多產業出現市場影響力日益集中的情況，也就是少數幾家大公司占產業總營收的比例愈來愈高，業者的利潤率上升，勞工所得占GDP的比例下降，不平等愈來愈嚴重。企業合併案愈來愈多，新創企業的數量顯著減少。投資率呈現下降趨勢，尤其是在集中程度最高的產業；投資是經濟成長的必要條件，它體現最新的知識和技術，提高生產力，而美國近年的生產力成長率以歷史標準衡量算偏低。雖然人們大致同意出現了這些大趨勢，但對於應該如何理解，以及應該要有多擔心，仍有許多分歧。

在美國的多數產業，最大幾家公司所占的營收比例都顯著提高了。例如在零售業，營收最高的四家公司1980年占整個產業營收15％，到2015年已倍增至30％。[8]大公司主導地位增強的情況，以零售業和交通運輸業至為顯著，前者與亞馬遜崛起大有關係，後者很大程度上是因為航空業整合出美國航空、達美航空、聯合航空和西南航空四大業者。著名投資人巴菲特不喜歡競爭是眾所周知的事，他喜歡引用彼得‧林區（Peter Lynch）的格言：「競爭可能危害人類的財富」；巴菲特長期拒絕投資航空業（「如果一名資本家在二十世紀初身處北卡州小鷹鎮，他應該槍殺萊特」），並說投資航空業是個「死亡陷阱」。[9]但數年前他發現美國航空業已經變得比較符合他的偏好，而波克夏哈薩威（Berkshire Hathaway）如今是達美航空的最大股東，也是西南航空、聯合航空和美國航空的第二大股東。[10]這種「水平持股」（horizontal shareholding）對競爭構成威脅，尤其是因為先鋒（Vanguard）之類的其他大股東是被動投資人。[11]飛機乘客不大可能像巴菲特那樣樂見競爭減少；競爭減少可為資本貢獻很多盈利，但對乘客來說就很不舒服，他們登機時像是被趕的牛羊，甚至可能在登機後被強行拖下飛機，而機場航廈變成了賣昂貴商品的商場，登機口則位於遙遠的邊陲位置。一些航線的票價有所降低，但另一些航線加價了；2019年秋，紐澤西州紐華克至洛杉磯（2,800哩）的商務艙來回機票要價1,140美元，到巴黎（3,600哩）需要10,000美元，到香港（8,045哩）需要7,800美元。無論這種價格是以什麼為基準，都一定不是服務的邊際成本——在完全競爭的市場，決定價格的是邊際成本。

1980年，成立不到五年的公司占所有公司的一半，到了2015年僅占三分之一；它們在1980年雇用五分之一的就業人口，到了2015年已萎縮至十分之一。[12]加成（產品價格對邊際生產成本的比率）自1970年以來有所上升，但精確的估算取決於（不容易解決的）測量問題。[13]利潤率（利潤對銷售額的比率）在1960年代平均為4%，1980年代只有2%，但到2015年時已升至8%。利潤率超過15%的公司，占所有公司的比例愈來愈高。工資占GDP的比例，原本被視為將一直持穩於三分之二左右，如今已降至60％。[14]

　　我們可以認為這些數據證明美國產業界彼此之間愈來愈少競爭；換個現在比較流行（或民粹？）的說法就是：有心人愈來愈有效操縱了體制，使它偏袒企業界。傑出的英國經濟學家約翰・希克斯爵士（Sir John Hicks）曾說，在經營者因為壟斷市場而享有的所有好處中，最好的一樣是他們可以平靜生活。[15]壟斷不但使顧客面對價格太高的問題，還因為（對業者來說）惱人的競爭已經消除，壟斷者根本不必改善產品、提供更好的服務，或投資在研發上。對壟斷者來說，報酬最好的事並不是將利潤投資於業務本身，而是挖一條護城河擋住競爭對手。壟斷者可以藉由收購消除潛在競爭對手，或是花錢從事對社會無益但對壟斷者有益的遊說，以保護其市場影響力並維持低稅狀態。有證據顯示，許多併購案最初聲稱可以節省成本和降低商品價格，最後實際上導致價格上漲，生產力卻毫無進步；由此看來，反壟斷監理機關過去四分之一個世紀間嚴重失職。[16]

　　這些論點很有道理，但未能告訴我們完整的故事。[17]在每一個產業，加成和利潤的成長集中在少數幾家公司，通常是大舉投資於資訊和通訊技術的公司。[18]想想亞馬遜及其平臺的建設，或航空公司開發網站與定價演算法，或沃爾瑪建立一個創新的物流、供應和庫存控管系統。系統確立之後，生產和交貨成本下降，利潤率上升，雖然利潤可能要到收回系統的成本之後才會增加。假以時日，這些公司的規模相對於業內其他公司擴大了，營收占產業總營收的比例上升了。有些公司發現自己無法與領先的業者競爭，產業內的公司因此減少，產業集中度隨之上升。成功的創新者大有可能獲得某程度的市場影響力，尤其如果競爭對手所剩無幾的話。在理想的情況下，新業者找到方法模仿或甚至改進業界領導者的系統，價格隨之降低。這種過程有效運作時，技術變革藉由壓低價格和發明更高效的生產方法，造福廣大消費者，但這一切全都需要時間，而整個過程很可能造成很多傷害。[19]

根據這種敘事，產業集中度上升並不是因為擁有市場影響力的公司有不法行為，而是因為市占率從低效率的業者流向高效率的業者。事實上，數據顯示，利潤率上升並非發生在產業內的一般公司身上，而是發生在少數比較賺錢的公司身上，尤其是那些大舉投資資訊技術的公司。根據這種說法，這些公司既不是罪犯，也不是強盜大亨，而是超級巨星。

歐洲也出現了類似的變化，由此可見美國的產業集中度上升，至少某種程度上是創新能力特別強的少數公司造成的，並非完全是因為業者製造出對社會無益的市場壁壘。在多數歐洲國家，GDP流向勞工的比例正在降低，流向資本的比例正在上升，[20]雖然英國可能是例外。歐洲也出現了利潤率和產業集中度上升的情況。這一切都支持利潤成長的超級巨星故事，不利於完全基於美國制度的敘事——遊說、政治體系，以及美國人特別不願意執行反壟斷法等。[21]歐洲國家近年也出現所得不平等擴大的現象，但沒有美國那麼嚴重；這一點支持了這樣的看法：貿易和資訊技術導致不平等擴大，額外的美國因素令問題惡化。

創新往往經由創造性破壞的過程發生，而創造性破壞也就是以奧地利經濟學家熊彼得（Joseph Schumpeter）命名的「熊彼得式競爭」。（熊彼得的著名事跡，包括宣稱要成為世界上最偉大的經濟學家、奧地利最出色的騎師，以及維也納最好的情人。他後來聲稱，若不是騎兵部隊衰落，他的三大抱負就全都達成，但並非所有經濟學家都同意這一點。關於他的第三個抱負，目前已經沒有在世者可以作證。）熊彼得認為，技術進步本質上具有顛覆性。掌握新技術的外來者對既有業者構成威脅。將新構想付諸實行需要前期投資，這涉及巨大的失敗風險，但如果成功取代既有業者，就有機會獲得巨大的壟斷利潤。這可以說是爭奪市場的競爭，而不是市場之內的競爭。創新是一系列的競賽，目的是搶占主導地位，勝出者可以獲得非常豐厚的獎勵。美國大法官安東寧・史卡利亞（Antonin Scalia）在其判決中闡述了這種觀念：「如果只是擁有壟斷力並因此收取壟斷價格，這不但不違法，還是自由市場體系的一個重要元素。有機會收取壟斷價格——至少在短期內——正是吸引『商業頭腦』的東西；它誘發冒險行為，進而造就創新和經濟成長。」[22]

市場影響力集中是當前需要解決的問題嗎？

在熊彼得式競爭的世界裡，反壟斷監理必須防止成功的挑戰者消滅潛在競爭。業者擁有暫時的競爭優勢是沒問題的，擁有永久的優勢就大有問題。監理機關應該限制那種消除潛在競爭者的競爭行為，例如：微軟在視窗作業系統內建自己的網路瀏覽器，藉此消滅Netscape；臉書收購Instagram和WhatsApp；製藥公司收購潛在的非專利藥，藉此阻止它們推出市場。產業集中度本身不能成為一個目標，因為產業集中度偏高可以是效率良好的一個指標，而非相反。此外，產業往往不同於市場。消費者經常面對周遭只有一家供應商的情況（例如有線電視公司，或單一航空公司主導的機場），因此面對市場遭壟斷的問題，即使那個產業仍是有競爭的。相對之下，亞馬遜的發展使美國許多地區的競爭有所增加，尤其是農村和人煙稀少的地區，在這些地方，消費者可以選擇的在地零售商極少。[23]

市場影響力的集中程度，以及我們應該多擔心相關問題，是當今經濟學界最熱烈辯論的議題之一。不過，就本書的主題而言，我們關心的主要是壟斷和其他形式的市場影響力是否推高了物價和壓低了工資，進而為絕望死的流行創造條件。我們認為，美國醫療產業有這種問題，此外也有其他產業的情況非常值得關注，例如美國航空業的市場影響力和航空公司股權皆日益集中，而銀行業者也常有剝削大眾的行為。我們也擔心居主導地位的公司扼殺潛在競爭對手,但我們不認為美國產業界彼此之間減少競爭、抬高價格損害消費者福祉的普遍情況已經確立。[24]事實上,就許多產品和服務而言,創新浪潮使價格愈來愈低,還出現了許多免費的東西。種種創新的問題,不在於商品價格太高,而是熊彼得式創造性破壞不但有創造,還有破壞。這種創新消滅了曾經存在的許多工作,而醫療保險成本高漲導致問題惡化,將美國勞工推進愈來愈不友善的勞動市場,而社會安全網依然非常不完善;一直靠那些工作支撐的勞工階級生活和社區變得岌岌可危,情況最惡劣的地方於是出現絕望死流行的災難。

勞動市場與獨買:過度壓低價格的能力

「壟斷」(monopoly)是指市場上只有一個賣家,如果市場上只有一個買家,那就是「獨買」(monopsony);我們在此特別關注的是勞動力市場只有一個買家的情況。「獨買」的英文monopsony是喬安・羅賓遜(Joan Robinson)創造的名詞,[25]她是經濟學界最傑出的女性之一,是凱因斯在劍橋大學的學生和同事,也是研究競爭如何運作的重要學者。公司市鎮(company town)是完全獨買的一個例子。如果勞動市場只有幾個雇主,每一個都有一定的能力壓低工資,這就是「寡頭聯買」(oligopsony)——寡頭壟斷(oligopoly)則是市場上只有幾個賣家。「獨買」或「寡頭聯買」意味著企業有能力設定工資水準;相對之下,在完全競爭的市場,工資有行情價，任何人試圖支付低於行情價的工資，都將請不到人。在美國某些地方，雇主或許可以支付低於市場行情的工資，最明顯的是就業機會非常少的農村地區，當地可能只有一家快餐店、一間雞肉加工廠或州立監獄。農村或小城鎮的學校教師或護士，也可能面臨類似的境況。勞工可以選擇遷離這些地方，但這總是涉及相當大的成本和風險，找一份新工作可能要花不少錢，而且他們可能與當地人或社區有難以割捨的聯繫，而這一切都賦予雇主一定能力壓低工資。美國民眾的流動性已經有所降低，一方面是因為很多城市的土地變得非常昂貴，另一方面是因為低學歷人士在城市的發展機會減少了；因此，勞動力市場的獨買問題有可能惡化了，導致工資降至低於競爭市場的水準，藉由壓低工資提高了利潤。[26]

在競爭的勞動市場，政府規定的最低工資如果高於工資的市場行情價，將導致雇主裁減員工——這是經濟學教科書常說的，也有很多研究著眼於這個問題。儘管美國聯邦最低工資自2009年以來就一直沒有提高，但期間許多州調高了它們的州最低工資，學者因此有很多機會研究勞動市場受到的影響。迄今最全面、最有說服力的一項研究，是經濟學家多魯克·森吉茲（Doruk Cengiz）、阿林德吉特·杜柏（Arindrajit Dube）及其同事做的，該研究發現政府調高最低工資對就業沒有影響，雇主並未裁員或限制新招聘計畫，只是將員工工資從略低於最低工資新標準調升至略高於新標準。[27]其他國家的研究也產生類似證據，尤其是英國：英國1999年從不設定最低工資變成設定較高的最低工資標準，但當地數十項研究都沒有發現這對就業水準有任何影響。[28]如果雇主完全沒有能力設定工資水準，這些結果就全都不可能發生。在美國勞動市場，雇主之間並沒有像教科書所講的那麼激烈競爭；如果雇主支付的工資低於員工貢獻的價值，則雇主在被迫提高工資時留住員工也就並不奇怪，因為員工貢獻的價值仍高於雇主付出的成本，至少在工資升幅仍可負擔的情況下是這樣。

城市雇員的工資，往往高於農村地區的類似雇員，而在雇主較少的地方，工資往往低於雇主較多的地方。但是，可能造成這種差異的原因很多，而且一如有關賣家與市場影響力的問題，要理解雇主集中度與工資的相關性，就必須了解雇主集中度改變的原因。在國家層面的集中度提高的同時，地方層面的雇主集中度降低了，這減輕了收入不平等。[29]儘管如此，我們仍可發現雇主行為不端的具體案例。本章開頭提到的護士遭遇顯示醫院串通壓低工資（如果市場上只有幾個雇主，串通會比較容易），而美國的醫院看來擅長同時壓榨病人和員工。[30]壓低護士工資導致人手短缺，醫院的因應方法是雇用約聘機構提供的護士；雇用這些護士的成本較高，但醫院可以避免提高人數多得多的正式聘用護士的工資，這是一些公司有能力影響工資、損害勞工福祉的又一證據。

不友善的工作場所與工會衰落

美國雇主要求員工簽署競業禁止協議是常見的事，甚至在這種協議無法執行的州，例如加州也不例外；在這些州，這種協議或許可以有效威脅雇員。這種協議限制雇員的其他就業機會，使雇主比較容易壓低工資；四分之一的美國勞工受某種競業禁止條款約束。[31]如果員工可以取得對競爭對手有用的商業祕密或其他知識（例如員工負責設計藍圖或寫程式），競業禁止要求是可以理解的，但這種理由不適用於低薪工作，而工資低於中位數的美國勞工有五分之一受競業禁止條款約束。一種（極度）天真的想法是：勞工簽約時知道有這種條款，而且他們接受這種約束有得到補償。但更接近現實的情況很可能是：他們不怎麼了解這種條款，無意中給了雇主壓低工資的力量。

一如第11章指出，美國企業如今往往將許多不同類型的支援服務，例如清潔、保全、餐飲供應和運輸外包出去。企業因此可以專注於理應擅長的核心業務，但外包承包商提供的工作往往比較不吸引人，福利較差，工資較低，就業權利較少，而且幾乎沒有晉升機會。[32]經濟學家大衛・多恩（David Dorn）、裘哈納・施密德（Johannes Schmieder）和詹姆斯・史普利策（James Spletzer）寫道：「國內外包已經徹底改變了大量工作的雇傭關係性質，從相對低技能的工作如清潔和保全，到高技能的工作如人力資源和會計，莫不如此。」[33]他們估計，在2015年，約四分之一的清潔和保全人員為外包承包商工作；外包承包商雇用的勞工是 1950 年時的四倍以上。2019 年 3 月時，Google 雇用的臨時工和約聘人員多過正式員工，雖然前者與後者一起工作，有時做類似工作。[34] 外包流行和工作因此降級，是協助破壞勞工階級生活的因素。

比較強大的工會代表成員與雇主集體談判，幾乎一定會質疑前述這樣的做法。工會是（或曾經是）制衡資方的一股力量，企業在工資與利潤之間分配創造的附加值時，工會會阻止企業管理層為所欲為，爭取提高工資、改善工作條件、增加福利，以及限制管理層的權力。2019 年初，美國 10.5％的勞工加入工會，在現代數據系列開始的 1983 年，該比例為 20.1％。在私營部門，只有 6.4％的勞工是工會成員。在 1940 年代和 1950 年代初的高峰時期，美國三分之一的家庭有至少一名工會成員。[35]

工會勢力衰減（在華府，代表企業的說客壓倒了代表工會的說客），也是聯邦最低工資自 2009 年 7 月以來一直維持在每小時 7.25 美元的原因之一，雖然事實上十個美國人有七個認為應該提高聯邦最低工資。（不過，如前所述，許多州調高了州最低工資，目前有 29 州的最低工資高於聯邦最低工資，例如伊利諾州為 8.25 美元，華盛頓州為 12.00 美元，因此若以員工人數加權計算，美國的實際最低工資在 2007 年至 2016 年間上升了 10.8％。）[36]

企業行為

　　隨著工會的影響力衰減，企業的運作方式改變了。在舊模式下，管理層認為公司除了為股東的利益服務，還為員工、顧客和社區的利益服務；在新模式下，管理層認為公司只需要關注股東（資本的主人）的利益。或許令人驚訝的是，人們對公司的存在目的有爭議：[37]董事會究竟對誰負責？現在多數人認為，董事會只須對股東負責，但也有其他看法，包括董事會對公司本身負責，或對較廣泛的利害關係人負責，包括消費者和員工。美國各州也有管轄權，而它們的做法各有不同，例如加州就要求公司董事會至少要有一名女性成員。儘管最近質疑有所增加，但追求股東價值極大化，近年來已經成為常態。當然，股東並不直接管理公司，但企業以股票和認股權支付管理層的薪酬，使管理層的利益與公司的股票市值掛鉤，藉此鼓勵管理層盡可能捍衛股東的利益。股票市值代表股東估算的公司未來盈利的價值，因此如果管理層做一些對其他利害關係人（無論是員工、顧客還是社區）有益的事，他們個人將會有損失，除非善待這些利害關係人可以提高公司的盈利。

　　企業狙擊手接管公司的威脅，使管理層更傾向專注提高公司盈利。如果財力雄厚的狙擊手認為一家公司的盈利表現遜於應有水準，他可以買進足以支持自己發揮影響力的股票，迫使公司改變政策，或是換掉管理層，甚至分拆公司以改變公司資產價值遭低估的情況。現在因為許多公

司的一大部分股票，落在先鋒集團或貝萊德（BlackRock）
之類的被動投資人手上（他們不會試圖影響所投資公司的
董事會），企業狙擊手只要收購不是很多的股權就能取得
控制權，這種攻擊因此變得更容易，成本也更低。

　　許多人認為，股票市場的市值是美國經濟狀況的一個
正向指標；他們關注道瓊工業指數或標準普爾500指數，
就像他們關注棒球比賽得分那樣，漲時歡喜跌時悲哀。成
長前景樂觀通常會推高股市，所有人都認為這是好事；但
是，如果工資降低或企業管理層以成本低廉的機器人取代
勞工，股市也會上漲。股市會獎勵損害勞工、嘉惠資本的
所得再分配，而正如我們所見，企業愈來愈鼓勵管理層促
成這種再分配。但是，就這類問題而言，有一群人比較少
人討論，那就是因為401(k)退休儲蓄計畫而成為企業股東
的人，或任何參與確定提撥退休金計畫的人。曾幾何時，
美國的勞工通常參與確定給付的退休金計畫，計畫的融資
由其他人負責；股市市值可能對負責融資者很重要，但與
雇員沒有直接關係。但參與確定提撥計畫的雇員因為投資
股市，可以因為股市表現出色而直接得益，因此會因為工
資降低或勞工被機器人取代而得到獎勵。然而，持有此類
資產的人，主要是擁有大學學位的人，而他們的工資近數
十年來表現不錯。因此，確定提撥的退休金計畫取代確定
給付的計畫，使高學歷、事業成功的美國人，可以因為低
學歷美國人工資萎縮、就業受挫而得益。我們並非暗示高
學歷精英鼓動損害美國勞工階級的做法，但他們無疑因為

默許這種做法而得到豐厚報酬;自1990年以來,標準普爾500指數年均上漲超過7%。

企業與勞工的政治影響力

國家出現非常巨大和賺錢的企業,還有許多非常富有的個人,後果之一是他們對政治有巨大的影響力。我們尤其面臨這種危險:口袋很深的人更有效參與美國政治,而一般人(也就是本書關注的受絕望死威脅的低學歷美國人)則變成局外人,利益遭到漠視,成為國家造福有錢人的犧牲品。現行美國民主制度運作得不好,而制度失靈與金錢影響華府的運作大有關係。[38]

2018年,華府有11,654名註冊說客,他們的活動花了34.6億美元。[39]也就是說,535名聯邦參議員和眾議員每人平均有22名說客招呼他們,而說客這一年平均可花650萬美元在每一名國會議員身上,這還不包括贊助競選活動的外部資金──2018年的金額為13億美元。這些支出很大,對華府的政治運作有重大影響,但相對於企業的支出預算卻相當少,例如汽車製造商2015年就花了470億美元在廣告上。[40]

一直以來都有說客試圖說服政府做一些對他們有利的事,但美國要到1970年代改革政治遊說監理制度之後,企業才大舉加強遊說。1971年,後來成為最高法院大法官的劉易斯·鮑威爾(Lewis Powell Jr.)在一份現在著名的備忘錄中寫道,「美國經濟體系正受到廣泛的攻擊」,企業必須培養政治力量，並「積極和堅定地」加以運用；[41]他的建議隨後普遍獲美國企業採納。1970年代之前，企業界在華府的代表不是代表個別公司的說客，而是代表整個產業的同業公會，它們過去和現在都經常成功替其成員（例如醫師或房屋仲介）爭取到特殊待遇。

多數公司在華府沒有說客，有說客的通常是大公司。按2018年遊說支出排序，支出最多的個別公司為Alphabet（Google），隨後依次為美國電話電報公司（AT&T）、波音、康卡斯特（Comcast）、亞馬遜、諾格（Northrop Grumman）、洛克希德馬汀（Lockheed Martin），以及臉書（1,260萬美元）。遊說支出更多的是商業團體，例如美國商會（9,480萬美元）、全美房屋仲介協會，以及藥廠、醫院、保險公司和醫師的協會——代表醫師的美國醫學會2018年的遊說支出與Alphabet相若。在支出最多的二十名遊說大戶中，唯一的非商業團體是富豪索羅斯（George Soros）支持的開放社會政策中心（Open Society Policy Center），主要針對國家安全、公民權利、移民之類的議題進行遊說。2018年，整個醫療產業（包括藥廠、醫院、保險公司和醫師）的遊說支出超過5億美元，金融業也是，而勞工團體總共花了4,700萬美元，不到醫療產業或金融業的十分之一。[42]

在企業內部，勞工的力量相對於資方衰落了；在華府，勞工的力量相對於企業（尤其是大企業）也同樣衰落了。

和許多人想的不同，美國的遊說制度並不是這樣一種機器：財力雄厚的企業和個人用來撰寫自己想要的法案，然後靠他們收買的國會議員通過法案。事實上，遇到重大議題時，代表各方利益的說客非常多，競爭十分激烈。遊說確實重要，但它並未導致體制被操縱，變成僅為金主服務。遊說確實產生的作用，是吸走華府的能量，使那些不能或沒有從事遊說的人愈來愈沒有影響力。曾經強大的團體，例如工會，如今已被壓倒。如果你負擔不起遊說的費用，華府就沒有人代表你；更慘的是，華府人士常說的這句話是對的：如果餐桌上沒有你的位子，你很可能是在菜單上。

華府的談判桌決定了向上再分配制度的設計與執行方式，而談判桌上極少有人代表美國勞工。攸關一般人福祉的事上不了談判桌，因為掌權者選擇優先處理企業關注的事。參眾兩院的議員理應代表他們的所有選民，但表決議案時一再偏袒比較富有的選民，漠視其他選民的利益。[43]同樣重要或更重要的是，許多攸關勞工福祉的問題一直未能付諸表決，聯邦最低工資的調整只是其中一例。民主加上政治遊說，變成了選擇性的民主。

結語

我們在第13章指出，美國醫療成本高昂且不斷上漲，是導致低學歷勞工工資降低和工作條件變差的重要因素。雇主必須出錢的其他勞工福利，例如社會安全計畫和聯邦醫療保險、失業保險和工傷補償保險，也產生了類似的作用,雖然規模較小。諷刺的是,工會長期替勞工爭取這些福利,但政府立法要求企業提供這些福利之後,加入工會對勞工來說就變得沒那麼吸引人。這些勞動力成本也促使雇主將部分工作外包、減少直接雇員人數,因為這麼做變得比以前更有利可圖。

目前美國勞工也在其他方面失利。雖然他們分享到新科技帶來的好處,能夠享用新科技造就的產品和服務,但他們出賣勞動力的市場,卻對他們愈來愈不友善。美國製造業衰落,美國勞工可能因為國際貿易而被外國勞工取代,加上工會在私營部門的影響力式微,全都損害了美國低學歷勞工在就業方面的議價能力,[44]而企業熱衷政治遊說則奪走了低學歷勞工在華府的議價能力。許多雇主對低技能員工的工資,至少具有一定的市場影響力,而他們經常利用這種影響力,將工資控制在競爭市場的水準之下。外包承包商奪走了許多福利良好的好工作,將它們變成沒什麼福利和保障的爛工作。[45]許多低學歷的美國人如今已不可能成為眾人欽羨的公司的一部分,既服務大眾也服務股東,從中得到意義。

美國低學歷勞工如今身處的環境,遠比半個世紀前不友善。類似情況也發生在其他富裕國家,在美國以外的若干富裕國家,一般勞工的工資和工作條件有所惡化,它們也經歷了製造業衰退而服務業成長、經濟成長放緩,以及工會勢力衰退的變化。但是,這些國家的醫療成本遠低於美國,而且社會保障全面得多。此外,沒有一個國家像美國那樣，經歷了那麼長時間的工資停滯。這一切都可以解釋，為什麼絕望死流行不是富裕國家的普遍現象。然而，對所有低技能勞工來說，西方資本主義的未來烏雲密布，確實是令人擔憂的問題。

16
該怎麼做？

　　我們希望美國是比較正義的國家，問題是，不同的人對「正義」有非常不同而且互不相容的看法。然而，如果我們著眼於顯而易見的不義，也就是許多人認為不公正的社會狀況，就可以對改善情況大有幫助。我們不必完成正義的完整拼圖，也可以提出改革主張。這就是經濟學家暨哲學家阿馬蒂亞・沈恩（Amartya Sen）所講的「比較進路」（comparative approach），與之相對的是以描述理想社會為起點的「先驗進路」（transcendental approach）。[1]如果我們可以就必須處理哪些不義達成共識，則每消除一項不義，都將使我們的世界變得美好一些。

　　舉一些具體的例子：人們普遍認為，利用人類的苦難賺錢是不對的，基於這種苦難的財富不平等是不義的。在政治觀點非常不同的人當中，右派和左派人士全都普遍認為，尋租和裙帶資本主義（crony capitalism）是不義的。無論我們對追求財富有何看法，我們都能同意這一點：靠特殊待遇致富是不義的，例如亞當·斯密痛斥、支撐「荒謬和壓迫的壟斷」的特殊待遇是不義的。相對之下，人們並不普遍認為可以減輕所得不平等的行為必然是可取的。

許多思考所得分配的經濟學家認為，制定政策時，愈是富裕的人可以愈不重視他們的福祉；這種觀念先是廣泛應用於經濟學，[2]如今哲學界稱為「優先主義」（prioritarianism）。[3]優先主義者支持平等，而經濟優先主義者設計稅制時追求所得平等，同時承認他們受限於這個事實：人們承受的稅負愈重，對經濟的貢獻將愈少。實際稅制取決於事實問題，尤其是人們對賦稅有何反應，以及有錢人對其他人的福祉有多大的貢獻。稅制也基於價值觀，尤其是並非人人贊同的優先主義；事實上，我們估計多數美國人不贊同優先主義。值得注意的是，經濟學優先主義者的下列主張在道德上是有爭議的：給予所得分配頂層1%的人額外所得，對社會的價值少到可以忽略。[4]

針對這些問題，我們應該表明自己的立場。我們認為，困苦的人應該得到優先照顧；至於並不困苦的人，他們在優先順序中的位置，完全不應該因為所得或財富比較多而被降低。與絕望死有關的痛苦是至為重要的問題；除非可以帶來其他好處，將大富人家的所得或財富重新分配給一般有錢人或高學歷中產階級，藉此減輕不平等，在我們看來並不重要。這正是為什麼我們並不因為不平等本身而感到不安，但非常關注竊盜和尋租，或本書一再闡述的非自願向上再分配所造成的不平等。必須澄清的是，我們並不否認不平等的後果，有時可能破壞重要的社會目標，例如有錢人可能利用財富腐化民主制度，或是煽動人們反對政府提供對多數人極其重要的公共財。但我們反對優先主義計算產生的針對最高所得的高邊際稅率，我們認為更好的做法是直接打擊尋租行為；這種做法如果成功，對縮減不平等將大有幫助。

鴉片類藥物

藥物過量致死，是絕望死當中最大的一個類別。除了濫藥致死，絕望死還包括死於酗酒和自殺，而絕望死流行反映本書闡述的種種社會失靈問題。不過，製藥公司的行為在燜燒的絕望上澆上汽油，不必要地助長了濫藥致死。制止危險藥物氾濫無法消除絕望死的根源，但可以拯救許多生命，應該是我們的當務之急。

即使癮君子合作，毒癮仍極其難治。人們似乎普遍認為，藥物輔助治療是有效的，但並非所有癮君子都能得到這種治療，原因往往是費用問題。有些地方的濫藥致死案件大幅減少，例如俄亥俄州代頓市（Dayton）就是這樣；該州州長約翰·凱西克（John Kasich）擴大了聯邦醫療補助計畫在整個州的覆蓋範圍，而當地警方與公共衛生官員合作，致力於治療而非治安。[5]進一步擴大聯邦醫療補助計畫，對濫藥和其他醫療照護問題都將有幫助。

相對於鴉片類藥物氾濫初期，美國醫師如今對處方鴉片類藥物的危險清楚得多，而這種藥物的處方率在2012

年觸頂。但是直到2017年，平均每一百名美國人仍獲得58次鴉片類藥物處方，是1999年的三倍，平均處方量為18天。[6]一如我們之前指出，近二十年來鴉片類藥物處方增加，並沒有減少美國人自報的疼痛狀況，雖然我們同情那些受疼痛折磨的人，我們仍認為美國醫師針對慢性疼痛過度處方鴉片類藥物的問題仍舊非常嚴重。醫療體系必須探索更好的選擇，包括1999年之前採用的許多不同的另類療法。保險公司應該為這些療法埋單，即使成本高於處方止痛藥。

美國製藥業目前功能失調，整個醫療體系也是這樣。當局根本不該不考慮大量釋出一種會成癮的藥物可能造成的後果，就批准奧施康定上市。作為廣泛醫療改革的一部分，美國需要一個類似英國國家健康與照顧卓越研究院（NICE）那樣的機構，負責評估各種療法的成本效益，而且有權阻止採用效益低於成本的療法。這當然是政府干預市場的一個例子，但正如我們之前指出，眼下藥品市場完全不像一個自由市場，也永遠不可能像自由市場。

醫療照護

自由市場的運作，可以產生巨大的社會效益，這個通常有力的論點，並不適用於醫療照護。[7]沒有管制的醫療市場無法造福社會，受管制的市場可以運作良好；在英國，NICE看來頂住了政治壓力，逃過了因為政治壓力而夭折或吸引大量尋租者的命運。[8]美國應該仿效其他富裕國家，提供全民健康保險並控制醫療成本；前者很重要，後者甚至更重要。美國目前是集兩家之短：政府干預不但並未控制成本，還創造了尋租機會，導致醫療成本進一步膨脹。沒有管制的市場，必將導致頗大比例的人口得不到醫療保障，不可能產生社會可接受的結果；正如肯尼斯・阿羅（Kenneth Arrow）早就指出：「在醫療方面採用自由放任的做法，是不可容忍的。」[9]某種程度的強制是必要的，補貼負擔不起的人也是必要的，否認這些事實的改革注定失敗。

儘管困難重重，但改善醫療體系，可以帶給美國人巨大好處，至少理論上是這樣。因為美國現行醫療體系非常揮霍，改革有望大幅提升效率，在促進民眾健康之餘，節省大量金錢，並使民眾可以比較公平地獲得服務。這樣的制度不但可以使沒有醫療保險的2,850萬美國人（2017年的數字）獲得保障，[10]還可以提高一般雇員實際到手的工資。許多工會成員和政界人士害怕取消現行制度，理由是低學歷勞工多年來收入沒有增加或甚至有所萎縮，取消雇主提供的醫療保險等同進一步羞辱他們。美國人必須更普遍認識到，雇主提供醫療保險，其實正是工資表現不佳的主要原因之一。

危言聳聽者常說，全民健保是我們負擔不起的，如果由美國政府提供，我們將必須無限期承擔重得多的稅負，但事實未必如此。我們知道，全民健保像是烏托邦夢想，但它其實沒有那麼脫離現實，因為世上真的有一些國家實行這種制度。不過,美國要實行這種制度確實絕不容易。改善目前一團糟的醫療體系必須做的事,與從頭開始設計一個制度應該做的事截然不同;即使如此,我們必須謹記改善現行制度可以產生巨大的好處,並據此設定目標和以此激勵自己。

健保制度要行得通,必須有強制措施防止不需要保險的人拒絕付費投保,同時也必須控制成本;控制成本將損害醫療服務提供者的收入,而他們並非全都極其富有。新制度也將導致一些人無法採用他們現在可用而且喜歡的一些保險商品或治療方式,沒有人喜歡受強制措施束縛,美國人可能尤其如此。美國人討厭醫療照護限量供應這種構想,但如果限量供應是基於財力,排除那些無力付費的人,他們就似乎覺得可以接受。美國人也希望得到相互矛盾的結果,例如他們希望健保將投保人已有的疾病納入保障範圍,但又不想在這些疾病發生前購買保險。我們花在醫療上的每一塊錢,都變成某些人的收入,而這些人將為維持現狀而戰。但我們必須明白,他們是為保護他們的收入而戰,不是為大眾的健康而戰,也不是為保護神話般的醫療自由市場而戰;製藥公司面臨價格管制威脅時,最喜歡搬出維護醫療自由市場作為反對理由。

目前人們正在討論的若干方案,我們並不支持其中任何一個;潛在選擇很多,包括以其他國家的制度為藍本加以調整,而其他國家的做法各有不同。例如美國若捨棄現行制度,並非只能採用英國的制度;英國政府真的提供醫療服務，付錢給醫師和醫院。有人認為，聯邦政府應該為全民提供聯邦醫療保險，將65歲以下的國民都納入該計畫，並以稅收支付全部費用；這種做法的成本極其高昂，有很多替代方案可以考慮。在若干其他國家，醫療保險部門的規模較小，受嚴格監理，有私營保險業者，但這些國家全都有辦法確保所有國民獲得醫療保障、有些人得到補貼，以及醫療成本受到控制。[11]其他國家行得通的做法，在美國未必行得通，因為美國人的收入不同、傳統不同，期望也不同。長期研究醫療問題的經濟學家維克多‧福克斯（Victor Fuchs）寫道：「美國可以借鑑其他國家的經驗，但必須設計出一套與美國的歷史、境況和價值觀契合的制度。」[12]他提出一套使用醫療券的具體方案，並非採用單一支付制度。[13]該方案設有一個像英國NICE那樣的成本控制委員會，以一項專門的增值稅（VAT）為財源。還有一些方案是擴大聯邦醫療保險，但避免由政府立即承擔所有成本，例如要求雇主繼續提供醫療保險，否則可以付錢給聯邦政府提供的方案。[14]

幾乎可以確定的是，在新制度上路時，必須增加政府的支出，同時長期控制成本上漲的速度；如此一來，醫療服務提供者的收入不會立即大減，但相對於在舊制度下，他們的收入仍將緩慢縮減。美國醫療產業在華府的遊說力量非常強大，如果推動改革時不願意收買他們，改革就幾乎肯定無法付諸實行。但如果不改革，美國人將必須一直向他們支付過高的費用。設計妥善的改革配合成本控制措施，將可以擋住愈來愈昂貴但作用甚微的治療方法，逐漸降低美國人向醫療業者進貢的金額。我們要再次強調，雖然替代方案的設計和融資涉及棘手的問題，問題並不是必須尋找大量新資金來支持一套新的法定福利計畫。美國目前花在醫療上的金錢已經足夠有餘。問題可以說是有兩個部分：一部分是技術和財務工程問題，是要尋找方法重新分配資金；另一部分是政治問題，是要設法收買既得利益者以化解反對意見，並在一段時間之後收回收買他們的成本。英國工黨執政時的衛生大臣貝文（Nye Bevan）1946年創立國民醫療服務體系（National Health Service, NHS），代表醫師的說客將他比作納粹醫療元首。貝文當時被問到，他如何應付這種反對力量？他說他成功推動改革，是靠「拿黃金堵住他們的嘴」。[15]

公司治理

工會衰落改變了勞資權力平衡，雇員的力量衰減，企業管理層與資本主人的權力大增。雖然我們希望看到工會扭轉衰落的趨勢，或至少恢復提供以前曾經提供的服務，但我們認為工會不大可能重生，又或者即使重生，速度也將緩慢。

全面改革美國企業，包括像歐洲許多地區那樣，在企業董事會納入員工代表，看來也不大可能成事。一種不是很吸引人但仍然有用的改革，是規管美國企業一些有害的現行做法。例如，我們應該有辦法確保外包承包商並非只是幫助企業削減員工福利，或是利用無證移民壓低工資。美國也可以立法在全國禁止使用競業禁止條款，就像現在加州那樣。

賦稅與福利政策

許多年來，歐洲的社會安全網足以防止實際所得不平等擴大，儘管稅前所得不平等有所擴大。[16]我們之前就提到，英國的安全網有效抵銷了高所得人士較快速的所得成長。即使如此，目前並沒有確鑿的證據顯示，絕望死與安全網不周全有關，無論是在國家內部還是國家之間。特別值得注意的是，受絕望死流行打擊最大的美國低學歷白人男女，遠非美國最貧窮的群體，而我們已經證明，無論是他們的貧窮狀況，還是他們在1990年代、2000年代和經濟大衰退期間的所得波動，都與死亡率沒有明顯關係。

如果時光倒流四十年，美國建立一個比較慷慨的安全網，則那些因為全球化和自動化而被迫面對變遷、失去工作和收入的人，可以不必承受那麼多痛苦。全民健保也可以產生這種作用。無條件的福利，可以減輕工資的下跌壓力，因為失業者可以不必那麼急著找到新工作，而全民健保可以削弱企業裁員的動機。確實存在的一些福利，例如勞動所得稅額抵減，則是必須有工作才能得到。斯堪的納維亞國家喜歡的積極勞動市場政策（active labor-market policies）若在美國實行，將有助阻止勞工退出勞動市場。

但是，明智的做法是避免過度依賴一個比較強大的安全網。如果楊格所講的社會分裂為「民粹者」與「偽善者」的趨勢仍在持續，教育程度差異繼續分化美國人口（和歐洲各國人口），則社會安全網只是像OK繃那樣的東西，有用但無法解決根本問題。不過，我們也不知道有什麼政策可以解決這個問題。哲學家克瓦米‧安東尼‧阿皮亞（Kwame Anthony Appiah）認為，我們必須重視更多類型的人才，不是只重視那些在功績制度下擅長考試的人，但至少在我們看來，這種想法可以如何付諸實行，目前並不清楚。[17]

全民基本收入（Universal Basic Income, UBI）這個構想有很多擁護者，在機器人已經取代很多或甚至多數勞工的世界裡，我們確實可能需要類似的制度，以免國民所得幾乎全都流向機器人的擁有者和發明者，但目前我們離這種反烏托邦世界還很遠。不過，即使在今天，仍有人提出了有力的論點支持UBI，就像有人提出理由支持全民健保和普及教育那樣；自由社會裡的人，應該免費獲分配基本的一段時間自由運用。我們特別推薦菲利普‧范‧帕雷斯（Philippe van Parijs）和楊尼克‧范德波特（Yannick Vanderborght）雄辯和具說服力的論述，他們認為UBI可以增進每一個人的自由。[18]許多人認為，UBI可以大大改善政治和民主的運作，而如果沒有UBI，政治和民主可能根本無法有效運作，尤其是在連溫飽也可能有問題的地方。[19]我們也可以基於富裕國家的收入來源，提出一個有力的道德論點：在富裕國家，人們的收入確實取決於當前的努力，但更大程度上有賴全民祖產支持；全民祖產包括前人留給我們的教育和就業基礎設施，以及其他物質和社會資本。[20]我們都有權分享我們的全民祖產。

不過，在當前的情況下，我們並不支持UBI。常有人引述右派和左派對UBI的支持意見，但都禁不起算術的檢驗。右派認為，UBI應該取代所有其他政府移轉支付，包括養老金和失能給付，因此許多老人和失能者的境況將變得不如現在。左派則認為，UBI是對現行制度的補充，而這將導致其成本極其高昂：美國若實行UBI，每人每年10,000美元，政府的稅收相對於當前水準，將必須增加一倍左右。比較可行的做法介於這兩個極端之間，可以藉由調整現行福利和賦稅，令制度變得比較像一種UBI——例如修改福利安排，使窮人不必為他們所賺的額外收入承擔重稅。但即使這麼做，成本仍很難降至可行的水準。[21]

UBI涉及一個較深層的問題：我們如何看待工作？UBI的捍衛者分為兩派：一派想證明UBI不會降低人們工作的可能性，另一派則認為賦予人們不工作的自由是UBI的特徵之一，並不是該制度的一個漏洞。無疑有相當一部分納稅人，不滿自己必須幫忙為別人的醫療照護或別人孩子的教育埋單，為別人的閒暇埋單對他們來說是太過分了。經濟學家羅伯・法蘭克（Robert Frank）提出這樣的想像：印第安納波利斯一名勤勞的牙醫冒著風雪開車前往診所，一整天為脾氣不好的病人治療，他們抱怨他收費高昂，知道他靜脈曲張也完全不在乎；他在電視上看到一群成年人組成公社，全心投入藝術愛好，閒來吟詩，完全仰賴他們集合起來的UBI生活。[22]許多美國人認為，人必須工作才可以充分參與生活，如果UBI降低了人們的工作意願，使他們不再有尋找有償工作的壓力，他們的人生機會將會因此受損。如此一來，UBI在政治上是否可行，就取決於它對勞動力供給的影響。UBI確實可能賦予失業者一定的自由：他們可以接受培訓以便投入新工作，從事新的活動，為社區作出貢獻，以及更充分參與民主政治活動，長期而言重建自己的生活。我們因為特別關注絕望死問題，而這個問題與工作消失導致許多人失去生活意義和社會地位大有關係，所以很難相信UBI是最好的出路。

反壟斷

反壟斷執法是眼下經濟學和法學界一個極富爭議的議題。一方面有人認為因為執法者失責（或因為外力干擾而未能盡責），產業勢力集中、濫用市場影響力和剝削的問題變得嚴重了。另一方面有人認為，沒有證據顯示這種狀況造成傷害，反而是大有好處，尤其是對消費者來說。我們在第15章檢視了這些爭論，我們同意，美國一些產業確實大有問題，例如醫療和金融業，但我們不認為美國已經出現普遍的壟斷問題。勞動市場的獨買問題是另一回事，而確實有很好的證據顯示，美國的雇主有辦法將員工的工資壓至低於競爭市場的水準。

即使如此，討論這些問題仍是重要的。隨著技術變革和貿易發展，產業面貌正迅速改變，而即使現行政策目前有效，情況也可能很快就會改變。歐洲監理機關和政界人士的想法與美國不同是好事，因為如此一來，歐洲就可以為美國提供其他做法的實踐經驗，即使這些做法有時是出於針對美國企業的保護主義。獨買是非法的，但很難起訴和管制；我們必須努力尋找更好的做法。我們也認為，反壟斷政策最好是可以更積極地審查合併案，特別是應該阻止規模已經很大的公司收購潛在競爭對手。舉證責任或許應該更明確地從監理機關轉移到提議合併的公司身上。我們也支持這個構想：亞馬遜、臉書和Google每次使用它們從用戶那裡獲得的資料，都應該付費。[23]這是藉由擴大市場（而非破壞市場）增強資本主義的一個好例子。

工資政策

本書的一個主要論點是：低學歷美國人失去好工作，不但傷害直接受影響的人，還傷害其他人，因為許多社區和勞工階級的一種生活方式因此遭到破壞。如此一來，公共政策就大有理由支撐工資，因為自行運轉的勞動市場不會考慮外部影響。我們可以藉由工資補貼制度或提高最低工資來支撐工資。工資補貼可以創造就業機會，並且提高工資和利潤；諾貝爾經濟學獎得主艾德蒙·菲爾普斯（Edmund Phelps）長期倡導工資補貼政策，最近的倡導者則有保守派評論者奧倫·卡斯（Oren Cass）。[24]提高最低工資標準也能提高工資，是否會損害就業取決於調升的幅度,以及勞動市場是否有競爭;但無論如何,企業的利潤很可能會減少。右派傾向於支持工資補貼和反對提高最低工資,左派則相反。

我們不反對工資補貼;對我們來說,關鍵是重振就業。但我們認為,美國最近關於最低工資的研究提供了令人信服的證據,證明小幅提高最低工資不會損害就業,其作用只是推高低收入者的工資至略高於最低工資新標準,同時可能嘉惠工資原本就高於最低工資的雇員,因為就某些職業而言,恢復雇員之間的工資差異相當重要。

英國1999年引進最低工資制度之後,當地低薪就業的情況也令我們印象深刻,我們在第15章討論了這兩組證據。此外,非常多美國人支持提高最低工資,這一點值得注意,因為這意味著提高最低工資的政治阻力,很可能小於實行工資補貼。

我們因此贊成適度提高最低工資,並且支持爭取將聯邦最低工資從目前的每小時7.25美元逐漸提高至15美元的運動。我們較大的目標是促成有利於勞工、不利於企業的權力與金錢再分配,而提高最低工資是實現這項目標的其中一步。根據美國勞動統計局的資料,2017年美國約有180萬人收入等同或低於最低工資,其中約三分之二從事服務業工作,主要是煮食和餐飲服務工作。[25]這些並不是低學歷美國人近數十年來失去的好工作,而是他們失業之後可能被迫從事的新工作。提高最低工資的作用,類似擴大社會安全網,有助低學歷勞工適應這種轉變。

尋租

喬安・羅賓遜（Joan Robinson）指出了「專利矛盾」
（paradox of patents）：專利阻礙技術傳播，因此妨礙人類
創造更多新技術。[26]專利是公開授予的獲取租金的許可，
但專利的條款並非固定不變，而是利益集團積極遊說希望
改變的東西。布林克・林塞（Brink Lindsey）和史蒂芬・
泰爾斯（Steven Teles）指出，[27]版權法和專利，以及牌照
要求和地方土地使用規則，已經迅速變成偏袒尋租者，
有利於當前居主導地位者和不利於挑戰者，正在拖慢創新
和經濟成長。隨著軟體在許多產業取代了物質資本，版權
的應用變得比以前積極得多；建築物可以靠柵欄和警衛保
護，程式碼則可以輕易複製。版權、專利、土地使用規則
和牌照的存在大有道理，但如果它們被濫用來促進向上再
分配，壓制努力創新的挑戰者，偏袒致力保護其豐厚利潤
的當前主導者，則它們必須受到限制。有人提出了很好的
論點，指出很多專利保護是不必要和損害公共利益的，[28]
而當前的做法是弊遠大於利。

在第15章，有關遊說的討論主要著眼於Google、
AT&T、波音之類的大公司從事的遊說，但美國的小企業
其實往往花更多錢在政治遊說上，只是它們並非直接這麼
做，而是透過代表它們的組織，例如美國商會、全美房屋
仲介協會和美國醫學會。這些組織之所以影響力巨大，並
非只是因為它們花很多錢在遊說上，還因為它們的成員遍

布美國各地，在每一個社區、每一個州、每一個國會選區都有成員。它們藉由遊說為小企業爭取特殊待遇，例如免受某些法規約束（較大型的企業必須遵守這些法規），或得到特別租稅優惠——例如房屋仲介就享有這種優惠。[29] 汽車經銷商受州層面的法律保護，這些法律禁止汽車製造商直接賣汽車給消費者。醫師和他們的協會控制醫學院的學生名額，壓低醫師人數以維持醫師的高收入。他們利用居住要求，有效地排斥外國醫師；在化解外來人力的威脅這件事上，專業精英遠比低學歷勞工能幹。

尋租和保護小企業，是理解美國不平等問題的兩項關鍵。經濟學家馬修・史密斯（Matthew Smith）、丹尼・亞根（Danny Yagan）、歐文・齊達（Owen Zidar）和艾瑞克・茲威克（Eric Zwick）檢視企業及其東主的稅務資料，發現積極管理公司的企業家是所得向頂層集中的關鍵因素。就所得向頂層集中這個問題而言，這些富有的企業主比企業執行長重要得多，無論是以所得金額還是人數衡量都是這樣；他們「從事專業服務（例如顧問、律師、專門技術人員）或醫療服務（例如醫師、牙醫）。頂層 0.1％的人擁有的典型生意，是營收 2,000 萬美元、擁有 100 名員工的地區企業，例如汽車經銷商、飲料分銷商或大型的律師事務所。」[30] 這些企業幾乎全都受華府遊說活動或州議會制定的牌照要求保護——借用亞當・斯密的說法，「這些法律可說是用血寫成的。」[31] 律師為尋租者提供意見，告訴他們應該尋求制定或修改哪些法律，並且幫助他們免受牢獄之災。

　　沒有什麼可以阻止同業公會或企業從事遊說以尋求保護。國會和州議會的成員對這種遊說的重視程度，可能取決於選民對企業得到的保護有多了解，以及如果他們了解情況會有多在意。我們認為，美國選民很可能普遍沒有意識到政治遊說暗中損害了他們的福祉。提高資訊透明度，使更多人了解誰在遊說、為了什麼遊說及後果如何，或許可以制衡這種活動。

教育

　　在這本書，我們一再看到，擁有與沒有四年制大學學位的美國人之間出現了巨大鴻溝，低學歷美國人在許多方面處境艱難，甚至連死亡率也高得多。如果人人都有學士學位，世界是否會變得比較美好？

　　也許會。美國在普及小學教育方面領先世界，而且在技術變革要求提高全民教育程度時，普及了高中教育。因應當前的資訊和通訊革命，美國或許是時候再進一級，普及大學教育？

　　在我們看來，目前沒有學士學位的美國人當中，很多人本來可以取得學士學位，又或者現在可以去拿一個學位，他們也將因此得益，並且多少惠及其他美國人。有些美國人尤其如此：他們的天資足以支持他們上大學，但因為經濟原因或沒有意識到像他們這樣的人可以接受高等教育，結果沒有上大學。許多人認為，這些人現在享有的教育機會變差了，高中畢業生重返學校上大學的低成本機會減少了。即使在今天，在美國取得學士學位的經濟報酬，仍足以支持當事人投資在自己的大學教育上，但這種投資確實是有風險的：現在進大學的人約有一半沒有畢業，因此上大學的結果可能是沒有取得學位還背負債務。美國進大學的年輕人比例持續上升，但取得學士學位的年輕人比例卻近乎停滯不前，這在許多方面相當不幸。上過大學但沒有畢業對當事人的好處比較有限，目前這種情況因此極其浪費。任何政策只要能夠有效處理這些問題，都會有幫助，但為所有人提供免費大學教育的成本將極其高昂，而且大部分利益將流向那些最不需要的人。

較廣泛而言，擁有學士學位顯然絕對不能保證當事人不會被機器或成本較低的外國勞工取代。學士學位不是一副可以保護你不受世局變遷影響的盔甲。在美國，黑人五十年前率先受失業和社區衰敗折磨，眼下則是沒有大學學位的白人遭遇這種厄運，接下來輪到很多擁有大學學位的人是完全有可能的。普及大學教育，無法阻止這種事情發生。

擁有與沒有大學學位的人境況迥異，這種現象並未出現在其他富裕國家。英國上大學的人口比例低於美國，但上大學的人正迅速增加，儘管學費不斷上漲。德國有著名的學徒制，許多德國人選擇成為學徒，放棄上大學；拜學徒制所賜，沒有大學學位的德國人對他們的工作和手藝非常自豪。反對學徒制的一個論點，是學徒制將人綁在專門技能上，無法像通識教育那樣，理論上可以賦予接受教育者靈活性和適應能力。但德國勞工看來並不受此困擾，他們面對變遷接受再培訓是常有的事。

我們認為，美國必須考慮其他選擇。在美國，是否擁有學士學位造成的巨大境遇差異導致社會分裂，非常無益。美國的 K-12 教育制度，主要是為了培養學生上大學，但只有三分之一的學生做得到，這既浪費又不公平。[32] 上不了大學的人，可能被貼上失敗者的標籤，他們可能覺得自己有錯，也可能覺得體制被操縱了，或兼而有之。[33]

其他富裕國家可以吸取的教訓

我們花了大量的篇幅，討論美國可以從其他國家學到什麼，以便消除美國絕望死流行的災難，但其他國家面臨的威脅又如何？雖然我們不認為假以時日，美國的災難必將蔓延至其他地方，但其他國家可以從美國發生的事情中學到很多東西，其中大部分是負面教訓，也就是有關哪些事情不能做的教訓。

最明顯和直接的教訓，就是必須維持目前對鴉片類藥物的嚴格控制。歐洲（包括英國）的醫師對處方鴉片類藥物治療疼痛這件事保守得多，證據顯示他們的病人並沒有因此受苦。歐洲國家無疑並未出現中年疼痛流行的現象。鴉片類藥物（例如奧施康定）是醫院在病人剛做完手術之後立即使用的，極少處方給病人在社區使用。但鴉片類藥物製造商借鑑於菸草公司的做法，在世界各地推廣使用藥物舒緩疼痛。普渡製藥擁有名為萌蒂藥品（Mundipharma）的一系列國際子公司，收買醫師和其他倡導者推銷鴉片類藥物，鼓勵醫師克服他們的「鴉片類藥物恐懼症」（opioidphobia）。[34]醫師主張放寬處方管制的文章，經常出現在歐洲醫學期刊上。但國際社會不應以美國做法為榜樣；美國的情況十分可怕，其他國家應該從中看到，為了企業的利潤而犧牲人命是怎樣的一種情況。

眼下歐洲政局幾乎與美國政局一樣令人擔憂。許多投票支持英國脫歐的英國人，以及許多支持右翼或民粹主義政黨的歐洲人，覺得自己被剝奪了參與政治的公民權，而這也正是許多低學歷美國人的感受。在歐洲人看來，以往代表勞工的社會民主政黨，如今與代表資本的政黨已並非截然不同（美國也是這樣）。與此同時，或許正因如此，在包括英國在內的一些歐洲國家（但不是所有），一般民眾經歷了十年的工資停滯和財政緊縮，後者導致包括醫療在內的公共服務衰減。[35]我們關於美國人困苦的故事是：在勞動階級因為面臨自動化和貿易的衝擊而日益脆弱之際，政界和企業不但沒有努力減輕傷害，還抓緊機會自肥，促成損害勞工、嘉惠企業管理層和股東的向上再分配。在英國，財政緊縮正產生類似作用，在民眾最需要社會保障的時候，削弱社會安全網。

在英國，民眾的預期壽命沒有持續降低，但之前長期持續上升的趨勢已經放緩或停止。英國工資停滯了十年之久，但情況與美國工資下跌半個世紀截然不同；不過，英國無疑也出現了許多警訊，足以提醒英國人不要自滿。英國的工黨政府在1945年之後建立第一個現代福利國家體制，英國如果成為率先摧毀這種體制的國家之一，導致英國的年輕人像美國許多年輕人那樣，視資本主義為敵人，那無疑十分諷刺。

資本主義仍有未來

如果我們要阻止絕望死肆虐，就必須設法止住或扭轉低學歷美國人工資下跌的趨勢。悲觀者可能會說，我們看到的情況是貿易和技術變革顛覆現狀無可避免的後果，對此我們完全無能為力。果真如此，我們只能坐待趨勢轉變，並且接受在此期間將有許多人失去生命這個事實。

或許美國勞工階級的種種困難，與工資、就業或其他外部情況無關，而是如政治學家查爾斯‧莫瑞（Charles Murray）所言，是因為低學歷美國白人失去勤勞和美國人的其他傳統美德。[36] 果真如此，政策未必能夠幫忙解決問題，美國需要一場道德或宗教復興。我們不同意這種看法。在討論勞動市場的第11章，我們看到低學歷白人的勞動參與率和工資率雙雙下跌——男性是多年如此，女性則是比較近期才發生。勞動參與率和工資一起下跌，清楚顯示雇主對低技能勞工的需求減少；低學歷勞工的工作機會減少，勞工如果不是因此退出勞動市場（勞動參與率降低），就是接受比較差的工作（工資降低）。如果勞動參與率降低是因為美國人變得沒那麼勤勞（工作意願降低），則隨著雇主爭奪市場上顯著減少的勞動力，工資應將上升，但事實並非如此。

　　無論是過去還是現在，絕望死流行都不是必然的。世上所有富裕國家，只有美國出現了如此嚴重的絕望死流行問題。我們認為，美國人絕望致死的問題如此嚴重，是反映美國特有的一些政策和情況。美國醫療體系的組織方式是一大災難，因為它損害民眾的健康，而更嚴重的是，它為了使少數有錢人變得更有錢，多年來榨取資源，損害美國民眾的生計。製藥公司藉美國人藥物成癮牟取暴利，此外也利用定價策略阻止一般人受惠於已面世數十年的醫學技術。在經濟的其他領域，隨著貿易和自動化使勞工階級變得更脆弱，企業和立法者並未抓住機會強化安全網以盡可能減少傷害，反而抓住機會利用勞工弱點，壓低工資，促成所得向上再分配：所得從勞工流向資本的主人，從普通人流向精英階層。政治體系受制於遊說活動和立法者需要財力雄厚的支持者，日益成為各種商業和專業利益彼此競爭的戰場。在運作得比較好的民主制度下，國會會保護多數人的利益，但在美國，國會基本上忽略了多數人的利益。法律本應保護弱者免受強者尋租傷害，如今卻愈來愈傾向支持這種壓榨。諾丁漢治安官已經定居華府，而好警察已經離開這座城市，羅賓漢則不見蹤影。

　　儘管如此，我們仍是樂觀的。我們曾考慮在本書英文書名中，使用「資本主義的失敗」（the failure of capitalism）這個詞組，但最後決定用「資本主義的未來」（the future of capitalism）──我們希望那是個比較美好的未來。我們相信，資本主義是一股可以促進進步和創造美好的巨大力量，但它必須為人類服務，而不是由人類服務它。資本主義必須得到更好的監督和管理，而不是被某種空想、由國家接管企業的社會主義烏托邦取代。民主制度能夠迎接挑戰，且應付裕如。國家可以更有作為而且表現出色，但我們清醒意識到政府可能造成的危險，也知道政府規模擴大可能導致尋租增加和不平等加劇。[37]這當中有許多改革是親市場而非反市場的，理應得到右派和左派的支持，包括右派中的市場基本教義派，以及左派中批判過度不平等的人士。我們支持建立一套比現行制度公平的稅制，但我們並不以針對有錢人加稅為優先要務，因為我們並不認為不平等是根本問題。根本問題是不公平，也就是許多人在現行體制中沒什麼機會，而頂層的巨大財富被視為不義之財。我們認為限制尋租和減少掠奪就能夠約束有錢人，並且減少不公平的頂層收入，不必對人們普遍認為是公平賺到的收入或財富課以重稅。

民主制度完全有能力比現在更好地為民眾服務。美國民主制度目前運作得不好，但它離死亡還很遠，而且只要民眾施加的壓力夠大，將能回到運作良好的狀態，就像一個世紀前的進步時代和1930年代的新政時期那樣。

讀者如果看了本章之前的所有章節，應該對我們的建議完全不感到意外。這些建議主要源自我們對種種問題的描述，即使如此，把它們集中在一起還是有用的。我們無法詳細描述政策；至於別人已全面描述的多種醫療改革和社會安全網設計方案，我們無意從中選出最佳方案，而且這其實也超出我們的能力範圍。但我們希望，絕望死流行之可怕，以及尋租和向上再分配造成的極度不平等，將創造一個機會，使有心人長期構想的一些計畫得以付諸實行，那是早就該做的事。

謝辭

許多人對本書有貢獻，我們感謝他們的意見、建議和評論。我們特別感謝Orley Ashenfelter、Lisa Berkman、Tim Besley、Eric Caine、Dave Card、Susan Case、Daniel Chandler、Andrew Cherlin、Jim Clifton、Francis Collins、Janet Currie、David Cutler、Jason Doctor、Bill Easterly、Janice Eberly、Hank Farber、Vic Fuchs、Jason Furman、Leonard Gelosa、Debbi Gitterman、Dana Goldman、Oliver Hart、Susan Higgins、Joe Jackson、Danny Kahneman、Arie Kapteyn、Lane Kenworthy、Jenna Kowalski、Nancy Krieger、Ilyana Kuziemko、Anna Lembke、David Lipton、Adriana Lleras-Muney、Trevon Logan、Michael Marmot、Sara McLanahan、Ellen Meara、Alice Muehlhof、Frank Newport、Judith Novak、Barack Obama、Sam Preston、Bob Putnam、Julie Ray、Leonard Shaeffer、Andrew Schuller、Jon Skinner、Jim Smith、Joe Stiglitz、Arthur Stone、Bob

Tignor、John van Reenen、Nora Volkov、David Weir、Gil Welch、Miquelon Weyeneth、Dan Wikler、Norton Wise、Martin Wolf、Owen Zidar，以及 Luigi Zingales。

我們特別感謝經濟學界以外的朋友，他們願意幫助我們思考，至少使我們避免了本來會犯的一些錯誤。我們希望他們能原諒我們還是未能避免出現一些錯誤和誤解，它們全都是我們自己造成的。本書涉及的課題，不可能靠單一學科處理，而我們這兩名經濟學者因為撰寫本書，發現經濟學界忽視或誤解了許多問題，為此深感慚愧。一些社會學家、人口學家、哲學家、政治學家、歷史學家、醫師和流行病學家，為我們提供了寶貴的協助。

2019年4月，我們在史丹佛大學的坦納人類價值講座（Tanner Lectures in Human Values）講述了本書部分內容。我們感謝坦納基金會（Tanner Foundation）的支持，感謝史丹佛大學盛情款待、安排討論者和促成許多有益的對話。

我們兩人都在普林斯頓大學的威爾遜學院從事教學和研究工作多年之久。普林斯頓大學為學術研究提供了理想的環境，威爾遜學院則幫助學者針對政策議題貢獻所長。我們也與美國國家經濟研究局（National Bureau of Economic Research）有長期合作關係，局長詹姆斯·波特巴（James Poterba）和已故的馬丁·費爾德斯坦（Marty Feldstein）多年來一直支持和鼓勵我們的工作。迪頓也是南加州大學的經濟學首席教授，他感謝他在南加大自我報告科學中心、經濟與社會研究中心和衛生政策與經濟學中心的同事。他也是蓋洛普公司的高級科學家，而該公司的人員為他提供源源不絕的物質支持、資料、熱情和好主意。

　　普林斯頓大學出版社是極好的出版業者。本書能夠面世，我們要感謝 Jackie Delaney、Joe Jackson、Terri O'Prey、Caroline Priday、James Schneider，以及其他許多人。

　　我們獲得美國國家衛生院屬下國立老化研究所（National Institute on Aging）的慷慨支持；數筆不同資助支持的研究工作，成就了我們在本書所講的故事。國立老化研究所已故的理查德‧蘇茲曼（Richard Suzman）是研究事業界的傑出人士，我們對公共衛生問題產生興趣，主要是因為他。我們感謝國立老化研究所對我們的多筆資助，包括經由國家經濟研究局提供的 R01AG040629、P01AG05842、R01AG060104、R01AG053396 和 P30AG012810-25，經由普林斯頓提供的 P30AG024928，以及經由南加州大學提供的 R01AG051903。

注釋

引言　午後之死

1　Emile Durkheim, 1897, *Le suicide: Etude de sociologie*, Germer Baillière，但自殺與教育程度的關聯可追溯至更久之前。參見 Matt Wray, Cynthia Colen, and Bernice Pescosolido, 2011, "The Sociology of Suicide," *Annual Review of Sociology*, 37, 505–28。

2　Sara McLanahan, 2004, "Diverging Destinies: How Children Are Faring Under the Second Demographic Transition," *Demography*, 41(4), 607–27; Andrew Cherlin, 2014, *Labor's Love Lost: The Rise and Fall of the WorkingClass Family in America*, Russell Sage Foundation; Robert D. Putnam, 2015, *Our Kids: The American Dream in Crisis*, Simon and Schuster; David Goodhart, 2017, *The Road to Somewhere: The Populist Revolt and the Future of Politics*, Hurst; Charles Murray, 2012, *Coming Apart: The State of White America, 1960–2010*, Crown.

3　Michael Young, 1958, *The Rise of the Meritocracy*, Thames and Hudson.

4　Michael Sandel, 2018, "Populism, Trump, and the Future of Democracy," openDemocracy, May 9, https://www.opendemocracy.net/en/populism-trump-and-future-of-democracy/.

5　William Julius Wilson, 1987, *The Truly Disadvantaged: The Inner City, the Underclass, and Public Policy*, University of Chicago Press, 39.

6 Carol Anderson, quoted in Susan B. Glasser and Glenn Thrush, 2016, "What's Going on With America's White People?," *Politico Magazine*, September/October 2016.

7 Martin Luther King Jr., 1965, "Address at the Conclusion of the Selma to Montgomery March," March 25, Martin Luther King, Jr. Research and Education Institute, Stanford, https://kinginstitute. stanford.edu/king-papers/documents/address-conclusion-selma-montgomery-march.

8 Daniel Cox, Rachel Lienesch, and Robert P. Jones, 2017, "Beyond Economics: Fears of Cultural Displacement Pushed the White Working Class to Trump," PRRI/*Atlantic* Report, April 9, https://www.prri.org/research/white-working-class-attitudes-economy-trade-immigration-election-donald-trump/.

9 Anderson, quoted in Glasser and Thrush, "What's Going on."

10 Wilson, *Truly Disadvantaged*; Charles Murray, 1984, *Losing Ground: American Social Policy 1950–1980*, Basic Books.

11 Murray, *Coming Apart*.

12 Bureau of Labor Statistics, 2015, "Table A-4: Employment status of the civilian population 25 years and over by educational attainment," Data Retrieval: Labor Force Statistics (CPS), July 8, https://www.bls.gov/webapps/legacy/cpsatab4.htm.

13 Nicholas Bloom, 2017, "Corporations in the Age of Inequality," The Big Idea, *Harvard Business Review*, https://hbr.org/cover-story/2017/03/corporations-in-the-age-of-inequality.

14 Neil Irwin, 2017, "To Understand Rising Inequality, Consider the Janitors at Two Top Companies, Then and Now," *New York Times*, September 2, https://www.nytimes.com/2017/09/03/upshot/to-understand-rising-inequality-consider-the-janitors-at-two-top-companies-then-and-now.html.

15 Emily Guendelsberger, 2019, *On the Clock: What Low Wage Work Did to Me and How It Drives America Insane*, Little, Brown; James Bloodworth, 2018, *Hired: Six Months Undercover in Low Wage Britain*, Atlantic Books.

16 Durkheim, *Le suicide.*

17 Dani Rodrik, 1997, *Has Globalization Gone Too Far?*, Institute for International Economics.

18 Sam Quinones, 2015, *Dreamland: The True Tale of America's Opiate Epidemic*, Bloomsbury.

19 Adam Smith, 1776, *The Wealth of Nations*, bk. 4.

20 Matthew Smith, Danny Yagan, Owen M. Zidar, and Eric Zwick, 2019, "Capitalists in the 21st Century," *Quarterly Journal of Economics*, 134(4), 1675–745.

21 Kenneth Scheve and David Stasavage, 2016, *Taxing the Rich: A History of Fiscal Fairness in the United States and Europe*, Princeton University Press.

22 Charles Jordan Tabb, 2007, "The Top Twenty Issues in the History of Consumer Bankruptcy," *University of Illinois Law Review*, 1, 9–30, 29.

23 Jacob S. Hacker and Paul Pierson, 2011, *WinnerTakeAll Politics: How Washington Made the Rich Richer—and Turned Its Back on the Middle Class*, Simon and Schuster; Martin Gilens, 2012, *Affluence and Influence: Economic Inequality and Political Power in America*, Princeton University Press; Larry M. Bartels, 2008, *Unequal Democracy: The Political Economy of the New Gilded Age*, Princeton University Press.

24 Walter Scheidel, 2017, *The Great Leveler: Violence and the History of Inequality from the Stone Age to the TwentyFirst Century*, Princeton University Press.

25 David Cannadine, *Victorious Century: The United Kingdom, 1800–1906*, Penguin.

26 Robert C. Allen, 2017, *The Industrial Revolution: A Very Short Introduction*, Oxford University Press.

1　暴風雨前的寧靜

1　引自Paul Farmer, 1999, *Infections and Inequalities: The Modern*

Plagues, University of California Press, 202.

2　William F. Ogburn and Dorothy S. Thomas, 1922, "The Influence of the Business Cycle on Certain Social Conditions," *Journal of the American Statistical Association*, 18(139), 324–40; Christopher J. Ruhm, 2000, "Are Recessions Good for Your Health?," *Quarterly Journal of Economics*, 115(2), 617–50.

3　John Komlos and Benjamin E. Lauderdale, 2007, "Underperformance in Affluence: The Remarkable Relative Decline in U.S. Heights in the Second Half of the 20th Century," *Social Science Quarterly*, 88, 283–305, https://doi.org/10.1111/j.1540-6237.2007.00458.x.

2　美夢破碎

1　Brookings Institution, 2017, *Policy approaches to the opioid crisis, featuring remarks by Sir Angus Deaton, Rep. Ann McLane Kuster, and Professor Bertha K. Madras: An event from the USCBrookings Schaeffer Initiative for Health Policy*, Washington, DC, November 3, https://www.brookings.edu/wp-content/uploads/2017/11/es_20171103_opioid_crisis_transcript.pdf.

2　除非另有說明，在本書我們把非西班牙語裔白人稱為「白人」，非西班牙語裔黑人稱為「黑人」，所有種族的西班牙語裔稱為「西班牙語裔」。

3　參見Katherine Baicker, Amitabh Chandra, and Jonathan S. Skinner, 2005, "Geographic Variation in Health Care and the Problem of Measuring Racial Disparities," *Perspectives in Biology and Medicine*, 48(1), supplement (Winter), S42–53。

4　另一個問題是：死亡率停止下降以至轉為上升，某種程度上是否因為中年群體在這段時期有所老化？事實上，在1990年至2017年間，45歲至54歲這個年齡組的平均年齡增加了0.4歲（從49.2歲增至49.6歲），而平均年齡上升推高死亡率是可以預料的事（即使影響可能不大）。但圖2.1考慮到這一點，所呈現的死亡率已根據年齡加以調整。如果不作調整，美國白人的死亡率曲線會稍微上移，但無論是否作調整，美國白人與其他國家公民的死亡率，以及美國白人實際死亡率與假設二十世紀後期趨勢持續的預料死亡率，都存在極其顯著的差異。參見

Andrew Gelman and Jonathan Auerbach, 2016, "Age-Aggregation Bias in Mortality Trends," *Proceedings of the National Academy of Sciences*, 113(7), E816–17。

5 本書原文版付梓時，我們還不知道美國2018年的預期壽命，也不清楚它相對於上一年是升是跌。

3 絕望致死

1 *PBS Newshour*, 2017, "'Deaths of Despair' Are Cutting Life Short for Some White Americans," February 16, video, 8:19, https://www.pbs.org/newshour/show/deaths-despair-cutting-life-short-white-americans.

2 Nicole Lewis, Emma Ockerman, Joel Achenbach, and Wesley Lowery, 2017, "Fentanyl Linked to Thousands of Urban Overdose Deaths," *Washington Post*, August 15, https://www.washingtonpost.com/graphics/2017/national/fentanyl-overdoses/.

3 Robert L. DuPont, 2008, "Addiction in Medicine," *Transactions of the American Clinical and Climatological Association*, 119, 227–41.

4 Robert L. DuPont, 1997, *The Selfish Brain: Learning from Addiction*, American Psychiatric Association.

5 在這段期間，馬里蘭州和密西西比州的酒精性肝病死亡率略為下降，紐澤西州則略為上升。在一些小州，有些年分沒有數據，它們是阿拉斯加、德拉瓦、夏威夷、北達科他、南達科他、佛蒙特和懷俄明州。除了德拉瓦州，這些州的酒精性肝病死亡率在有數據的期間全都上升。

6 Ellen Meara and Jonathan Skinner, 2015, "Losing Ground at Midlife in America," *Proceedings of the National Academy of Sciences*, 112(49), 15006–7.

7 這些統計數據是非西班牙語裔白人和西班牙語裔白人合計的數據；1990年以前，族群資料並不完整。

8 Yulia Khodneva, Paul Muntner, Stefan Kertsesz, Brett Kissela, and Monika M. Safford, 2016, "Prescription Opioid Use and Risk of Coronary Heart Disease, Stroke, and Cardiovascular Death Among Adults from a Prospective Cohort (REGARDS Study),"

Pain Medicine, 17(3), 444–55, https://www.ncbi.nlm.nih.gov/pmc/articles/PMC6281131/; American Heart Association, 2018, "Opioid Use May Increase Risk of Dangerous Heart Rhythm Disorder," meeting report, poster presentation, November 5, https://newsroom.heart.org/news/opioid-use-may-increase-risk-of-dangerous-heart-rhythm-disorder?preview=303C; L. Li, S. Setoguchi, H. Cabral, and S. Jick, 2013, "Opioid Use for Noncancer Pain and Risk of Myocardial Infarction Amongst Adults," *Journal of Internal Medicine*, 273(5), 511–26, https://www.ncbi.nlm.nih.gov/pubmed/23331508.

9 Andrew Stokes and Samuel H. Preston, 2017, "Deaths Attributable to Diabetes in the United States: Comparison of Data Sources and Estimation Approaches," *PLoS ONE*, 12(1), e0170219, https://doi.org/10.1371/journal.pone.0170219.

10 Jay Olshansky, Douglas J. Passaro, Ronald C. Hershow, et al., 2005, "A Potential Decline in Life Expectancy in the United States in the 21st Century," *New England Journal of Medicine*, 352(11), 1138–45.

11 英格蘭的情況參見NHS Digital, 2018, "Health Survey for England 2017," December 4, https://digital.nhs.uk/data-and-information/publications/statistical/health-survey-for-england/2017；澳洲的情況參見Australian Institute of Health and Welfare, 2018, "Overweight and Obesity Rates across Australia 2014–15," June 7, https://www.aihw.gov.au/reports/overweight-obesity/overweight-and-obesity-rates-2014-15/data。

4　高低教育程度者的生與死

1 統計數據源自Thomas D. Snyder, ed., 1993, *120 Years of American Education: A Statistical Portrait*, Center for Education Statistics, US Department of Education, table 3, https://nces.ed.gov/pubs93/93442.pdf.

2 收入溢價是以擁有四年制大學學位的全職全年勞工的時薪中位數與最高學歷為高中畢業者的時薪中位數計算得出。Jonathan James, 2012, "The College Wage Premium," *Economic Commentary*, 2012-10, August 8, Research Department of the Federal Reserve Bank of Cleveland.

3　非軍職人口統計數據。American Community Survey 2017.

4　Lawrence Mishel and Julia Wolfe, 2019, "CEO Compensation Has Grown 940% Since 1978," Economic Policy Institute, August 14, https://www.epi.org/publication/ceo-compensation-2018/.

5　Thomas Piketty and Emmanuel Saez, 2003, "Income Inequality in the United States, 1913–1998," *Quarterly Journal of Economics*, 118(1), 1–39; Thomas Piketty, 2013, *Capital in the 21st Century*, Harvard; Matthew Smith, Danny Yagan, Owen M. Zidar, and Eric Zwick, 2019, "Capitalists in the 21st Century," *Quarterly Journal of Economics*, 134(4), 1675–745.

6　Robert D. Putnam, 2015, *Our Kids: The American Dream in Crisis*, Simon and Schuster; Charles Murray, 2012, *Coming Apart: The State of White America, 1960–2010*, Crown; Sara McLanahan, 2004, "Diverging Destinies: How Children Are Faring Under the Second Demographic Transition," *Demography*, 41(4), 607–27.

7　本書作者根據蓋洛普的追蹤調查計算得出。

8　Alex Bell, Raj Chetty, Xavier Jaravel, Neviana Petkova, and John van Reenen, 2019, "Who Becomes an Inventor in America? The Importance of Exposure to Innovation," *Quarterly Journal of Economics*, 134(2), 647–713.

9　Michael Young, 1958, *The Rise of the Meritocracy*, Thames and Hudson.

10　Young, 152.

11　Michael Sandel, 2018, "Populism, Trump, and the Future of Democracy," openDemocracy, May 9, https://www.opendemocracy.net/en/populism-trump-and-future-of-democracy/.

12　Kim Parker, 2019, "The Growing Partisan Divide in Views of Higher Education," Pew Research Center, August 19, https://www.pewsocialtrends.org/essay/the-growing-partisan-divide-in-views-of-higher-education/.

13　Dana Goldstein and Jugal K. Patel, 2019, "Need Extra Time on Tests? It Helps to Have Cash," July 30, *New York Times*, https://www.nytimes.com/2019/07/30/us/extra-time-504-sat-act.html.

14 Christopher Hayes, 2012, *Twilight of the Elites: America After Meritocracy*, Crown.

15 亦參見Daniel Markovits, 2019, *The Meritocracy Trap: How America's Foundational Myth Feeds Inequality, Dismantles the Middle Class, and Devours the Elite*, Penguin。

16 Samuel H. Preston, 1996, "American Longevity: Past, Present, and Future," Syracuse University Center for Policy Research, Policy Brief No. 7, 8; Samuel H. Preston and Michael R. Haines, 1971, *Fatal Years: Child Mortality in Late NineteenthCentury America*, Princeton University Press.

17 Michael Marmot, 2004, *The Status Syndrome: How Social Standing Affects Our Health and Longevity*, Times Books.

18 本書作者利用行為風險因素監測系統（Behavioral Risk Factor Surveillance System）和美國國民健康與營養檢驗調查（National Health and Nutrition Examination Survey）的數據計算得出。

19 我們按教育程度劃分的死亡率數據僅追溯至1992年，當時美國多數州的死亡證已納入死者教育程度這項資料。喬治亞、奧克拉荷馬、羅德島和南達科他這四個州遲遲沒有這麼做，因此我們有關死亡和教育程度的所有結果皆剔除這些州的居民，他們占美國總人口的5%。

20 從1990年代末到2017年，45歲至54歲者擁有學士學位的比例近乎不變，一直維持在三分之一左右。如果擁有和沒有學士學位者的比例自1990年代末以來大幅改變，我們會擔心這個圖呈現的並非死亡率的變化，而是擁有和沒有學士學位者的類型變化。人口比例保持穩定，使我們得以不必擔心這個問題。

21 Emile Durkheim, 1897, *Le suicide: Etude de sociologie*, Germer Baillière; Matt Wray, Cynthia Colen, and Bernice Pescosolido, 2011, "The Sociology of Suicide," *Annual Review of Sociology*, 37, 505–28.

5　黑人與白人之死

1 Gary Trudeau, 2017, *Doonesbury, Washington Post*, March 26.

2 此處的死亡率為所有白人的死亡率（包括西班牙語裔白人）和所有黑人的死亡率（包括西班牙語裔黑人）。1968年之前，美國的死亡證將死者分為「白人」和「其他種族」，所以我們在此僅考慮1968年至2017年的情況。

3　Emile Durkheim, 1897, *Le suicide: Etude de sociologie*, Germer Baillière.

4　George Simpson, introduction to *Suicide: A Study in Sociology*, by Emile Durkheim, trans. John A. Spaulding and George Simpson, ed. George Simpson, Free Press, 1951, loc. 367 of 7289, Kindle.

5　William Julius Wilson, 1987, *The Truly Disadvantaged: The Inner City, the Underclass, and Public Policy*, University of Chicago Press, 39.

6　Wilson, 254.

7　Raghuram Rajan, 2019, *The Third Pillar: How Markets and the State Leave the Community Behind*, Penguin.

8　William N. Evans, Craig Garthwaite, and Timothy J. Moore, 2018, "Guns and Violence: The Enduring Impact of Crack Cocaine Markets on Young Black Males," NBER Working Paper 24819, July.

9　Daniel Patrick Moynihan, 1965, *The Negro Family: The Case for National Action*, US Department of Labor.

10　Charles Murray, 1984, *Losing Ground: American Social Policy 1950–1980*, Basic Books; Charles Murray, 2012, *Coming Apart: The State of White America, 1960–2010*, Crown.

11　Wilson, *Truly Disadvantaged*, 14.

6　在生者的健康狀況

1　Amartya K. Sen, 1985, *Commodities and Capabilities*, Elsevier.

2　World Health Organization, n.d., "Constitution," accessed October 15, 2019, https://www.who.int/about/who-we-are/constitution.

3　Centers for Disease Control and Prevention, 2019, "Behavioral Risk Factor Surveillance System," last reviewed August 27, https://www.cdc.gov/brfss/index.html.

4　National Center for Health Statistics, 2019, "National Health Interview Survey," last reviewed August 22, https://www.cdc.gov/

nchs/nhis/index.htm.

5　BRFSS採電話調查方式，規模比前往受訪者家裡訪問的NHIS
大一個數量級，而NHIS又比美國國民健康與營養檢驗調查大
一個數量級，後者結合訪談、身體檢查和實驗室工作，每年
蒐集五千人的資料。有關國民健康與營養檢驗調查的資料，參
見National Center for Health Statistics, 2019, "National Health and
Nutrition Examination Survey," last reviewed September 17, https://
www.cdc.gov/nchs/nhanes/index.htm。

6　Majid Ezzati, Hilarie Martin, Suzanne Skjold, Stephen Vander
Hoorn, and Christopher J. L. Murray, 2006, "Trends in National and
State-Level Obesity in the USA after Correction for Self-Report Bias:
Analysis of Health Surveys," *Journal of the Royal Society of Medicine*,
99, 250–57, https://doi.org/10.1177/014107680609900517; Duncan
Thomas and Elizabeth Frankenberg, 2002, "The Measurement and
Interpretation of Health in Social Surveys," in *Summary Measures of
Population Health: Concepts, Ethics, Measurement and Applications*,
World Health Organization, 387–420.

7　Amartya K. Sen, 2002, "Health: Perception Versus Observation: Self
Reported Morbidity Has Severe Limitations and Can Be Extremely
Misleading," *British Medical Journal*, 324, 860–61.

8　Ellen L. Idler and Yael Benyamini, 1997, "Self-Rated Health and
Mortality: A Review of Twenty-Seven Community Studies," *Journal
of Health and Social Behavior*, 38(1), 21–37.

9　為了確保結果並非源自BRFSS的特殊情況，我們利用另一項全
美大型調查NHIS複製圖6.1，結果相同。

10 Nicholas Eberstadt, 2016, *Men Without Work: America's Invisible
Crisis*, Templeton.

11 Jeffrey B. Liebman, 2015, "Understanding the Increase in Disability
Insurance Benefit Receipt in the United States," *Journal of Economic
Perspectives*, 29(2), 123–50.

7　疼痛之苦與疼痛之謎

1　Naomi I. Eisenberger, 2015, "Social Pain and the Brain:

Controversies, Questions, and Where to Go from Here," *Annual Review of Psychology*, 66, 601–29, https://doi.org/10.1146/annurev-psych-010213-115146.

2　National Academies of Sciences, Engineering, and Medicine, 2017, *Pain Management and the Opioid Epidemic: Balancing Societal and Individual Benefits and Risks of Prescription Opioid Use*, National Academies Press, https://doi.org/10.17226/24781.

3　Rob Boddice, 2017, *Pain: A Very Short Introduction*, Oxford; Antonio R. Damasio, 2005, *Descartes' Error: Emotion, Reason, and the Human Brain*, Penguin.

4　Margo McCaffery, 1968, *Nursing Practice Theories Related to Cognition, Bodily Pain and ManEnvironmental Interaction*, University of California, Los Angeles, Students' Store, quoted in American Pain Society, n.d., *Pain: Current Understanding of Assessment, Management, and Treatments*, 4.

5　Anne Case and Angus Deaton, 2005, "Broken Down by Work and Sex: How Our Health Declines," in David A. Wise, ed., *Analyses in the Economics of Aging*, National Bureau of Economic Research Conference Report, University of Chicago Press for NBER, 185–212.

6　這張圖採用25歲至64歲白人的數據，而非45歲至54歲的白人，因為我們希望利用一個較大的樣本估計小區域的疼痛情況。

7　Anne Case and Angus Deaton, 2017, "Suicide, Age, and Well-Being: An Empirical Investigation," in David A. Wise, ed., *Insights in the Economics of Aging*, National Bureau of Economic Research Conference Report, University of Chicago Press for NBER, 307–34.

8　Gallup World Poll, accessed September 18, 2019, https://www.gallup.com/analytics/232838/world-poll.aspx.

9　這19個國家是：澳洲、奧地利、比利時、加拿大、丹麥、芬蘭、法國、德國、愛爾蘭、義大利、日本、荷蘭、紐西蘭、挪威、葡萄牙、西班牙、瑞典、瑞士和英國。

10　蓋洛普調查問受訪者有關「昨天」的疼痛情況，NHIS調查則問受訪者有關最近三個月的情況，這或許解釋了NHIS調查為何得出較高的疼痛率。儘管如此，兩項調查的結果均呈現相似形態：疼痛率在60歲之前以較快速度上升，60歲之後升速放緩。對於圖7.2顯示的歐洲年長者顯著較高的疼痛率，我們無法提出任何解釋。

11　本書作者利用行為風險因素監測系統（BRFSS）的年度調查計算得出。

12　Case and Deaton, 2005, "Broken Down."

13　Greg Kaplan and Sam Schulhofer-Wohl, 2018, "The Changing (Dis)-Utility of Work," *Journal of Economic Perspectives*, 32(3), 239–58.

8　自殺、濫藥與酗酒

1　Emile Durkheim, 1897, *Le suicide: Etude de sociologie*, Germer Baillière.

2　Robert L. DuPont, 1997, *The Selfish Brain: Learning from Addiction*, American Psychiatric Association, Kindle.

3　Zachary Siegel, 2018, "I'm So Sick of Opioid Disaster Porn," *Slate*, September 12, https://slate.com/technology/2018/09/opioid-crisis-photo-essays-leave-out-recovery.html.

4　DuPont, *Selfish Brain*, loc. 2093 of 8488, Kindle.

5　Kay Redfield Jamison, 2000, *Night Falls Fast: Understanding Suicide*, Vintage, 128.

6　Ian R. H. Rockett, Gordon S. Smith, Eric D. Caine, et al., 2014, "Confronting Death from Drug Self-Intoxication (DDSI): Prevention Through a Better Definition," *American Journal of Public Health*, 104(12), e49–55, e50.

7　Daniel S. Hammermesh and Neal M. Soss, 1974, "An Economic Theory of Suicide," *Journal of Political Economy*, 82(1), 83–98; Gary S. Becker and Richard A. Posner, 2004, "Suicide: An Economic Approach," unpublished manuscript, last revised August, https://www.gwern.net/docs/psychology/2004-becker.pdf.

8　Norman Kreitman, 1976, "The Coal Gas Story: United Kingdom Suicide Rates, 1960–71," *British Journal of Preventive Social Medicine*,

30, 86–93.

9　Kyla Thomas and David Gunnell, 2010, "Suicide in England and Wales 1861–2007: A Time-Trends Analysis," *International Journal of Epidemiology*, 39, 1464–75, https://doi.org/10.1093/ije/dyq094.

10　John Gramlich, 2018, "7 Facts about Guns in the U.S.," Fact Tank, Pew Research Center, December 27, https://www.pewresearch.org/fact-tank/2018/12/27/facts-about-guns-in-united-states/.

11　National Research Council, 2005, "Firearms and Suicide," in *Firearms and Violence: A Critical Review*, National Academies Press, 152–200.

12　Robert D. Putnam, 2000, *Bowling Alone: The Collapse and Revival of American Community*, Simon and Schuster.

13　資料來源為CDC Wonder，2008-2017年間的平均自殺率。

14　在美國50個州中，兩者的相關係數為0.4。

15　Anne Case and Angus Deaton, 2017, "Suicide, Age, and Well-Being: An Empirical Investigation," in David A. Wise, ed., *Insights in the Economics of Aging*, National Bureau of Economic Research Conference Report, University of Chicago Press for NBER, 307–34.

16　1945年和1970年出生者擁有四年制大學學位的比例相差不大，這些結果因此不大可能是因為不同世代擁有與沒有學士學位者的比例顯著改變。

17　Eric Augier, Estelle Barbier, Russell S. Dulman, et al., 2018, "A Molecular Mechanism for Choosing Alcohol over an Alternative Reward," *Science*, 360(6395), 1321–26, https://doi.org/10.1126/science.aao1157.

18　Christopher Finan, 2017, *Drunks: An American History*, Beacon, 41.

19　Keith Humphreys, 2003, *Circles of Recovery: SelfHelp Organizations for Addictions*, Cambridge University Press.

20　National Institute on Alcohol Abuse and Alcoholism, n.d., "Alcohol's Effects on the Body," accessed September 18, 2019, https://www.niaaa.nih.gov/alcohol-health/alcohols-effects-body.

21　Global Burden of Disease Alcohol Collaborators, 2018, "Alcohol

Use and Burden for 195 Countries and Territories, 1990–2016: A Systematic Analysis for the Global Burden of Disease Study 2016," *Lancet*, 392, 1015–35, http://dx.doi.org/10.1016/S0140-6736(18)31310-2.

22 我們感謝蓋洛普的 Frank Newport 提供這些資料。

23 Jay Bhattacharya, Christina Gathmann, and Grant Miller, 2013, "The Gorbachev Anti-Alcohol Campaign and Russia's Mortality Crisis," *American Economic Journal: Applied Economics*, 5(2), 232–60, http://dx.doi.org/10.1257/app.5.2.232.

24 Pavel Grigoriev, France Meslé, Vladimir M. Shkolnikov, et al., 2014, "The Recent Mortality Decline in Russia: Beginning of the Cardiovascular Revolution?," *Population and Development Review*, 40(1), 107–29.

25 Robert T. Jensen and Kaspar Richter, 2004, "The Health Implications of Social Security Failure: Evidence from the Russian Pension Crisis," *Journal of Public Economics*, 88(1–2), 209–36.

26 Angus Deaton, 2008, "Income, Health and Well-Being Around the World: Evidence from the Gallup World Poll," *Journal of Economic Perspectives*, 22(2), 53–72.

9 鴉片類藥物危機

1 Stephen R. Platt, 2018, *Imperial Twilight: The Opium War and the End of China's Last Golden Age*, Knopf.

2 Platt, 202.

3 Richard J. Grace, 2014, *Opium and Empire: The Lives and Careers of William Jardine and James Matheson*, McGill-Queen's University Press.

4 Tom M. Devine, 2018, *The Scottish Clearances: A History of the Dispossessed, 1600–1900*, Allen Lane, 3.

5 National Institute on Drug Abuse, 2019, "Overdose Death Rates," revised January, https://www.drugabuse.gov/related-topics/trends-statistics/overdose-death-rates.

6　Amy S. B. Bohnert, Maureen A. Walton, Rebecca M. Cunningham, et al., 2018, "Overdose and Adverse Drug Event Experiences among Adult Patients in the Emergency Department," *Addictive Behaviors*, 86, 66–72. 在密西根州弗林特市一間一級創傷中心，受訪的藥物過量病人21％表示，他們不確定自己的意圖。

7　Substance Abuse and Mental Health Services Administration, 2017, *Key Substance Use and Mental Health Indicators in the United States: Results from the 2016 National Survey on Drug Use and Health*, HHS Publication No. SMA 17-5044, NSDUH Series H-52, Center for Behavioral Statistics and Quality, Substance Abuse, and Mental Health Services Administration, https://www.samhsa.gov/data/sites/default/files/NSDUH-FFR1-2016/NSDUH-FFR1-2016.pdf.

8　Dionissi Aliprantis, Kyle Fee, and Mark Schweitzer, 2019, "Opioids and the Labor Market," Federal Reserve Bank of Cleveland, Working Paper 1807R; Alan B. Krueger, 2017, "Where Have All the Workers Gone? An Inquiry into the Decline of the U.S. Labor Force Participation Rate," *Brookings Papers on Economic Activity*, Fall, 1–87.

9　Jared S. Hopkins and Andrew Scurria, 2019, "Sacklers Received as Much as $13 Billion in Profits from Purdue Pharma," *Wall Street Journal*, October 4.

10　Sam Quinones, 2015, *Dreamland: The True Tale of America's Opiate Epidemic*, Bloomsbury.

11　David T. Courtwright, 2001, *Dark Paradise: A History of Opiate Addiction in America*, Harvard University Press, Kindle.

12　Courtwright, loc. 604 of 4538, Kindle.

13　Beth Macy, 2018, *Dopesick: Dealers, Doctors, and the Drug Company that Addicted America*, Hachette.

14　Ronald Melzack, 1990, "The Tragedy of Needless Pain," *Scientific American*, 262(2), 27–33.

15　Dana Guglielmo, Louise B. Murphy, Michael A. Boring, et al., 2019, "State-Specific Severe Joint Pain and Physical Inactivity among Adults with Arthritis—United States, 2017," *Morbidity and Mortality Weekly Report*, 2019(68), 381–87, http://dx.doi.org/10.15585/mmwr.

mm6817a2.

16 James M. Campbell, 1996, "American Pain Society 1995 Presidential Address," *Journal of Pain*, 5(1), 85–88.

17 Chris McGreal, 2019, "US Medical Group that Pushed Doctors to Prescribe Painkillers Forced to Close," *Guardian*, May 25, https://www.theguardian.com/us-news/2019/may/25/american-pain-society-doctors-painkillers; Damien McNamara, 2019, "American Pain Society Officially Shuttered," Medscape, July 2, https://www.medscape.com/viewarticle/915141.

18 Mayo Clinic, 2019, "Hydrocodone and Acetaminophen (Oral Route)," last updated October 1, https://www.mayoclinic.org/drugs-supplements/hydrocodone-and-acetaminophen-oral-route/description/drg-20074089.

19 Mayo Clinic Staff, 2018, "How Opioid Addiction Occurs," Mayo Clinic, February 16, https://www.mayoclinic.org/diseases-conditions/prescription-drug-abuse/in-depth/how-opioid-addiction-occurs/art-20360372.

20 Jason Doctor, Andy Nguyen, Roneet Lev, et al., 2018, "Opioid Prescribing Decreases after Learning of a Patient's Fatal Overdose," *Science*, 361(6402), 588–90.

21 Macy, *Dopesick*, 60.

22 Quinones, *Dreamland*.

23 Quinones.

24 Scott Gottlieb, 2019, "The Decline in Opioid Deaths Masks Danger from Designer Drug Overdoses in US," CNBC, August 22, https://www.cnbc.com/2019/08/21/decline-in-opioid-deaths-masks-new-danger-from-designer-drug-overdoses.html.

25 2012年至2017年間，25歲至64歲美國黑人的年齡調整死亡率上升了十萬分之20.8。涉及芬太尼的死亡率在此期間上升了十萬分之15。

26 Anna Lembke, 2016, *Drug Dealer, MD: How Doctors Were Duped, Patients Got Hooked, and Why It Is So Hard to Stop*, Johns Hopkins University Press.

27 Travis N. Rieder, 2016, "In Opioid Withdrawal, With No Help In Sight," *Health Affairs* 36(1), 1825.

28 Lee N. Robins, 1993, "Vietnam Veterans' Rapid Recovery from Heroin Addiction: A Fluke or A Normal Expectation?," *Addiction*, 88, 1041–54, 1049.

29 我們感謝Daniel Wikler和我們討論越南戒毒計畫，他父親Abraham Wikler的構想對該計畫的設計有重要影響。

30 Ken Thompson 2018年9月13日與我們的私人通訊。

31 Benjamin A. Y. Cher, Nancy E. Morden, and Ellen Meara, 2019, "Medicaid Expansion and Prescription Trends: Opioids, Addiction Therapies, and Other Drugs," *Medical Care*, 57(3), 208–12, https://www.ncbi.nlm.nih.gov/pmc/articles/PMC6375792/; Andrew Goodman-Bacon and Emma Sandoe, 2017, "Did Medicaid Expansion Cause the Opioid Epidemic? There's Little Evidence that It Did," *Health Affairs*, August 23, https://www.healthaffairs.org/do/10.1377/hblog20170823.061640/full.

32 Energy and Commerce Committee, US Congress, 2018, *Red Flags and Warning Signs Ignored: Opioid Distribution and Enforcement Concerns in West Virginia*, December 19, 4, https://republicans-energycommerce.house.gov/wp-content/uploads/2018/12/Opioid-Distribution-Report-FinalREV.pdf.

33 Brit McCandless Farmer, 2019, "The Opioid Epidemic: Who Is to Blame?," 60 Minutes Overtime, February 24, https://www.cbsnews.com/news/the-opioid-epidemic-who-is-to-blame-60-minutes/; Scott Higham and Lenny Bernstein, 2017, "The Drug Industry's Triumph over the DEA," *Washington Post*, October 15.

34 Peter Andrey Smith, 2019, "How an Island in the Antipodes Became the World's Leading Supplier of Licit Opioids," *Pacific Standard*, July 11, updated July 24, https://psmag.com/ideas/opioids-limiting-the-legal-supply-wont-stop-the-overdose-crisis.

35 Katie Thomas and Tiffany Hsu, 2019, "Johnson and Johnson's Brand Falters over Its Role in the Opioid Crisis," *New York Times*, August 27.

36 District of Massachusetts, US Attorney's Office, Department of Justice, 2019, "Founder and Four Executives of Insys Therapeutics Convicted of Racketeering Conspiracy," May 2, https://www.justice. gov/usao-ma/pr/founder-and-four-executives-insys-therapeutics-convicted-racketeering-conspiracy.

37 Lembke, *Drug Dealer, MD.* 當然，奧施康定獲核准之後，醫師在處方該藥時不會排除受不了這種藥的人。因此，拿到這種藥的人與參與該藥試驗的人是不同的。

38 National Academies of Sciences, Engineering, and Medicine, 2017, *Pain Management and the Opioid Epidemic: Balancing Societal and Individual Benefits and Risks of Prescription Opioid Use*, National Academies Press, https://doi.org/10.17226/24781.

39 Allen Frances, quoted in Patrick Radden Keefe, 2017, "The Family that Built an Empire of Pain," *New Yorker*, October 23.

40 Keefe.

41 這句話要感謝John van Reenen。

42 Devine, *Scottish Clearances*, 3.

10 似是而非：貧困、所得與大衰退

1 Raj Chetty, Michael Stepner, Sarah Abraham, et al., 2016, "The Association Between Income and Life Expectancy in the United States, 2001–2014," *Journal of the American Medical Association*, 315(16), 1750–66.

2 Irma Elo and Samuel H. Preston, 1996, "Educational Differences in Mortality: United States, 1979–85," *Social Science and Medicine*, 42(1), 47–57.

3 Kathryn Edin and H. Luke Shaefer, 2015, *$2.00 a Day: Living on Almost Nothing in America*, Houghton Mifflin; Matthew Desmond, 2016, *Evicted: Poverty and Profit in the American City*, Crown; United Nations Human Rights Office of the Commissioner, 2017, "Statement on Visit to the USA, by Professor Philip Alston, United Nations Rapporteur on Extreme Poverty and Human Rights," December 15, https://www.ohchr.org/EN/NewsEvents/Pages/DisplayNews.

aspx?NewsID=22533; Angus Deaton, 2018, "The US Can No Longer Hide from Its Deep Poverty Problem," *New York Times*, January 24. 世界銀行是全球貧困人口統計的官方機構，據該行估計，以全球貧窮線為標準，美國貧困人口達530萬。近年使用行政機關數據的研究指出，世界銀行（和美國普查局）使用的調查資料，低估了美國窮人從社會安全網獲得的資助。參見Bruce D. Meyer, Derek Wu, Victoria R. Mooers, and Carla Medalia, 2019, "The Use and Misuse of Income Data and Extreme Poverty in the United States," NBER Working Paper 25907, May。世界銀行採用的開發中國家調查資料，幾乎肯定也有同一問題，這種比較是否可靠因此有待釐清。Edin and Shaefer、Desmond和Alston（規模較小）的民族誌研究，記錄了美國怪誕的貧困現象。

4　Richard Wilkinson and Kate Pickett, 2009, *The Spirit Level: Why Greater Equality Makes Societies Stronger*, Bloomsbury. 一系列的廣泛說法，可參見Equality Trust的網站：www.equalitytrust.org.uk。

5　Bureau of Labor Statistics, 2015, "Table A-4: Employment status of the civilian population 25 years and over by educational attainment," Data Retrieval: Labor Force Statistics (CPS), https://www.bls.gov/webapps/legacy/cpsatab4.htm.

6　Census Bureau, n.d., "Poverty," accessed September 19, 2019, https://www.census.gov/topics/income-poverty/poverty.html; 本書作者利用「3月份當前人口調查」的資料計算得出。

7　本書作者利用「3月份當前人口調查」的資料計算得出。

8　這個網站提供了一個有關濫藥與貧困的互動製圖好工具：overdosemappingtool.norc.org。

9　Richard Wilkinson, 2000, *Mind the Gap: An Evolutionary View of Health and Inequality*, Darwinism Today, Orion, 4.

10　Raj Chetty, Nathaniel Hendren, Patrick Kline, and Emmanuel Saez, 2014, "Where Is the Land of Opportunity? The Geography of Intergenerational Mobility in the United States," *Quarterly Journal of Economics*, 129(4), 1553–623.

11　David M. Cutler, Edward L. Glaeser, and Karen E. Norberg, 2001, "Explaining the Rise in Youth Suicide," in Jonathan Gruber, ed., *Risky Behavior Among Youths: An Economic Analysis*, University of Chicago Press, 219–79; Julie A. Phillips, 2014, "A Changing Epidemiology of Suicide? The Influence of Birth Cohorts on Suicide Rates in the United States," *Social Science and Medicine*, 114, 151–60.

12 Kyla Thomas and David Gunnell, 2010, "Suicide in England and Wales 1861–2007: A Time Trends Analysis," *International Journal of Epidemiology*, 39, 1464–75.

13 William F. Ogburn and Dorothy S. Thomas, 1922, "The Influence of the Business Cycle on Certain Social Conditions," *Journal of the American Statistical Association*, 18(139), 324–40.

14 Christopher J. Ruhm, 2000, "Are Recessions Good for Your Health?," *Quarterly Journal of Economics*, 115(2), 617–50.

15 Ann H. Stevens, Douglas L. Miller, Marianne Page, and Mateusz Filipski, 2015, "The Best of Times, the Worst of Times: Understanding Pro-cyclical Mortality," *American Economic Journal: Economic Policy*, 7(4), 279–311.

16 這篇論文依種族和教育程度，比較全面地分析了所得與死亡率形態：Anne Case and Angus Deaton, 2017, "Mortality and Morbidity in the 21st Century," *Brookings Papers on Economic Activity*, Spring。

17 Ben Franklin, Dean Hochlaf, and George Holley-Moore, 2017, *Public Health in Europe During the Austerity Years*, International Longevity Centre, UK, https://www.bl.uk/collection-items/public-health-in-europe-during-the-austerity-years.

18 關於歐洲人的預期壽命，還有一個比較近期的謎團。2010年之後的幾年裡，在歐洲最健康的一些國家，死亡率降低的速度持續放緩；2014年至2015年間，至少12個國家的人民預期壽命降低了。雖然人們很容易這麼想，但這並不是因為美國的情況終於出現在歐洲。在歐洲，預期壽命降低是因為老年人死亡率上升，而在美國，預期壽命降低是因為中年以至青年死亡率上升。在歐洲，2015年初的流感季情況非常惡劣，流感疫苗效果不佳，許多老人因此死去。不過，2016年初的死亡人數少於往常，因為很多虛弱的人之前已經死去，預期壽命因此在2016年有所回升。英國是個例外，該國人民的預期壽命沒有回升，死亡現象助長了關於緊縮政策及其影響的激烈辯論。下列文章對此有精彩敘述：Simon Wren-Lewis, 2017, "Austerity and Mortality," Mainly macro (blog), November 25, https://mainlymacro. blogspot.com/2017/11/austerity-and-mortality.html。

19 Rob Joyce and Xiaowei Xu, 2019, *Inequalities in the 21st Century: Introducing the IFS Deaton Review*, Institute for Fiscal Studies, May, https://www.ifs.org.uk/inequality/wp-content/uploads/2019/05/The-IFS-Deaton-Review-launch.pdf.

20 Public Health England, 2018, *A Review of Recent Trends in Mortality in England*, December, https://assets.publishing.service.gov.uk/ government/uploads/system/uploads/attachment_data/file/762623/ Recent_trends_in_mortality_in_England.pdf; Office of National Statistics, 2018, "Changing Trends in Mortality: An International Comparison: 2000 to 2016," August 7, https://www.ons.gov.uk/ peoplepopulationandcommunity/birthsdeathsandmarriages/ lifeexpectancies/articles/changingtrendsinmortalityaninternation alcomparison/2000to2016; Jessica Y. Ho and Arun S. Hendi, 2018, "Recent Trends in Life Expectancy across High Income Countries: Retrospective Observational Study," *BMJ*, 362, k2562, https://doi. org/10.1136/bmj.k2562.

21 David Autor, David Dorn, and Gordon Hansen, 2018, "When Work Disappears: Manufacturing Decline and the Falling Marriage Market-Value of Young Men," NBER Working Paper 23173, revised January; Justin R. Pierce and Peter K. Schott, 2016, "Trade Liberalization and Mortality: Evidence from U.S. Counties," NBER Working Paper 22849, November.

22 Amy Goldstein, 2017, *Janesville: An American Story*, Simon and Schuster.

11　就業兩極化

1 Benjamin M. Friedman, 2005, *The Moral Consequences of Economic Growth*, Vintage; Thomas B. Edsall, 2012, *The Age of Austerity: How Scarcity Will Remake American Politics*, Doubleday.

2 Loukas Karabarbounis and Brent Neiman, 2013, "The Global Decline of the Labor Share," *Quarterly Journal of Economics*, 129(1), 61–103.

3　薪酬（工資和福利）以民間部門的生產或非管理人員（占受薪雇員80％）的薪酬中位數為標準。Economic Policy Institute, 2019, "The Productivity–Pay Gap," updated July, https://www.epi.org/productivity-pay-gap/.

4　在1980年，女性的學士學位工資溢價高於男性（50％對30％）。2000年之後，男性和女性的學士學位工資溢價均為80％。本書作者利用「當前人口調查」的資料計算得出。

5　本書作者利用「當前人口調查」的資料計算得出。有些成年人直到快30歲仍在修讀學士學位課程。30歲的美國人完成學士學位的比例，2008年時為30％，2017年增至36％。本書作者利用美國社區調查（American Community Survey）的資料計算得出。

6　Stephen Machin, 2015, "Real Wage Trends," Understanding the Great Recession: From Micro to Macro Conference, Bank of England, September 23 and 24, https://www.ifs.org.uk/uploads/Presentations/Understanding%20the%20recession_230915/SMachin.pdf.

7　White House, 2019, *Economic Report of the President*, March, https://www.govinfo.gov/features/erp.

8　Robert D. Putnam, 2000, *Bowling Alone: The Collapse and Revival of American Community*, Simon and Schuster, 196–97.

9　Nikki Graf, 2016, "Most Americans Say that Children Are Better Off with A Parent at Home," Pew Research Center, October 10, https://www.pewresearch.org/fact-tank/2016/10/10/most-americans-say-children-are-better-off-with-a-parent-at-home/.

10　Katharine G. Abraham and Melissa S. Kearny, 2019, "Explaining the Decline in the US Employment to Population Ratio: A Review of the Evidence," NBER Working Paper 24333, revised August.

11　並不是人人都看到圖11.2中的棘輪效應（ratchet effect）。美國企業研究所（AEI）的Nicholas Eberstadt就認為：「過去五十年裡，美國壯年男性的勞動參與率跌勢，呈現非常顯著的線性特質。男性逃離工作的這個大趨勢，幾乎完全不受經濟波動影響。」Eberstadt, 2018, "Men Without Work," *American Consequences*, January 30, http://www.aei.org/publication/men-without-work-2/.

12 其他原因包括勞動人口老化，以及受保障的女性勞工比例提高，因為女性比男性多病痛。參見Jeffrey B. Liebman, 2015, "Understanding the Increase in Disability Insurance Benefit Receipt in the United States," *Journal of Economic Perspectives*, 29(2), 123–50。

13 Henrik Jacobsen Kleven, 2014, "How Can Scandinavians Tax So Much?," *Journal of Economic Perspectives*, 28(4), 77–98.

14 Lane Kenworthy, 2019, *Social Democratic Capitalism*, Oxford University Press.

15 Bertrand Russell, 1935, *In Praise of Idleness: And Other Essays*, Routledge.

16 Michele Lamont, 2000, *The Dignity of Working Man*, Harvard University Press.

17 Andrew Cherlin, 2014, *Labor's Love Lost: The Rise and Fall of the Working-Class Family in America*, Russell Sage Foundation.

18 Richard B. Freeman and James L. Medoff, 1984, *What Do Unions Do?*, Basic Books.

19 Henry S. Farber, Daniel Herbst, Ilyana Kuziemko, and Suresh Naidu, 2018, "Unions and Inequality over the Twentieth Century: New Evidence from Survey Data," NBER Working Paper 24587, May.

20 Bureau of Labor Statistics, 2019, "Union Members Summary," Economic News Release, January 18, https://www.bls.gov/news.release/union2.nr0.htm.

21 Cherlin, *Labor's Love Lost*.

22 Emily Guendelsberger, 2019, *On the Clock: What Low Wage Work Did to Me and How It Drives America Insane*, Little, Brown.

23 James Bloodworth, 2018, *Hired: Six Months Undercover in Low Wage Britain*, Atlantic Books, 57.

24 Guendelsberger, *On the Clock*.

25 Neil Irwin, 2017, "To Understand Rising Inequality, Consider the Janitors at Two Top Companies, Then and Now," *New York Times*, September 3.

26 Nicholas Bloom, 2017, "Corporations in the Age of Inequality," The Big Idea, *Harvard Business Review*, https://hbr.org/cover-story/2017/03/corporations-in-the-age-of-inequality.

27 Cherlin, *Labor's Love Lost*, 172.

28 Daniel Cox, Rachel Lienesch, and Robert P. Jones, 2017, "Beyond Economics: Fears of Cultural Displacement Pushed the White Working Class to Trump," PRRI/*Atlantic* Report, April 9, https://www.prri.org/research/white-working-class-attitudes-economy-trade-immigration-election-donald-trump/.

12　家庭生活差距擴大

1 較早提出這個論點的是 David T. Ellwood and Christopher Jencks, 2004, "The Uneven Spread of Single-Parent Families: What Do We Know? Where Do We Look for Answers?," in Kathryn M. Neckerman, ed., *Social Inequality*, Russell Sage Foundation, 3–77.

2 每一個時期均採用三年的平均值，也就是1980-1982年、1990-1992年、2000-2002年、2010-2012年和2016-2018年的平均值。

3 Claudia Goldin and Lawrence F. Katz, 2002, "The Power of the Pill: Oral Contraceptives and Women's Career and Marriage Decisions," *Journal of Political Economy*, 110(4), 730–70.

4 Robert D. Mare and Christopher Winship, 1991, "Socioeconomic Change and the Decline of Marriage for Blacks and Whites," in Christopher Jencks and Paul F. Peterson, ed., *The Urban Underclass*, Brookings Institution, 175–202.

5 William Julius Wilson and Kathryn Neckerman, "Poverty and Family Structure: The Widening Gap Between Evidence and Public Policy Issues," in Sheldon H. Danziger and Daniel H. Weinberg, ed., *Fighting Poverty: What Works and What Doesn't*, Harvard University Press, 232–59.

6 Ansley J. Coale and Susan Cotts Watkins, 1986, *The Decline of Fertility in Europe*, Princeton University Press; E. Anthony Wrigley and Roger Schofield, 1981, *The Population History of England 1541–1871: A Reconstruction*, Edward Arnold.

7　Sara McLanahan, 2004, "Diverging Destinies: How Children Are Faring under the Second Demographic Transition," *Demography*, 41(4), 607–27.

8　McLanahan; Kathleen Kiernan, Sara McLanahan, John Holmes, and Melanie Wright, 2011, "Fragile Families in the US and the UK," https://www.researchgate.net/profile/Kathleen_KiernaN3/ publication/254446148_Fragile_families_in_the_US_and_UK/ links/0F31753B3Edb82D9B3000000/Fragile-families-in-the-US- and-UK.pdf; Kelly Musick and Katherine Michelmore, 2018, "Cross- National Comparisons of Union Stability in Cohabiting and Married Families with Children," *Demography*, 55, 1389–421.

9　Andrew Cherlin, 2014, *Labor's Love Lost: The Rise and Fall of the WorkingClass Family in America*, Russell Sage Foundation, 145.

10　Guttmacher Institute, 2017, "Abortion Is a Common Experience for U.S. Women, Despite Dramatic Declines in Rates," news release, October 19, https://www.guttmacher.org/news-release/2017/ abortion-common-experience-us-women-despite-dramatic- declines-rates.

11　Kathryn Edin and Timothy J. Nelson, 2013, *Doing the Best I Can: Fatherhood in the Inner City*, University of California Press.

12　Andrew Cherlin, 2009, *The MarriageGoRound: The State of Marriage and the Family in America Today*, Vintage Books/Random House, loc. 2881 of 4480, Kindle.

13　Robert D. Putnam, 2000, *Bowling Alone: The Collapse and Revival of American Community*, Simon and Schuster.

14　作者根據蓋洛普追蹤調查的資料計算得出，概況參見：Gallup, "How Does Gallup Daily Tracking Work?," accessed September 20, 2019, https://www.gallup.com/174155/gallup-daily-tracking- methodology.aspx。

15　Larry M. Bartels, 2008, *Unequal Democracy: The Political Economy of the New Gilded Age*, Princeton University Press; Martin Gilens, 2012, *Affluence and Influence: Economic Inequality and Political Power in America*, Princeton University Press.

16 Robert D. Putnam and David E. Campbell, 2010, *American Grace: How Religion Divides and Unites Us*, Simon and Schuster.

17 作者根據蓋洛普追蹤調查的資料計算得出。

18 Putnam and Campbell, *American Grace*.

19 Robert P. Jones and Daniel Cox, 2017, *America's Changing Religious Identity*, PRRI, https://www.prri.org/research/american-religious-landscape-christian-religiously-unaffiliated/.

20 Robert Wuthnow, 1998, *After Heaven: Spirituality in America Since the 1950s*, U of California.

21 Cherlin, *MarriageGoRound*, loc. 485 of 4480, Kindle.

22 Kathryn Edin, Timothy Nelson, Andrew Cherlin, and Robert Francis, 2019, "The Tenuous Attachments of Working-Class Men," *Journal of Economic Perspectives*, 33(2), 211–28.

23 David G. Myers, 2008, *A Friendly Letter to Skeptics and Atheists: Musings on Why God Is Good and Faith Isn't Evil*, Jossey-Bass/Wiley.

24 Richard Layard, 2005, *Happiness: Lessons from a New Science*, Penguin.

25 本書作者利用蓋洛普追蹤調查數據，根據每一種感受的調查結果計算得出。

第四部　資本主義為什麼辜負了那麼多人？

1 Kaiser Family Foundation, 2018, "Key Facts about the Uninsured Population," December 7, https://www.kff.org/uninsured/fact-sheet/key-facts-about-the-uninsured-population/.

2 Victor R. Fuchs, 2019, "Does Employment-Based Insurance Make the US Medical Care System Unfair and Inefficient?," *Journal of the American Medical Association*, 321(21), 2069–70, https://doi.org/10.1001/jama.2019.4812; Victor R. Fuchs, 1976, "From Bismarck to Woodcock: The 'Irrational' Pursuit of National Health Insurance," *Journal of Law and Economics*, 19(2), 347–59.

3 John Maynard Keynes, 1919, *The Economic Consequences of the Peace*, Macmillan.

4　Charles P. Kindleberger, 1986, *The World in Depression, 1929–1939*, University of California Press, 17–26.

5　Max Hantke and Mark Spoerer, 2010, "The Imposed Gift of Versailles: The Fiscal Effects of Restricting the Size of Germany's Armed Forces, 1924–29," *Economic History Review*, 63(4), 849–64.

6　本書作者利用美國社區調查的資料計算得出。

7　Frank Newport, 2013, "In U.S., 87% Approve of Black-White Marriage, vs. 4% in 1958," Gallup, July 25, https://news.gallup.com/poll/163697/approve-marriage-blacks-whites.aspx.

8　Andrew J. Cherlin, *Labor's Love Lost: The Rise and Fall of the WorkingClass Family in America*, Russell Sage Foundation, 54.

9　Ilyana Kuziemko, Ryan W. Buell, Taly Reich, and Michael I. Norton, 2014, "'Last-Place Aversion': Evidence and Redistributive Implications," *Quarterly Journal of Economics*, 129(1), 105–49.

10　Alan S. Gerber, Donald P. Green, and Edward Kaplan, 2003, "The Illusion of Learning from Observational Research," September 10, https://www.researchgate.net/profile/Donald_Green4/publication/228755361_12_the_illusion_of_learning_from_observational_research/links/0046351eaab43Ee2aa000000/12-the-illusion-of-learning-from-observational-research.pdf.

13　美國醫療如何傷害美國人

1　Anne B. Martin, Micah Hartman, Benjamin Washington, Aaron Catlin, and the National Health Expenditure Accounts Team, 2019, "National Health Care Spending in 2017: Growth Slows to Post-Great Recession Rates; Share of GDP Stabilizes," *Health Affairs*, 38(1), 96–106, https://doi.org/10.1377/hlthaff.2018.05085.

2　Adam Smith, 1776, *The Wealth of Nations*, bk. 4. 參見本書引言。

3　Robert E. Hall and Charles I. Jones, 2007, "The Value of Life and the Rise in Health Spending," *Quarterly Journal of Economics*, 122(1), 39–72, https://doi.org/10.1162/qjec.122.1.39.

4　Kenneth J. Arrow, 1963, "Uncertainty and the Welfare Economics of Medical Care," *American Economic Review*, 53(5), 941–73.

5 本書作者利用下列資料加以更新：Max Roser, 2017, "Link Between Health Spending and Life Expectancy: The US Is an Outlier," Our World in Data, May 26, https://ourworldindata.org/the-link-between-life-expectancy-and-health-spending-us-focus。更新資料所用的數據，來自世界銀行的世界發展指標（http://data.worldbank.org/data-catalog/world-development-indicators）和OECD（https://stats.oecd.org/）。

6 Victor Dzau, Mark B. McClellan, Michael McGinnis, et al., 2017, "Vital Directions for Health and Health Care: Priorities from a National Academy of Medicine Initiative," *Journal of the American Medical Association*, 317(14), 1461–70, https://doi.org/10.1001/jama.2017.1964.

7 William H. Shrank, Teresa L. Rogstad, and Natasha Parekh, 2019, "Waste in the US Health Care System: Estimated Costs and Potential for Savings," *Journal of the American Medical Association*, 322(15), 1501–9, https://doi.org/10.1001/jama.2019.13978.

8 Elizabeth Arias and Jiaquan Xu, 2019, "United States Life Tables, 2017," *National Vital Statistics Reports*, 68(7), https://www.cdc.gov/nchs/data/nvsr/nvsr68/nvsr68_07-508.pdf.

9 OECD.Stat, 2019, "Health Status," last updated July 2, https://stats.oecd.org/Index.aspx?DatasetCode=HEALTH_STAT.

10 Jonathan Skinner and Amitabh Chandra, 2018, "Health Care Employment Growth and the Future of US Cost Containment," *Journal of the American Medical Association*, 319(18), 1861–62.

11 Irene Papanicolas, Liana R. Woskie, and Ashish K. Jha, 2018, "Health Care Spending in the United States and Other High-Income Countries," *Journal of the American Medical Association*, 319(10), 1024–39, https://doi.org/10.1001/jama.2018.1150; Ezekiel J. Emanuel, 2018, "The Real Cost of the US Healthcare System," *Journal of the American Medical Association*, 319(10), 983–85.

12 James Banks, Michael Marmot, Zoe Oldfield, and James P. Smith, 2006, "Disease and Disadvantage in the United States and in England," *Journal of the American Medical Association*, 295(17), 2037–45.

13 本書作者利用蓋洛普世界民意調查的資料計算得出。

14 Karen Davis, Cathy Schoen, Stephen Schoenbaum, et al., 2007, *Mirror, Mirror on the Wall: An International Update on the Comparative Performance of American Health Care*, Commonwealth Fund, https://www.commonwealthfund.org/publications/fund-reports/2007/may/mirror-mirror-wall-international-update-comparative-performance.

15 Papanicolas et al., "Health Care Spending."

16 Emanuel, "Real Cost."

17 Dean Baker, 2016, *Rigged: How Globalization and the Rules of the Modern Economy Were Structured to Make the Rich Richer*, Center for Economic Policy Research.

18 Jon Bakija, Adam Cole, and Bradley T. Heim, 2012, "Jobs and Income Growth of Top Earners and the Causes of Changing Income Inequality: Evidence from U.S. Tax Return Data," April, https://web.williams.edu/Economics/wp/BakijaColeHeimJobsIncomeGrowthTopEarners.pdf.

19 Papanicolas et al., "Health Care Spending."

20 Michelle M. Mello, Amitabh Chandra, Atul A. Gawande, and David M. Studdert, 2010, "National Costs of the Medical Liability System," *Health Affairs*, 29(9), 1569–77, https://doi.org/10.1377/hlthaff.2009.0807; Martin et al., "National Health Care Expenditure."

21 Emanuel, "Real Cost," 983.

22 Baker, *Rigged*.

23 Danielle Ofri, 2019, "The Insulin Wars: How Insurance Companies Farm Out Their Dirty Work to Doctors and Patients," *New York Times*, January 18.

24 *Economist*, 2019, "Why America's Biggest Charities Are Owned by Pharmaceutical Companies," August 15.

25 Nicholas Timmins, 2009, "The NICE Way of Influencing Health Spending: A Conversation with Sir Michael Rawlins," *Health Affairs*, 28(5), 1360–65, 1362, https://doi.org/10.1377/hlthaff.28.5.1360.

26 Emanuel, "Real Cost."

27 Zack Cooper, Stuart V. Craig, Martin Gaynor, and John van Reenen, 2019, "The Price Ain't Right? Hospital Prices and Health Spending on the Privately Insured," *Quarterly Journal of Economics*, 134(1), 51–107, https://doi.org/10.1093/qje/qjy020.

28 Zack Cooper, Fiona Scott Morton, and Nathan Shekita, 2017, "Surprise! Out-of-Network Billing for Emergency Care in the United States," National Bureau of Economic Research Working Paper No. 23623, July; Eileen Appelbaum and Rosemary Batt, 2019, "Private Equity and Surprise Medical Billing," Institute for New Economic Thinking, September 4, https://www.ineteconomics.org/perspectives/blog/private-equity-and-surprise-medical-billing; Jonathan Ford, 2019, "Private Equity Has Inflated US Medical Bills," *Financial Times*, October 6.

29 Steven Brill, 2015, *America's Bitter Pill: Money, Politics, Backroom Deals, and the Fight to Fix Our Broken Healthcare System*, Random House.

30 David Robinson, 2016, "Top 5 Highest Paid New York Hospital Officials," Lohud.com, June 2, https://www.lohud.com/story/news/investigations/2016/06/02/hospitals-biggest-payouts/85049982/.

31 NewYork-Presbyterian Hospital, 2017, "Amazing Things Are Happening," https://www.nyp.org/amazingthings/.

32 Shefali Luthra, 2018, "Playing on Fear and Fun, Hospitals Follow Pharma in Direct-to-Consumer Advertising," Kaiser Health News, November 19, https://khn.org/news/hospitals-direct-to-consumer-health-care-advertising-marketing/.

33 Katie Thomas and Charles Ornstein, 2019, "Top Cancer Doctor, Forced Out over Ties to Drug Makers, Joins Their Ranks," *New York Times*, January 7, https://www.nytimes.com/2019/01/07/health/baselga-sloan-kettering-astrazeneca.html.

34 Katie Thomas and Charles Ornstein, 2018, "Memorial Sloan Kettering's Season of Turmoil," *New York Times*, December 31, https://www.nytimes.com/2018/12/31/health/memorial-sloan-kettering-conflicts.html.

35 Patrick Thomas, 2018, "Ever Heard of Iqvia? Its CEO Made $38 Million," *Wall Street Journal,* June 12, https://www.wsj.com/articles/ever-heard-of-iqvia-its-ceo-made-38-million-1528801200.

36 Matthew Smith, Danny Yagan, Owen M. Zidar, and Eric Zwick, 2019, "Capitalists in the Twenty-First Century," *Quarterly Journal of Economics*, 134(4), 1675–1745.

37 Centers for Medicare and Medicaid Services, 2018, "National Health Expenditure Data," last modified April 17, https://www.cms.gov/Research-Statistics-Data-and-Systems/Statistics-Trends-and-Reports/NationalHealthExpendData/index.html.

38 Ezekiel J. Emanuel and Victor R. Fuchs, 2008, "Who Really Pays for Health Care? The Myth of 'Shared Responsibility,'" *Journal of the American Medical Association*, 299(9), 1057–59.

39 Martin et al., "National Health Care Expenditure."

40 Yi Chin, Maurizio Mazzocco, and Béla Személy, 2019, "Explaining the Decline of the U.S. Saving Rate: The Role of Health Expenditure," *International Economic Review*, 60(4), 1–37, https:// doi.org/10.1111/iere.12405.

41 Sara R. Collins, Herman K. Bhupal, and Michelle M. Doty, 2019, "Health Insurance Coverage Eight Years after the ACA," Commonwealth Fund, February 7, https://www.commonwealthfund.org/publications/issue-briefs/2019/feb/health-insurance-coverage-eight-years-ather-aca.

42 Martin et al., "National Health Care Expenditure."

43 Collins et al., "Health Insurance Coverage."

44 David I. Auerbach and Arthur L. Kellerman, 2011, "A Decade of Health Care Cost Growth Has Wiped Out Real Income Gains for an Average US Family," *Health Affairs*, 30(9), 1630–36.

45 Jonathan Gruber, 2000, "Health Insurance and the Labor Market," in Anthony J. Culyer and Joseph P. Newhouse, ed., *Handbook of Health Economics*, Elsevier Science, vol. 1, pt. A, 645–706, https://doi.org/10.1016/S1574-0064(00)80171-7.

46 Joint Committee on Taxation, 2018, "Estimates of Federal Tax

Expenditures for Fiscal Years 2017–2021," May 25, https://www.jct.gov/publications.html?func=select&id=5.

47 Victor R. Fuchs, 2019, "Does Employment-Based Insurance Make the US Medical Care System Unfair and Inefficient?," *Journal of the American Medical Association*, 321(21), 2069– 70, https://doi.org/10.1001/jama.2019.4812.

48 Leslie Josephs, 2017, "FedEx Says US Roads Are So Bad It's Burning Through Tires Twice As Fast As It Did 20 Years Ago," Quartz, February 1, https://qz.com/900565/fedex-says-us-roads-are-so-bad-its-burning-through-tires-twice-as-fast-as-it-did-20-years-ago/.

49 National Association of State Budget Officers, 2018, *Summary: NASBO State Expenditure Report*, November 15, https://higherlogicdownload.S3.amazonaws.com/NASBO/9d2d2db1-c943-4f1b-b750-0fca152d64c2/UploadedImages/Issue%20Briefs%20/2018_State_Expenditure_Report_Summary.pdf.

50 Arrow, "Uncertainty."

51 Robert D. Atkinson and Michael Lind, 2018, *Big Is Beautiful: Debunking the Myth of Small Business*, MIT Press.

52 Lawrence Lessig, 2015, *Republic, Lost: Version 2.0*, Hachette.

53 所有數據源自 https://www.opensecrets.org/，2019年8月查閱。

54 Brill, *America's Bitter Pill.*

55 Lee Drutman, 2015, *The Business of America Is Lobbying: How Corporations Became Politicized and Politics Became More Corporate*, Oxford University Press.

56 Zack Cooper, Amanda E. Kowalski, Eleanor N. Powell, and Jennifer Wu, 2019, "Politics and Health Care Spending in the United States," NBER Working Paper 23748, revised February.

14　資本主義、移民、機器人與中國

1 National Academies of Sciences, Engineering, and Medicine, 2017, *The Economic and Fiscal Consequences of Immigration*, National Academies Press, https://doi.org/10.17226/23550. 本節廣泛引用此

一資料摘要。

2　Ufuk Akcigit, Salomé Baslandze, and Stefanie Stantcheva, 2016, "Taxation and the International Mobility of Inventors," *American Economic Review*, 106(10), 2930–81, http://dx.doi.org/10.1257/aer.20150237.

3　National Academies of Sciences, Engineering, and Medicine, *Economic and Fiscal Consequences*.

4　Douglas S. Massey, 2017, "The Counterproductive Consequences of Border Enforcement," *Cato Journal*, 37(3), https://www.cato.org/cato-journal/fall-2017/counterproductive-consequences-border-enforcement.

5　Tom Cotton, 2016, "Fix Immigration. It's What Voters Want," op-ed, *New York Times*, December 28.

6　National Academies of Sciences, Engineering, and Medicine, *Economic and Fiscal Consequences*, 247.

7　*U.S. News and World Report*, n.d., "How Much Does a Plumber Make?," accessed July 28, 2019, https://money.usnews.com/careers/best-jobs/plumber/salary.

8　Census Bureau, "Poverty Thresholds," accessed February 18, 2019, https://www.census.gov/data/tables/time-series/demo/income-poverty/historical-poverty-thresholds.html.

9　David Autor, David Dorn, and Gordon H. Hansen, 2013, "The China Syndrome: Local Labor Market Effects of Import Competition in the United States," *American Economic Review*, 103(6), 2121–68, http://dx.doi.org/10.1257/aer.103.6.2121. 數年後的回顧參見David Autor, David Dorn, and Gordon H. Hansen, 2016, "The China Shock: Learning from Labor-Market Adjustment to Large Changes in Trade," *Annual Review of Economics*, 8, 205–40, https://doi.org/10.1146/annurev-economics-080315-015041.

10　David Autor, David Dorn, and Gordon H. Hanson, 2017, "When Work Disappears: Manufacturing Decline and the Falling Marriage-Market Value of Young Men," NBER Working Paper 23173, February, https://www.nber.org/papers/w23173.

11 Nicholas Bloom, Kyle Handley, André Kurman, and Phillip Luck, 2019, "The Impact of Chinese Trade on US Employment: The Good, the Bad, and the Apocryphal," July, https://nbloom.people.stanford.edu/sites/g/files/sbiybj4746/f/bhkl_posted_draft.pdf.

12 Robert Feenstra, Hong Ma, Akira Sasahara, and Yuan Xu, 2018, "Reconsidering the 'China Shock' in Trade," VoxEU, January 18, https://voxeu.org/article/reconsidering-china-shock-trade.

13 David Autor, 2019, "Work of the Past, Work of the Future," *American Economic Association Papers and Proceedings*, 109, 1–32.

14 下列著作引述這句話：Steven Brill, 2018, *Tailspin: The People and Forces Behind America's Fifty Year Fall—and Those Fighting to Reverse It*, Knopf, 181.

15 Autor, Dorn, and Hanson, "China Shock."

16 Dani Rodrik, 1997, *Has Globalization Gone Too Far?*, Institute for International Economics, loc. 178 of 1486, Kindle.

17 Robert Joyce and Xiaowei Xu, 2019, *Inequalities in the 21st Century: Introducing the IFS Deaton Review*, Institute for Fiscal Studies, May, https://www.ifs.org.uk/inequality/wp-content/uploads/2019/05/the-IFS-Deaton-Review-launch_final.pdf.

18 Alberto Alesina and Edward Glaeser, 2006, *Fighting Poverty in the US and Europe: A World of Difference*, Oxford University Press; Alberto Alesina, Reza Baqir, and William Easterly, 1999, "Public Goods and Ethnic Divisions," *Quarterly Journal of Economics*, 114(4), 1243–84.

19 Michael A. McCarthy, 2017, *Dismantling Solidarity: Capitalist Politics and American Pensions Since the New Deal*, Cornell University Press, 51.

20 Jacob S. Hacker, 2008, *The Great Risk Shift: The New Economic Insecurity and the Decline of the American Dream*, Oxford University Press; McCarthy, *Dismantling Solidarity*.

21 OECD的資料，下列報導引用：Jacob S. Hacker, 2019, "The Economy Is Strong. So Why Do So Many Americans Still Feel at Risk?," *New York Times*, May 21.

15 企業、消費者與勞工

1 Adam Smith, 1776, *The Wealth of Nations*, bk. 1.

2 Alan B. Krueger, 2018, "Reflections on Dwindling Worker Bargaining Power and Monetary Policy," luncheon address at the Jackson Hole Economic Symposium, August 24, https://www.kansascityfed.org/~/media/files/publicat/sympos/2018/papersandhandouts/824180824kruegerremarks.pdf?la=en.

3 Luigi Zingales, 2017, "Towards a Political Theory of the Firm," *Journal of Economic Perspectives*, 31(3), 113–30.

4 Naomi Lamoreaux, 2019, "The Problem of Bigness: From Standard Oil to Google," *Journal of Economic Perspectives*, 33(3), 94–117.

5 Lamoreaux.

6 Joseph Stiglitz, 2019, *People, Power, and Profits: Progressive Capitalism for an Age of Discontent*, Norton; Thomas Philippon, 2019, *The Great Reversal: How America Gave Up on Free Markets*, Harvard University Press; Raghuram Rajan, 2019, *The Third Pillar: How Markets and the State Leave the Community Behind*, Penguin; Paul Collier, 2018, *The Future of Capitalism: Facing the New Anxieties*, Harper; Jonathan Tepper and Denise Hearn, 2018, *The Myth of Capitalism: Monopolies and the Death of Competition*, Wiley; Steven Pearlstein, 2018, *Can American Capitalism Survive? Why Greed Is Not Good, Opportunity Is Not Equal, and Fairness Won't Make Us Poor*, St. Martin's; Tim Wu, 2018, *The Curse of Bigness: Antitrust in the New Gilded Age*, Columbia Global Reports; Elizabeth Anderson, 2017, *Private Government: How Employers Rule Our Lives (and Why We Don't Talk about It)*, Princeton University Press; Dean Baker, 2016, *Rigged: How Globalization and the Rules of the Modern Economy Were Structured to Make the Rich Richer*, Center for Economic Policy Research; Tim Carney, 2019, *Alienated America: Why Some Places Thrive While Others Collapse*, Harper; Lane Kenworthy, 2019, *Social Democratic Capitalism*, Oxford University Press. 勇敢為美國資本主義辯護的著作，則有 Tyler Cowen, 2019, *Big Business: A Love Letter to an American AntiHero*, St. Martin's。

7 Philippon, *Great Reversal*.

8   David Autor, David Dorn, Lawrence F. Katz, Christina Patterson, and John van Reenen, 2019, "The Fall of the Labor Share and the Rise of Superstar Firms," NBER Working Paper 23396, revised May 2, figure 4, https://economics.mit.edu/files/12979.

9   這本書引述了巴菲特的評論：Tepper and Hearn, *Myth of Capitalism*, 2, 198。

10   數據源自CNN Business online 2019年2月19日的資料：聯合航空見https://money.cnn.com/quote/shareholders/shareholders.html?symb=UAL&subView=institutional；達美航空見https://money.cnn.com/quote/shareholders/shareholders.html?symb=DAL&subView=institutional；西南航空見https://money.cnn.com/quote/shareholders/shareholders.html?symb=LUV&subView=institutional；美國航空見https://money.cnn.com/quote/shareholders/shareholders.html?symb=AAL&subView=institutional。

11   Einar Elhauge, 2019, "How Horizontal Shareholding Harms Our Economy—And Why Antitrust Law Can Fix It," SSRN, revised August 4, http://dx.doi.org/10.2139/ssrn.3293822; José Azar, Martin C. Schmalz, and Isabel Tecu, 2018, "Anticompetitive Effects of Common Ownership," *Journal of Finance*, 73(4), 1513–65.

12   Tepper and Hearn, *Myth of Capitalism*.

13   Susanto Basu, 2019, "Are Price-Cost Markups Rising in the United States? A Discussion of the Evidence," *Journal of Economic Perspectives*, 33(3), 3–22; Chad Syverson, 2019, "Macroeconomics and Market Power: Context, Implications, and Open Questions," *Journal of Economic Perspectives*, 33(3), 23–43.

14   Jan De Loecker, Jan Eeckhout, and Gabriel Unger, 2018, "The Rise of Market Power and the Macroeconomic Implications," November 22, http://www.janeeckhout.com/wp-content/uploads/RMP.pdf.

15   John R. Hicks, 1935, "Annual Survey of Economic Theory: The Theory of Monopoly," *Econometrica*, 3(1), 1–20.

16   Carl Shapiro, 2019, "Protecting Competition in the American Economy: Merger Control, Tech Titans, Labor Markets," *Journal of Economic Perspectives*, 33(3), 69–93.

絕望死與資本主義的未來　Deaths of Despair and the Future of Capitalism

17 Carl Shapiro, 2018, "Antitrust in a Time of Populism," *International Journal of Industrial Organization*, 61, 714–48.

18 De Loecker et al., "Rise of Market Power."

19 John Van Reenen, 2018, "Increasing Differences Between Firms: Market Power and the Market Economy," prepared for the Jackson Hole conference, https://www.kansascityfed.org/~/media/files/publicat/sympos/2018/papersandhandouts/jh%20john%20van%20reenen%20version%2020.pdf?la=en.

20 Autor et al., "Fall of the Labor Share"; International Labor Organization and Organisation for Economic Co-operation and Development, 2015, *The Labour Share in G20 Economies*, report prepared for the G20 Employment Working Group, Antalya, Turkey, February 26–27, https://www.oecd.org/g20/topics/employment-and-social-policy/The-Labour-Share-in-G20-Economies.pdf.

21 相反觀點參見 Philippon, *Great Reversal*。

22 Verizon Communications Inc. v. Law Offices of Curtis V. Trinko LLP, 540 U.S. 398 (2004), https://www.law.cornell.edu/supct/html/02-682.ZO.html.

23 Esteban Rossi-Hansberg, Pierre-Daniel Sarte, and Nicholas Trachter, 2018, "Diverging Trends in National and Local Concentration," NBER Working Paper 25066, September.

24 相反觀點參見 Philippon, *Great Reversal*。

25 Joan Robinson, 1933, *The Economics of Imperfect Competition*, Macmillan.

26 David G. Blanchflower, 2019, *Not Working: Where Have All the Good Jobs Gone?*, Princeton University Press; David Autor, 2019, "Work of the Past, Work of the Future," *American Economic Association Papers and Proceedings*, 109, 1–32.

27 Doruk Cengiz, Arindrajit Dube, Attila Lindner, and Ben Zipperer, 2019, "The Effect of Minimum Wages on Low-Wage Jobs," *Quarterly Journal of Economics*, 134(3), 1405–54.

28 David Metcalf, 2008, "Why Has the British National Minimum Wage Had Little or No Impact on Employment?," *Journal of Industrial*

Relations, 50(3), 489–512; David Card and Alan B. Krueger, 2017, "Myth and Measurement and the Theory and Practice of Labor Economics," *ILR Review*, 70(3), 826–31.

29 Kevin Rinz, 2018, "Labor Market Concentration, Earnings Inequality, and Earnings Mobility," US Census Bureau, CARRA Working Paper 2018-10, September, https://www.census.gov/content/dam/Census/library/working-papers/2018/adrm/carra-wp-2018-10.pdf.

30 Krueger, "Reflections."

31 Krueger.

32 David Weil, 2014, *The Fissured Workplace: Why Work Became So Bad for So Many and What Can Be Done to Improve It*, Harvard University Press.

33 David Dorn, Johannes Schmieder, and James R. Spletzer, 2018, "Domestic Outsourcing in the United States," January 31, 1, https://www.dol.gov/sites/dolgov/files/OASP/legacy/files/Domestic-Outsourcing-in-the-United-States.pdf.

34 *New York Times*, 2019, "Senators Urge Google to Give Temporary Workers Fulltime Status," August 5.

35 Henry Farber, David Herbst, Ilyana Kuziemko, and Suresh Naidu, 2018, "Unions and Inequality over the 20th Century: New Evidence from Survey Data," NBER Working Paper 24587, May, https://www.nber.org/papers/w24587.

36 Kathryn Abraham and Melissa Kearney, 2018, "Explaining the Decline in the US Employment to Population Ratio: A Review of the Evidence," NBER Working Paper 24333, February, https://www.nber.org/papers/w24333.

37 我們感謝 Oliver Hart 和我們討論這些問題。

38 本節引用下列著作：Lee Drutman, 2015, *The Business of America Is Lobbying: How Corporations Became Politicized and Politics Became More Corporate*, Oxford University Press; Jacob S. Hacker and Paul Pierson, 2011, *WinnerTakeAll Politics: How Washington Made the Rich Richer—and Turned Its Back on the Middle Class*, Simon and Schuster; and Brink Lindsey and Steven M. Teles, 2017, *The Captured*

Economy: How the Powerful Enrich Themselves, Slow Down Growth, and Increase Inequality, Oxford University Press。

39 資料來源：https://www.opensecrets.org, accessed August 5, 2019。

40 Stephanie Hernandez McGavin, 2016, "Volkswagen Group Leads Automotive Spending on Advertising," *Automotive News*, December 9, https://www.autonews.com/article/20161209/RETAIL03/161209824/volkswagen-group-leads-automotive-spending-on-advertising.

41 Lewis F. Powell Jr., 1971, "Attack of American Free Enterprise System," confidential memorandum to Eugene B. Sydnor Jr., August 23, Supreme Court History: Law, Power, and Personality, PBS, accessed August 14, 2019, https://web.archive.org/web/20120104052451/http://www.pbs.org/wnet/supremecourt/personality/sources_document13.html.

42 資料來源：https://www.opensecrets.org, accessed August 5, 2019。

43 Martin Gilens, 2014, *Affluence and Influence: Economic Inequality and Political Power in America*, Princeton University Press; Larry M. Bartels, 2008, *Unequal Democracy: The Political Economy of the New Gilded Age*, Princeton University Press.

44 Dani Rodrik, 1997, *Has Globalization Gone Too Far?*, Institute for International Economics.

45 Weil, *Fissured Workplace*.

16　該怎麼做？

1 Amartya K. Sen, 2009, *The Idea of Justice*, Harvard University Press; Amartya K. Sen, 2006, "What Do We Want from a Theory of Justice?," *Journal of Philosophy*, 103(5), 215–38.

2 Anthony B. Atkinson, 1970, "The Measurement of Inequality," *Journal of Economic Theory*, 2, 224–63.

3 Derek Parfit, 1997, "Equality and Priority," *Ratio*, 10(3), 202–21.

4 Peter Diamond and Emanuel Saez, 2011, "The Case for a Progressive Tax: From Basic Research to Policy Recommendations," *Journal of*

Economic Perspectives, 25(4), 165–90.

5 Abby Goodnough, 2018, "This City's Overdose Deaths Have Plunged. Can Others Learn from It?," *New York Times*, November 25, https://www.nytimes.com/2018/11/25/health/opioid-overdose-deaths-dayton.html.

6 Centers for Disease Control and Prevention, 2019, "Prescription Opioid Data," last reviewed June 27, https://www.cdc.gov/drugoverdose/data/prescribing.html.

7 Kenneth J. Arrow, 1963, "Uncertainty and the Welfare Economics of Medical Care," *American Economic Review*, 53(5), 941–73.

8 Nicholas Timmins, 2009, "The NICE Way of Influencing Health Spending: A Conversation with Sir Michael Rawlins," *Health Affairs*, 28(5), 1360–65, https://doi.org/10.1377/hlthaff.28.5.1360.

9 Arrow, "Uncertainty," 967.

10 Edward R. Berchick, Emily Hood, and Jessica C. Barnett, 2018, *Health Insurance Coverage in the United States: 2017*, report no. P60-264, US Census Bureau, September, https://www.census.gov/library/publications/2018/demo/p60-264.html.

11 Victor R. Fuchs, 2018, "Is Single Payer the Answer for the US Health Care System?," *Journal of the American Medical Association*, 319(1), 15–16, https://doi.org/10.1001/jama.2017.18739.

12 Victor R. Fuchs, 2018, "How to Make US Health Care More Equitable and Less Costly: Begin by Replacing Employment-Based Insurance," *Journal of the American Medical Association*, 320(20), 2071–72, 2072, https://doi.org/10.1001/jama.2018.16475.

13 Ezekiel J. Emanuel and Victor R. Fuchs, 2007, *A Comprehensive Cure: Universal Health Care Vouchers*, Discussion Paper 2007-11, Brookings Institution, July, http://www.hamiltonproject.org/assets/legacy/files/downloads_and_links/A_Comprehensive_Cure-_Universal_Health_Care_Vouchers.pdf.

14 Dylan Scott, 2019, "How to Build a Medicare-for-All Plan, Explained by Somebody Who's Thought about It for 20 Years," Vox, January 28, https://www.vox.com/policy-and-politics/2019/1/28/18192674/

medicare-for-all-cost-jacob-hacker. 亦參見Jacob S. Hacker, 2018, "The Road to Medicare for Everyone," *American Prospect*, January 3.

15 BBC News, 1998, "Making Britain Better," July 1, http://news.bbc. co.uk/2/hi/events/nhs_at_50/special_report/119803.stm.

16 Anthony B. Atkinson, 2003, "Income Inequality in OECD Countries: Data and Explanations," *CESifo Economic Studies*, 49(4), 479–513.

17 Kwame Anthony Appiah, 2018, *The Lies that Bind: Rethinking Identity*, Liveright.

18 Philippe van Parijs and Yannick Vanderborght, 2017, *Basic Income: A Radical Proposal for a Free Society and a Sane Economy*, Harvard University Press.

19 Emma Rothschild, 2000, "A Basic Income for All: Security and Laissez-Faire," *Boston Review*, October 1, http://bostonreview.net/ forum/basic-income-all/emma-rothschild-security-and-laissez-faire.

20 Herbert Simon, 2000, "A Basic Income for All: UBI and the Flat Tax," *Boston Review*, October 1, http://bostonreview.net/forum/ basic-income-all/herbert-simon-ubi-and-flat-tax.

21 Hilary W. Hoynes and Jesse Rothstein, 2019, "Universal Basic Income in the US and Advanced Countries," NBER Working Paper 25538, February, https://www.nber.org/papers/w25538.

22 Robert H. Frank, 2014, "Let's Try a Basic Income and Public Work," *Cato Unbound*, August 11, https://www.cato-unbound. org/2014/08/11/robert-h-frank/lets-try-basic-income-public-work.

23 Eric A. Posner and E. Glen Weyl, 2018, *Radical Markets: Uprooting Capitalism and Democracy for a Just Society*, Princeton University Press.

24 Edmund Phelps, 2009, *Rewarding Work: How to Restore Participation and SelfSupport to Free Enterprise*, Harvard University Press; Oren Cass, 2018, *The Once and Future Worker: A Vision for the Renewal of Work in America*, Encounter Books.

25 Bureau of Labor Statistics, 2018, "Characteristics of Minimum Wage Workers, 2017," BLS Reports, Report 1072, March, https://www.bls. gov/opub/reports/minimum-wage/2017/home.htm.

26 Joan Robinson, 1956, *The Accumulation of Capital*, Macmillan, 87.

27 Brink Lindsey and Steven M. Teles, 2017, *The Captured Economy: How the Powerful Enrich Themselves, Slow Down Growth, and Increase Inequality*, Oxford University Press.

28 Lindsey and Teles. 亦參見 Dean Baker, 2016, *Rigged: How Globalization and the Rules of the Modern Economy Were Structured to Make the Rich Richer*, Center for Economic Policy Research.

29 Robert D. Atkinson and Michael Lind, 2018, *Big Is Beautiful: Debunking the Myth of Small Business*, MIT Press.

30 Matthew Smith, Danny Yagan, Owen M. Zidar, and Eric Zwick, 2019, "Capitalists in the 21st Century," *Quarterly Journal of Economics*, 134(4), 1675–1745, 1677.

31 Adam Smith, 1776, *The Wealth of Nations*, bk. 4.

32 Cass, *Once and Future Worker*.

33 Michael J. Sandel, 2018, "Populism, Trump, and the Future of Democracy," openDemocracy, May 9, https://www.opendemocracy.net/en/populism-trump-and-future-of-democracy/.

34 Harriet Ryan, Lisa Girion, and Scott Glover, 2016, "OxyContin Goes Global—'We're Only Just Getting Started,'" *Los Angeles Times*, December 18, https://www.latimes.com/projects/la-me-oxycontin-part3/.

35 Ellen Barry, 2019, "'Austerity, That's What I Know': The Making of a Young UK Socialist," *New York Times*, February 24, https://www.nytimes.com/2019/02/24/world/europe/britain-austerity-socialism.html.

36 Charles Murray, 2012, *Coming Apart: The State of White America, 1960–2010*, Crown.

37 Angus Deaton, 2017, "Without Governments Would Countries Have More Inequality, or Less?," *Economist*, July 13.

 星出版 財經商管 Biz 014

絕望死與資本主義的未來
Deaths of Despair and the Future of Capitalism

作者 —— 安·凱思 Anne Case &
安格斯·迪頓 Angus Deaton
譯者 —— 許瑞宋

總編輯 —— 邱慧菁
特約編輯 —— 吳依亭
校對 —— 李蓓蓓
封面設計 —— Karl Spurzem
封面完稿 —— 劉亭瑋
內頁排版 —— 立全電腦印前排版有限公司

讀書共和國出版集團社長 —— 郭重興
發行人兼出版總監 —— 曾大福
出版 —— 星出版／遠足文化事業股份有限公司
發行 —— 遠足文化事業股份有限公司
231 新北市新店區民權路 108 之 4 號 8 樓
電話：886-2-2218-1417
傳真：886-2-8667-1065
email: service@bookrep.com.tw
郵撥帳號：19504465 遠足文化事業股份有限公司
客服專線 0800221029
法律顧問 —— 華洋法律事務所 蘇文生律師
製版廠 —— 中原造像股份有限公司
印刷廠 —— 中原造像股份有限公司
裝訂廠 —— 中原造像股份有限公司
登記證 —— 局版台業字第 2517 號

出版日期 —— 2021 年 03 月 31 日第一版第一次印行
定價 —— 新台幣 480 元
書號 —— 2BBZ0014
ISBN —— 978-986-06103-0-7

國家圖書館出版品預行編目（CIP）資料

絕望死與資本主義的未來／安·凱思 Anne Case & 安格斯·迪頓 Angus Deaton 著；許瑞宋 譯.
第一版 . – 新北市：星出版，遠足文化發行，2021.03
384 面；14.8x21 公分 . -- (財經商管；Biz 014).
譯自：Deaths of Despair and the Future of Capitalism
ISBN 978-986-06103-0-7 （平裝）

1. 社會問題 2. 資本主義 3. 勞動階級 4. 美國

542.5952　　　　　　　　　　　　110003517

Deaths of Despair and the Future of Capitalism
by Anne Case & Angus Deaton
Copyright © 2020 by Princeton University Press
Complex Chinese Translation Copyright © 2021 by Star Publishing,
an imprint of Walkers Cultural Enterprise Ltd.
All Rights Reserved

著作權所有　侵害必究

星出版讀者服務信箱 —— starpublishing@bookrep.com.tw
讀書共和國網路書店 —— www.bookrep.com.tw
讀書共和國客服信箱 —— service@bookrep.com.tw
歡迎團體訂購，另有優惠，請洽業務部：886-2-22181417 ext. 1132 或 1520

本書如有缺頁、破損、裝訂錯誤，請寄回更換。
本書僅代表作者言論，不代表星出版立場。

新觀點
新思維
新眼界

Star☆
星出版